Thor Heyerdahl

Laßt sie endlich sprechen

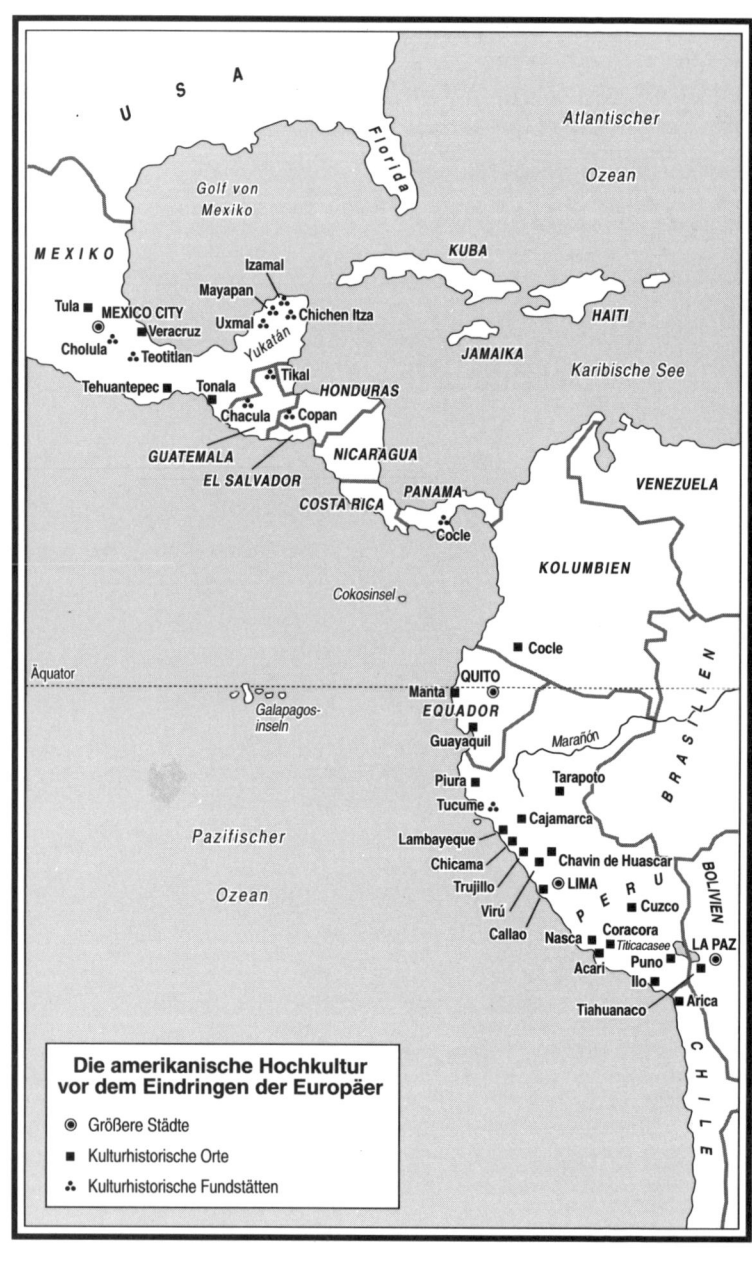

Thor Heyerdahl

Laßt sie endlich sprechen

Die amerikanischen Ureinwohner
erzählen ihre Geschichte

Deutsch von Lothar Schneider

Langen Müller

Sämtliche Abbildungen © Archiv für Kunst und Geschichte, Berlin
Wir danken für die Genehmigung des Abdrucks.

© 1997 by Langen Müller
in der F. A. Herbig Verlagsbuchhandlung GmbH, München
Alle Rechte vorbehalten
Schutzumschlaggestaltung: Bernd und Christel Kaselow, München
Schutzumschlagmotiv: AKG, Berlin
Satz: Typographischer Betrieb Hans Numberger, München
Gesetzt aus der 11,5/14,5 Life Roman
Druck und Binden: GGP, Pößneck
Printed in Germany
3-7844-2609-3

Inhalt

Die Stimme des Ozeans   7

Norwegische Sagas und päpstliche Erlasse
Die Wikinger   17

Der große Plan – das Ei des Kolumbus   49

Das Paradies wird zur Hölle   75

Ein Mann, eine Welt und zwei Ozeane   100

Laßt die Eroberten erzählen   124

Zu Fuß nach Amerika   158

Weiße und bärtige Männer vom Meer   176

Nach Südamerika wie die Viracochas   209

DER POLYNESISCHE ANHANG

Tiki segelt in die Mythologie Polynesiens   237

Das polynesische Paradies   267

Literatur   301

Die Stimme des Ozeans

Treibt man mit dem Wind und der Strömung über die Weltmeere, hat man genügend Zeit zum Nachdenken. Wenn die Tage und Nächte zu Wochen und Monaten werden, ohne daß man Land sieht, wenn man um sich nur Wellen hat bis zum Horizont, dann scheint die Zeit stillzustehen. Du hast das Gefühl, als ob sich das Floß, auf dem du sitzt, immer auf derselben Stelle auf und ab bewegt. Immer mit demselben Abstand zum Horizont, immer inmitten einer blauen Scheibe Salzwassers unter einem ebenso blauen, sich über dir wölbenden Weltraum. Diese blaue Unendlichkeit macht dich klein. Und du empfindest die Nähe der Menschen, die mit dir zusammen auf dem Floß sind. Es gibt keine anderen Menschen als dich und sie, vom Aufwachen bis zum Einschlafen. Niemand anderen, den man grüßen oder um Hilfe bitten könnte. Nur dich und sie, um in einer für Fische und Wale geschaffenen Welt gemeinsam mit Segel und Ruder gegen wütende Stürme und eine donnernde See zu kämpfen.
Weit weg von den Städten der Welt und begrenzt auf eine kleine Hütte, in die du kriechen und Schutz suchen kannst, Schulter an Schulter mit denen, die für dich jetzt die einzigen Überlebenden einer bevölkerten und für den Menschen geeigneten Welt sind. Keine Landschaft, kein Wald. Nur ein

Baum, dem Leben entrissen, um als Mast zu dienen, der von Seilen gehalten nach dem Willen der Wellen mit der Hütte im wilden Rhythmus tanzt.
Sonst gibt es nichts. Alle, die du kennst, sind weg. Unerreichbar. Ebenso wie all die, die vor dir lebten. Die die Wildnis der Kontinente durchstreiften, die die Städte der Antike bauten oder die sich mit genau den gleichen prähistorischen Fahrzeugen, wie du dir eines gebaut hast, hinaus aufs Meer wagten. Von den Menschen und Kulturen der Vergangenheit und Gegenwart gleichermaßen unerreichbar, reduziert sich alles jenseits des Horizonts zur Erinnerung. Der Begriff Zeit verschwimmt. Die Gegenwart wird ein Teil der Vergangenheit, und die Vergangenheit wird ebenso wirklich wie die Gegenwart. Die Seefahrer der Antike segelten in denselben Wellen. Sie sahen dieselbe Sonne und denselben Mond. Dieselben Sterne. Sobald die Sonne untergeht, scheinen sie und weisen dem, der sein Augenmerk auf sie richtet, den Weg, besonders in Wüsten und auf dem Meer. Wenn man Nacht für Nacht die Sterne beobachtet, während man unter wolkenlosem Himmel unterwegs ist, entdeckt man, daß sie wie ein riesiger, rotierender Kompaß über unserem Kopf stehen. Das Meer und der Himmel kennen keine Zeit.
An einem windstillen Tag mitten auf dem Meer kommt es vor, daß sich das ganze Floß mit Mast und Segel spiegelt, und der Seefahrer hat das Gefühl, sich schwerelos in einem zeitlosen, unendlichen Universum zu befinden. Ein Weltraumerlebnis.
Wenn an einem stürmischen Tag von allen Seiten Wolken und Wellen auf dich eindringen, wirst du gnadenlos herumgeworfen wie ein Betrunkener und mußt dich festbinden wie einen Gefangenen, um nicht über Bord gespült zu wer-

den. Da bereut man es, jemals den für den Menschen bestimmten festen Boden verlassen zu haben, und schwört, sich nie mehr auf die wild schäumenden Wellen des Meeres zu begeben, falls man überleben und festes Land erreichen sollte.

Dann kommt die Sonne wieder und wärmt die Haut und blinkt in den sachte wogenden Wellen; du kannst die Knoten lösen und fühlst dich wieder frei, freier als jeder in der Großstadt, denn du verfügst über das endlose Meer und den Himmel. Aber die Freiheit ist beschränkt auf wenige Schritte auf einem Floß.

Deine Gedanken allerdings sind frei, können sich ohne Rücksicht auf Zeit oder Geschwindigkeit über alle Horizonte hinaus bewegen. Du denkst an die zu Hause, die du nicht sehen kannst, und an die, von denen du gehört, sie aber nie getroffen hast. Es liegt nahe, daß du an die denkst, die mit demselben Fahrzeug, wie du es nachgebaut hast, über die Meere segelten. Du machst dir ihre Kenntnisse und Erfahrungen zunutze. Du kannst ihre Gefühle nachempfinden, wenn der Wind in den straffen Seilen heult und pfeift und das schreckliche Knarren und Krachen von Deck und Mast ein Zerbrechen der Bambus- und Holzteile ankündigt.

Wie sie fühlst du dich winzig klein, wenn von Blitzen durchzuckte Sturmwolken den Nachthimmel beherrschen und schäumende Wasserwälle hochpeitschen, ebenso schwarz und unsichtbar wie alles um dich herum, bevor die Gischtkämme über dir zusammenschlagen und deine kleine Welt aus ächzendem Holz und Flechtwerk verschlingen. Aber allmählich lernt man, sich auf dieses kleine, unzeitgemäße Fahrzeug zu verlassen. Man begreift, daß die Seefahrer früherer Zeiten aus Erfahrung wußten, was der moderne

Mensch im Zeitalter der Dampfschiffe und Flugzeuge vergessen hat: Die Wogen draußen im offenen Meer sind einem kleinen Wasserfahrzeug freundlicher gesonnen als einem großen. Ist das Schiff klein genug, findet es Platz auf der weiten Dünung, wird wie ein schwimmender Meeresvogel über die Wellenkämme gehoben und sachte in ihre Täler gesenkt.

Besteht das kleine Wasserfahrzeug zusätzlich noch aus schwimmenden und zu einem Floß zusammengebundenen Stämmen oder aus leichten, zur Schiffsform gebogenen Schilfbündeln, besteht keine Gefahr zu sinken, auch wenn die See das Deck überspült. Es ist kein Schöpfen nötig, denn das Wasser fließt durch die Ritzen im Boden wieder ab. Wenn man – wie die ersten Seefahrer – in der Lage ist, das richtige Schilf zu verwenden und Stämme, die leicht sind wie Kork und kein Wasser aufnehmen, kann das Floß sogar gegen Klippen oder Riffe stoßen und trotzdem länger schwimmfähig bleiben, als man zum Überqueren eines Weltmeeres braucht.

Wir bauen große Schiffe, um den Kampf gegen das Meer aufzunehmen. Wir fühlen uns um so sicherer, je höher wir uns über den Wellen befinden und je mehr mit Luft gefüllter Hohlraum unser verletzlicher Rumpf besitzt. Wir bewundern die Boote der Antike wegen ihrer eleganten und idealen, stromlinienförmigen, maritimen Formen. Trotzdem halten wir sie im Vergleich zu den schwerfälligen Karavellen des europäischen Mittelalters für primitiv. Sie waren vielleicht in Anbetracht von Komfort und Lebensdauer primitiv, den Schiffe mit stabilen Planken oder Eisen bieten. Aber die genialen Floßfahrzeuge der vorgeschichtlichen Seefahrer waren im Hinblick auf Sicherheit bei Sturm und Navigation in unbekanntem Gewässer weit überlegen. Das gilt besonders für Küstenbereiche mit Klippen und Riffen, in denen ein Schiff mit Rumpf Tag und Nacht in ständiger Gefahr ist, Schiffbruch zu erleiden.

Der Ruf »Land in Sicht« aus dem Mastkorb beschert jedem, der das Meer nur mit Hilfe von Strömung und Wind überquert hat, einen unvergeßlichen Augenblick der Freude und Erwartung. Selbst wenn die Position unsicher und die Küste unbekannt ist, bedeutet es doch eine wunderbare Erleichterung zu wissen, daß Land in Reichweite ist – jenes eine Drittel unseres Planeten, das für alle warmblütigen Geschöpfe geeignet ist. Nach Monaten in einer Welt der kalten Fische, Tintenfische und prustenden Wale hat man das Gefühl, nach Hause zu kommen. Da spielt es keine Rolle, wie weit die langsam am Horizont aufsteigenden Berge von deinem eigenen Fleckchen Erde noch entfernt sind.

Ein Augenblick überwältigender Freude. Aber er ist nicht von Dauer. Land, ja, das ist die uns gemäße Umgebung. Doch Land ist der Feind unseres Fahrzeugs. Der Küstenstreifen von Inseln und Kontinenten bedeutet für die Mannschaft jedes Wasserfahrzeugs eine große Bedrohung, egal ob es sich um eine Karavelle oder ein Balsaholzfloß handelt. Nirgends ist das Meer tückischer als direkt unter Land. Man darf sich nicht von den Theoretikern, die mit dem Finger auf der Karte reisen, täuschen lassen. Sie klammern sich an die gleichen Hypothesen, die in Europa vor Kolumbus üblich waren, daß nämlich das Meer mit einem Abgrund hinter dem Horizont ende, bis wir in Europa die Schiffe hoch genug bauten und die Seeleute mutig genug waren, um diese Auffassung als falsch zu entlarven. Es wird gerne behauptet, daß sich die Menschen im Altertum in Küstennähe bewegten, weil ihnen Schiffe fehlten, die geeignet gewesen wären, den Wellen im offenen Meer standzuhalten.

Für derartig verblendete Theoretiker bleibt das offene Meer für die Wasserfahrzeuge vor Kolumbus ein Abgrund. Sie übersehen, was Kolumbus und Tausende von Spaniern und Portugiesen, die in seinem Kielwasser unterwegs waren, uns bewiesen. Diese kühnen Entdeckungsreisenden trotzten dem Weltmeer viermal hin und zurück zwischen Europa und Amerika in Schiffen, die weder größer noch sicherer waren als die Schiffe, die in der Antike im Mittleren Osten und auf den Mittelmeerinseln benutzt wurden. Die Archäologie beweist, daß sich der eigentliche Schiffbau nicht in Europa entwickelte, es waren vielmehr erfahrene Schiffbauer aus Asien und Nordafrika, die sich an der Mittelmeerküste niederließen. Die Hethiter im Libanon haben uns Tausende von Jahren, bevor ein Wikinger oder ein anderer Europäer ein Segel hißte, Reliefe ihrer hohen, aus Planken gebauten Schiffe mit perfekter Takelage hinterlassen. Kolumbus verdient es, daß man ihn feiert für all das, was Millionen von Menschen ermöglichte, aus seiner Unternehmung vor fünfhundert Jahren Nutzen zu ziehen, aber er änderte weder das Meer, noch war seine Generation bahnbrechend, was Mut und Kühnheit anlangte, und bessere Schiffe als seines hatten die Meere schon lange Zeit besegelt.

Die Küste und nicht das offene Meer ist das eigentliche Hindernis für jedes seetüchtige Wasserfahrzeug. Jeder, der ein Balsafloß oder Schilfboot in seiner ursprünglichen Form auf dem offenen Meer ausprobiert hat, weiß, daß die Tatsachen dem widersprechen, was die meisten Leute glauben. Je weiter weg von der Küste, um so sicherer ist das Meer. Nirgends ist die Navigation eines prähistorischen Wasserfahrzeugs schwieriger und gefährlicher als gerade in Landnähe. Dort erzeugen Unterwasserströmungen und der

Rückprall vom Ufer Interferenzen mit unberechenbaren Wellen, und tückische, verborgene Untiefen erzeugen Sturzseen und Brandungen. Weiter draußen rollt die See in einer weiten, sanften Dünung. Das betrifft besonders den tropischen Gürtel im Stillen Ozean und im Atlantischen Ozean. Da folgen die ständigen Passatwinde der Meeresströmung nach Westen Richtung Sonnenuntergang und lassen die Wellen zu einer niedrigen, angenehmen Dünung von 200 Meter Länge und mehr werden.

Wer die Erfahrungen und Abenteuer der Menschen im Altertum in deren eigenen Schiffstypen selbst erlebt hat, fürchtet jedes Küstengewässer und ist Tag und Nacht auf der Hut, bis das Land am Horizont verschwindet. Erst dann kann man für eine Weile locker lassen und muß nur im Falle eines Sturmes darauf achten, sich und die Takelage zu retten.

Das Meer ist etwas ganz anderes als ein paar Striche auf dem Papier. Es gibt nicht nur Flüsse auf dem Festland. Der größte Fluß, der an der Atlantikküste Südamerikas mündet, ist nicht der Amazonas, der sich durch den Dschungel schlängelt, sondern der Kanarische Strom, der das Meer durchquert und an der gleichen Küste in umgekehrter Richtung mündet. Ebenso gewaltig ist der Humboldt- oder Perustrom, der auf der gegenüberliegenden Seite der Anden nach Polynesien und zu den anderen Südseeinseln fließt. Normale Flüsse können wir sehen, weil sie durch Wald und Feld fließen. Die Meeresströme dagegen fließen durchs Wasser und haben beständigere Ufer, unterscheiden sich nur durch Salzgehalt, Temperatur und Farbe des Planktons. Dabei fließen die Flüsse des Meeres ebenso schnell und sind breiter und mächtiger als jeder sich durchs Land schlängelnde Fluß.

Die Inselbevölkerung Polynesiens war so vertraut mit dem nach Westen gerichteten Strom, der durch alle ihre Inselgruppen fließt, daß sie für Osten »aufwärts« sagten und für Westen »abwärts«. Und hätte niemand in Nordwestafrika oder auf den Kanarischen Inseln Kolumbus von den kräftigen Strömungen erzählt, die Treibgut und Boote nach Westen beförderten, dann hätten er und alle Spanier, die in seinem Kielwasser segelten, den Strom schnell selbst entdeckt. Auf jeder seiner vier Reisen segelte Kolumbus zunächst nach Gomera, eine der Kanaren, ehe er wie geplant westlichen Kurs nahm. Und bei allen Rückreisen nach Europa, waren sie nun beabsichtigt oder nicht, vermied er sorgfältig den Kanarischen Strom und segelte weiter nördlich.

Inwieweit Christoph Kolumbus wußte, wohin er mit seinen Karavellen fuhr, darüber wird seit 500 Jahren spekuliert. Er wußte jedenfalls genau, wieviel Tage er voraussichtlich unterwegs sein würde, bis er die andere Seite des, wie er meinte, einzigen Weltmeeres erreicht haben würde. Warum er so sicher war und warum er in dem Glauben starb, daß seine Berechnungen stimmten, diese Frage wird in den folgenden Kapiteln erhellt werden.

Der Autor hält sich an die bekannten Fakten über Kolumbus und dankt den vielen Gelehrten, die sie ihm zugänglich gemacht haben. Weder unveröffentlichte Dokumente über Kolumbus noch irgendwelche geheimen Karten sind nötig gewesen, um über die von ihm gewählte Route Schlüsse zu ziehen. Manche seemännischen Überlegungen ergeben sich besser aus der eigenen Erfahrung. Weit entfernt von den lärmenden Städten und den Bücherregalen und mit dem Ohr an der Wasseroberfläche richten sie die Augen auf die Himmelskarte der langsam sich bewegenden Sterne. Ich habe oft an Kolumbus gedacht und das Risiko, das er einging und das auch seine Mannschaft betraf, die seiner Einschätzung vertraute und ihn auf seinen abenteuerlichen Reisen begleitete, an deren Durchführbarkeit kaum jemand glaubte. Eine wahrlich schwere Verantwortung. Er war so überzeugt von der Richtigkeit seiner Theorie, daß er den Proviant genau nach dem Zeitraum bemaß, den die geplante Überquerung des Ozeans dauern sollte. Mit einem begrenzten Vorrat an solchen Lebensmitteln, die auch bei tropischer Hitze auf einem kleinen Schiff ohne Kühlmöglichkeit nicht verdarben, wußte er, daß er und seine Mannschaft noch vor Erreichen des Ziels umkommen würden, wenn sich seine Berechnungen als falsch herausstellen sollten.

Seine Erfolgschancen waren gering. Wenn eine Welt von Experten dir versichert, daß dein Schiff sinken oder nach zwei Wochen am Ende der Welt in einen Abgrund stürzen wird, mußt du, um deine Pläne durchzusetzen, im Besitz eines Wissens sein, das die anerkannten Autoritäten nicht haben. Und die Trümpfe, die du in der Hand hältst, müssen für sie so überzeugend sein, daß sie sich herablassen, deine ketzerischen Argumente anzuhören und eine kostspielige Reise ohne Wiederkehr zu finanzieren.

Kolumbus war weder ein Supermann noch ein gewissenloser Abenteurer. Seine Anhänger werden ihm heute ebensowenig gerecht wie seine Kritiker, die ihn als mutigen, aber waghalsigen Seewolf bezeichnen. Beide glauben, er habe sein Leben und das seiner Mannschaft deshalb gerettet, weil Amerika, das eine halbe Weltumsegelung entfernt war, zufällig auf seinem Weg nach Indien lag. Kein verantwortungsbewußter Expeditionsleiter würde sein Vorhaben mit einer derartigen Fehlerquote planen. Im 16. Jahrhundert griffen mißgünstige Neider diesen unerschrockenen Seefahrer und Geographen an und erreichten schließlich, daß er als gebrochener Mann in Einsamkeit starb. Sie verhielten sich Kolumbus gegenüber zweifellos ebenso unfair wie viele seiner heute lebenden Gegner, die diesen Meilenstein der Weltgeschichte für all die Grausamkeiten verantwortlich machen, die den Eingeborenen von dem Strom der Europäer, die ihm auf seinem Weg folgten, zugefügt wurden. Das Risiko, das Kolumbus einging, war durchaus kalkuliert. Seine Schiffe waren kaum größer und sicher weniger seetüchtig als die, die die Gründer der antiken Zivilisationen Asiens, Afrikas und Amerikas benutzten.

Kolumbus war einer der größten Strategen und Entdecker der Geschichte. Die Veränderung seines persönlichen Wesens, die in einer Tragödie endete, bestand in einer geistigen Verwirrung, die dadurch entstand, daß er die von ihm als falsch angesehene Küste am richtigen Ort entdeckte.

Norwegische Sagas und päpstliche Erlasse. Die Wikinger.

Unbeabsichtigt bin ich zweimal in Kolumbus' Fahrwasser unterwegs gewesen. Dabei war es gar nicht meine Absicht, ihm nachzueifern. Im Gegenteil, ich fuhr ja nicht mit einer Karavelle, sondern mit einem aus Papyrusbündeln gefertigten Schilfboot, mit dem ich beweisen wollte, daß es lange vor Kolumbus möglich war, den Atlantik von Afrika aus zu überqueren.

Zufällig stimmte die Route, auf der unser Papyrusboot trieb, ziemlich mit dem von Kolumbus absichtlich eingeschlagenen Kurs überein. Wir trieben zwei Jahre hintereinander mit zwei verschiedenen Schilfbooten fast auf der gleichen Route. Und das war kein Zufall, sondern hing damit zusammen, daß wir uns mit unseren Vierkantsegeln von dem in westliche Richtung blasenden Passatwind treiben ließen, den Rest besorgte die Strömung unter uns. Auf genau diesem Weg könnten die nordafrikanischen Seefahrer in vorgeschichtlicher Zeit nach Amerika gelangt sein.

Wir folgten den Spuren früher Seefahrer aus dem Gebiet der Berber in Marokko, und so lagen die Kanarischen Inseln natürlich auf unserem Weg. Sie hatten sich lange vor Kolumbus an der afrikanischen Küste angesiedelt. Warum Kolumbus beschloß, über die Kanarischen Inseln zu segeln, war von ihm nie erklärt worden. Aber er hatte seine Gründe. Als er an Bord seiner *Santa Maria* saß, auf einer der drei Schiffe, die von der spanischen Küste aus zu ihrer berühmten Reise aufgebrochen waren, schrieb er in sein *Diario de a bordo*:

»Am Freitag, dem dritten Tag des August 1492, stachen wir um die achte Stunde von den Sandbänken in Saltes in See. Wir fuhren mit kräftigem Seewind bis zum Sonnenuntergang, 60 Meilen nach Süden, das sind 15 Leagues; dann nach Südwesten und Südsüdwest, das ist der Kurs zu den Kanaren.«

Von den Kanarischen Inseln an änderte Kolumbus den Kurs und segelte 33 Tage lang genau nach Westen, bis seine kleine Flotte an einer der unbewohnten Korallenatolle der Bahamas auf Land stieß. Hier korrigierte er den Kurs und kam schließlich nach Kuba in den Großen Antillen. Fast fünf Jahrhunderte später landeten wir mit dem Schilfboot Ra II auf Barbados in den Kleinen Antillen, nachdem wir im Jahr vorher kurz vor Erreichen derselben Insel die Ra I aufgeben mußten.

Wir hatten unsere eigenen Gründe, warum wir im Kanarischen Strom fuhren. Die Kanarischen Inseln waren lange vor Kolumbus von den blonden und blauäugigen Guanchen, vorarabischen Seefahrern des Berbergebietes in Nordafrika bewohnt. Wir wollten mit unseren Schilfbooten von derselben Gegend in See stechen, um zu beweisen, daß solche hellhäutigen Nordafrikaner auch vor den Spaniern im tropischen Amerika gelandet sein konnten. Das würde erklären, warum die Tradition weißer und bärtiger Kulturträger von Mexiko bis Peru bei der Ankunft der Europäer so lebendig war. Außerdem würde es die vielen ins Auge stechenden Parallelen zwischen den frühen Kulturen zu beiden Seiten des Atlantik erklären.

Aus diesem Grunde waren wir mit unseren beiden Schilfbooten im ehemals phönizischen Hafen Safi in Marokko gestartet. Nach einigen Tagen trieben wir mit den Passatwinden auf unseren Schilfbündeln direkt an den Kanarischen Inseln vorbei, und zwar so nahe, daß wir den schneebedeckten Vulkan Teide auf Teneriffa wie einen glänzenden Zuckerhut über dem blauen Dunst schweben sahen. Da sprachen wir auf unserem Floß über Kolumbus. Er hatte alle seine Reisen über den Atlantik auf der Insel Gomera begonnen, mit dem Kegel des Teide deutlich vor Augen. Er konnte nicht von Teneriffa aus losfahren, da diese Insel von den blonden Guanchen beherrscht war, die sich gegen die Eindringlinge aus Europa mit Steinschleudern wehrten.

Unzählige kleine Boote haben den Kanarischen Strom als Rolltreppe nach Amerika benutzt, bevor Kolumbus sein Bordbuch schrieb. Allein in Barbados holt die Hafenverwaltung jedes Jahr zahllose Ein-Mann-Boote ans Tageslicht, Ruderboote, Kanus, Kajaks und Flöße aller Art. Dazu kommen Plastikflaschen und Ölklumpen. Der Kanarische Strom ist nicht mehr so unverschmutzt wie zur Zeit des Kolumbus. Wäre er so schlammig wie der Amazonas, würde er sich deutlich sichtbar als kaffeebraunes Band durch den blauen Ozean ziehen, und die Skeptiker könnten ohne weiteres sehen, daß die Bewohner der Kanarischen Inseln nur einfach weiter stromaufwärts leben als die im Karibischen Meer. Jeder Seefahrer, der die Kanarischen Inseln erreichte, hatte einen Freifahrtschein nach Mittelamerika.

Heute, fünf Jahrhunderte nach Ankunft der ersten drei europäischen Karavellen auf einem Atoll der Bahamas, feiern wir das Ereignis als einen Triumph europäischen Unternehmungsgeistes. Immer mehr von uns haben das Gefühl, daß dieser Triumph geteilt, wenn nicht abgegeben werden sollte an die, die dasselbe unbewohnte Atoll vor Kolumbus besucht haben. Sie waren mit viel kleineren Booten und aus der anderen Richtung gekommen. Sie standen am Ufer und erspähten Kolumbus wahrscheinlich, bevor er sie erspähte. Sie waren nackt, glaubt man Kolumbus, und hatten dieses Atoll nur aufgesucht, um zu fischen. Diese Männer, die sich auf den unbewohnten Inseln der Bahamas aufhielten, wiederholten ständig den Namen Kuba und machten den Spaniern Zeichen, um ihnen zu erklären, wie man dorthin gelangte.

Die Spanier folgten ihren Hinweisen, und da erhob sich vor ihnen die große Insel Kuba aus dem Meer. Sie kamen zu spät, um die ersten Entdecker zu sein. Eine riesige Menschenmenge empfing sie freundlich und mit offenen Armen: Männer, Frauen und Kinder und sogar friedliche Hunde, die niemals bellten.

Heute haben kubanische Archäologen den Ort identifiziert, an dem Kolumbus zuerst ihre Insel betrat, dort, wo er von den Inselbewohnern begrüßt worden war und den er für Cipango – die damalige Bezeichnung für Japan – gehalten hatte. Man spürt das Drama der Geschichte, wenn man diese Bucht, Cayo Bariay, an der Nordostküste Kubas besucht, heute eine verlassene, aber schöne Gegend. Ein ausgedehnter Wald aus Kokospalmen zieht sich auf einem grünen Grasteppich fast bis ans Ufer und säumt das ruhige, blaue Wasser der breit geöffneten Bucht, die sich so weit ins Land erstreckt, daß sie fast wie ein Fjord aussieht. Im Hintergrund ragen die merkwürdigen und zerklüfteten Bergformationen auf, die Kolumbus beschrieb, und es scheinen nur noch die drei friedlich in der Bucht ankernden Karavellen zu fehlen.

Du wirst aus dieser romantischen Vision gerissen, wenn dir der dich begleitende Wissenschaftler die erst vor kurzem entdeckte und überwucherte Stelle zeigt, wo das längst vergessene Dorf lag, als Kolumbus kam. Dichtes Gebüsch und Rasenstücke sind inzwischen am Rande eines flachen Küstenstreifens von den Archäologen entfernt worden, und das schwarze Erdreich darunter erweist sich als durchsetzt mit Tonscherben und weißen Mollusken. Nirgends mehr gibt es Nachfahren der ursprünglichen Bevölkerung dieser großen Insel, die Kolumbus als ein Paradies auf Erden beschreibt. Will man mehr von ihnen erfahren als das, was Kolumbus berichtete, muß man in ihren überwucherten Abfallhaufen graben.

Wer entdeckte Kuba? Kuba war wie alle anderen bewohnbaren Inseln der Bahamas und der Antillen in vorgeschichtlicher Zeit entdeckt worden. Wir dürfen nicht glauben, daß die maritimen Abenteuer des Menschen mit der geschriebenen Geschichte begannen. Wie die Seefahrt der Amerikaner in der Zeit vor Kolumbus aussah, wurde mir klar, als ich Gelegenheit hatte, gemeinsam mit den einheimischen Gelehrten eine fotografische Zusammenstellung des gesamten archäologischen Materials vorzubereiten. Prähistorische Keramik in bekannten Stilarten sowie Kunstgegenstände aus Muscheln, Stein, Holz, Knochen und sogar Gold zeugen von einem ausgedehnten Handel und von Kontakten mit weit entfernten Stämmen und Völkern auf dem Festland. Kuba hatte vor Kolumbus überseeische Kontakte mit so weit voneinander entfernten Gebieten wie Florida, Mexiko, Mittelamerika und Venezuela. Ethnobotaniker waren lange Zeit davon überzeugt, daß die Kokospalme eine pazifische Pflanze sei, begrenzt auf die Westküsten Panamas und Kolumbiens. Doch sie wuchs in großen Hainen an der

Nordostküste Kubas, der von Panama und Südamerika am weitesten entfernten Stelle, als Kolumbus landete und von den riesenhaften Nüssen Indiens berichtete. Seefahrer hatten die Palme vom amerikanischen Festland zusammen mit Süßkartoffeln, Kürbissen, Baumwolle und Balsaholz nach Kuba gebracht, lange bevor ein europäisches Schiff auftauchte.

Seinem Tagebuch folgend wurde Kolumbus der richtige Kurs nach Kuba von den Fischern gewiesen, die ihn auf den Bahamas empfingen. Diese große und wichtige Insel war zweifellos in der Karibischen See allgemein bekannt. Der erste Kontakt mit Europäern bei der Ankunft von Kolumbus und seinen Begleitern verlief harmonisch und friedlich. Es waren viele Versuche gemacht worden, die Atolle der Bahamas, die Kolumbus auf seiner Fahrt nach Kuba passiert hatte, zu identifizieren. Seine eigene Auskunft über diesen Teil der Reise ist gelinde gesagt mangelhaft, und die unbewohnten Atolle auf den Bahamas sehen alle ziemlich ähnlich aus. Wir sind Kolumbus dankbar für sein *Diario de a bordo*, obwohl bekannt ist, daß er die täglichen Positionen fälschte. Hatte er das, wie er behauptet, getan, um seiner Mannschaft vorzugaukeln, sich noch in überschaubarer Entfernung von der Heimat zu befinden, oder wollte er die Konkurrenten unter den zahlreichen portugiesischen Entdeckungsreisenden irreführen, die wie er auf der Jagd nach Gold waren?

Kolumbus war sicher der erste, der über eine Reise nach Amerika Tagebuch führte. Aber die geschriebene Geschichte Amerikas begann nicht mit ihm. Es gab sowohl in der alten als auch der neuen Welt schriftliche Zeugnisse vor Kolumbus. Denn einige Jahrhunderte vor dessen Fahrten und lange vor der Aufzeichnung der altnordischen Sagas gab es die in Stein gemeißelten Hieroglyphen der Olmeken von Mexiko, und die nachfolgenden Mayas und Azteken schrieben ihre Geschichte mit Hieroglyphen in Papierbücher. Es trifft zu, daß sich die amerikanische Geschichte mit Kolumbus änderte, aber begonnen hat sie lange vorher. Wenn wir die Große Begegnung von 1492 als ein historisches Ereignis feiern, berücksichtigen wir besonders die Aufzeichnungen von Kolumbus und seinen Zeitgenossen. Wir sollten aber auch die isländischen Sagas und die *Kodices* von Mexiko in Erwägung ziehen, beides schriftliche Quellen aus vorkolumbianischer Zeit. Kolumbus ist groß genug, um wenigstens einen bescheidenen Teil der ihm erwiesenen wohlverdienten Ehre an die abzutreten, die ihm den Weg nach Westen bereitet haben. Und natürlich mehr noch an die, die ihn in Amerika empfingen und ihm behilflich waren, mit Schiffsladungen voller Waren, die die Menschen der neuen Welt produziert hatten, heimzukehren.

Die ersten bekannten Europäer, die es wagten, hinaus aufs offene Meer zu segeln, waren die Wikinger. Über die Wikinger und ihre vor Kolumbus durchgeführten Fahrten nach Amerika gibt es so viele irrtümliche Vorstellungen, daß es notwendig erscheint, einmal zwischen Dichtung und Wahrheit zu unterscheiden. Was wissen wir über die Fahrten dieser frühen, zur See fahrenden Abenteurer? Hatten sie irgendeine Bedeutung für die späteren Reisen des Kolumbus?

Machen wir uns zuallererst klar, daß es zur Zeit des Kolumbus weder in Nordeuropa noch sonstwo Wikinger gab. Und die nordischen Sagas wurden nicht von den Wikingern aufgeschrieben. Das norwegische Wort »Wikinger« ist inzwischen ein allgemein bekannter Begriff, und trotzdem wird dieser Begriff von den meisten Leuten völlig falsch verstanden. Der Terminus »Wikinger« verweist nicht auf einen Volksstamm, sondern auf eine Tätigkeit. Ein Wikinger war ein Mann, der vom 8. bis zum beginnenden 11. Jahrhundert seinen häuslichen Herd in Norwegen, Dänemark oder Schweden verließ, sich für bestimmte Zeit mit einer Flotte militanter Abenteurer verband und Überfälle an fremden Küsten ausführte. Zurückgekehrt in sein heimisches Dorf, nahm dieser Teilnehmer an einem Wikingerzug wieder sein normales Leben als Fischer, Bauer, Bootsbauer, Schmied oder Künstler auf. Es ist ebenso falsch, die Bevölkerung des alten Norwegen als Wikinger zu bezeichnen, wie es falsch wäre, alle Römer als Legionäre oder alle Leute im England des 17. Jahrhunderts als Seeräuber zu bezeichnen, nur weil einige von ihnen hinaussegelten und fremde Schiffe kaperten. Es gab eine Wikingerzeit, aber nie ein Wikingervolk.

Das Königreich Norwegen mit seinen weit nördlich und westlich von Schottland liegenden Inseln war bereits 500 Jahre vor Kolumbus zum Christentum übergetreten, und im Jahre 1000 n. Chr. gelang es König Olaf Tryggvason, das Christentum auch bei seinen Untertanen auf dem entfernten Island einzuführen. In diesem Jahr nahm das *Althing* von Island, das erste europäische Parlament, den Katholizismus als Staatsreligion an. Von da an setzten sich in dieser fleißigen, arktischen Gemeinschaft gelehrte Männer mit Tinte und Feder hin und schrieben in pergamentenen Büchern die frühe Geschichte von Norwegen, Island und Grönland auf.

Grönland, die größte Insel der Welt, ist dem amerikanischen Festland genauso nahe wie Kuba, und die Sagas, die von der altnordischen Besiedelung Grönlands berichten, liefern uns detaillierte Informationen über die so weit west-

lich vor sich gehende Expansion der katholischen Welt in den Jahrhunderten vor Kolumbus.
Die Geschichte Norwegens als Nation begann 885 n. Chr. und reicht damit zurück in die Wikingerzeit. Damals besiegte und unterwarf Harald Schönhaar alle regionalen Könige und schloß ganz Norwegen in etwa den gleichen Grenzen, die heute noch bestehen, zu einem Königreich zusammen. Diese Kriege führten zu erheblichen Unruhen im Lande. Viele Häuptlinge und andere bedeutende Männer flohen mit ihren Familien und ihrem Gefolge. Sie ließen sich auf einer der weit entfernt liegenden Inseln nieder, die während der Wikingerzüge entdeckt und als Verstecke benutzt worden waren. Unter denen, die sich in den folgenden Jahren auf Island niederließen, befand sich Snorres eigene Häuptlingsfamilie und außerdem ein Geächteter, der in der weiteren Entwicklung eine wichtige Rolle spielen sollte: Eirik Raude, Eirik der Rote, geboren in Südwest-Norwegen, in der Nähe des heutigen Stavanger. Seine isländische Frau Tjodhild gebar ihm einen Sohn, Leif Eiriksson.
Eirik der Rote änderte sein blutiges Betragen mit Mord und Totschlag auch auf Island nicht. Er mußte erneut fliehen. Im Frühjahr 982 überquerte er das offene Meer an der sogenannten Danmarkstraße, die die alte Welt von der neuen Welt trennt, und erreichte Grönland. Er umschiffte die gefährliche Südspitze und fand am Fuße der hohen Gletscher grünes und nicht gefrorenes Grasland, geeignet zur Viehzucht. Er besiedelte den Küstenstreifen an der Davisstraße und gründete nur einige hundert Kilometer von Amerika entfernt eine Kolonie.
Eirik war so schlau, das neu entdeckte Land Grönland (Grünland) zu nennen, um mögliche Siedler von Island (Eisland), so genannt von den aus dem waldreichen Nor-

wegen kommenden Siedlern, anzulocken. Und bei seiner Rückkehr nach Island organisierte und leitete er eine der wagemutigsten arktischen Expeditionen, die jemals überliefert wurden. Die Entdeckung Grönlands wurde von dem Geschichtsschreiber Are Frode (1068–1148) aufgeschrieben und beruht auf den Erinnerungen eines Onkels, der seine Informationen direkt von den Gefolgsleuten Eiriks hatte. Fünfundzwanzig Lastschiffe, breiter und schwerfälliger als die wendigen, schlanken Wikingerschiffe, nahmen an dieser geplanten Seereise nach Westen auf der wildesten Route des Nordatlantik teil. An Bord waren ganze Familien, einige hundert Männer, Frauen und Kinder mit all ihrer Habe, mit Pferden, Kühen, Schafen, Schweinen und Hunden. Nur vierzehn dieser offenen Schiffe mit unerschrockenen Auswanderern schafften es, die stürmische Südspitze von Grönland zu umrunden und wohlbehalten die Davisstraße zu erreichen, wo sie an der freundlicheren Westküste an Land gingen. Hier errichteten sie an einem ausgedehnten Küstenstreifen an der Davisstraße entlang ihre Höfe, deren Überreste noch existieren. Und fast fünf Jahrhunderte lebten und starben ihre Nachkommen auf Grönland, mit den Eskimos als Nachbarn an der Küste weiter oben und den nordamerikanischen Indianern, von ihnen *Skrælinger* genannt, ebenso nahe wie die Eskimos, nur auf der anderen Seite des Meeres.

Während Leif Eiriksson friedlich auf Grönland bei seiner heidnischen Familie aufwuchs und die alten Götter Thor und Odin verehrte, führte ein norwegischer König in Norwegen das Christentum ein. König Olav Tryggvason wuchs in Rußland am Hofe König Waldemars auf. Später durchstreifte er als Wikinger die Küsten Westeuropas und begeisterte sich dabei für einen christlichen Einsiedler, dem er

auf den Scilly-Inseln im Atlantischen Ozean begegnete. Olav brachte Priester und schriftgelehrte Männer mit nach Norwegen und erklärte, daß von nun an das Christentum die einzige erlaubte Religion sei. Er reiste kreuz und quer durch sein Königreich, um sich persönlich davon zu überzeugen, daß seine Untertanen getauft wurden, und er ließ an den Stellen, an denen bis dahin heidnische Tempel gewesen waren, Kirchen bauen. Er begab sich auch persönlich mit seinen Schiffen zu den norwegischen Siedlungen auf den Orkney-Inseln nördlich von Schottland, um dort den neuen Glauben einzuführen. Er war es, dem es trotz großen Widerstands schließlich gelang, das Christentum per Gesetz auf Island durchzusetzen. Damit waren um das Jahr 1000 alle norwegischen Gebiete in Europa christianisiert. Nur zu den Siedlungen Eirik des Roten und seiner Gefolgsleute auf der anderen Seite des erbarmungslosen Nordatlantiks war der neue Glaube nicht gedrungen.
Es mißfiel dem König von Norwegen, daß die norwegische Kolonie auf Grönland heidnisch blieb, und bald ergab sich eine Gelegenheit, das Problem zu lösen. Die kleine Kolonie auf Grönland nahm bald reguläre Handelsbeziehungen mit Bergen und anderen norwegischen Küstenstädten auf, und einer der ersten grönländischen Bauern, der mit einem Handelsschiff nach Norwegen kam, war Eiriks Sohn Leif. Leif Eiriksson segelte eines Sommers kurz vor dem Ende der Regierungszeit von König Olav Tryggvason zur norwegischen Hauptstadt Nidaros, dem heutigen Trondheim. Im *Flateyjarbók*, geschrieben ca. 1390, wird dieser Besuch folgendermaßen geschildert:
»Leif segelte mit seinen Schiffen nach Nidaros und begab sich unverzüglich zu König Olav, der ihm wie allen heidnischen Männern, die zu Besuch kamen, den neuen Glauben

predigte. Es fiel König Olav nicht schwer, Leif zu überzeugen, und er wurde mit seiner gesamten Mannschaft getauft. Leif verbrachte den Winter bei Olav und wurde gut unterhalten.«

Die Saga von Eirik dem Roten im *Skálholtsbók* schildert dasselbe Ereignis detaillierter:

»Einmal kam der König mit Leif ins Gespräch und fragte ihn: ›Gedenkst du im Sommer nach Grönland zu segeln?‹ Leif antwortete: ›Das denke ich. Wenn es Euer Wille ist.‹ Der König antwortete: ›Ich meine, daß das gut sein würde; du sollst mit meinem Anliegen reisen und das Christentum auf Grönland verbreiten.‹«

Als der Frühling kam, hißte Leif die Segel zur Heimreise über den Atlantik. In seinem Gefolge hatte er einen katholischen Priester und einige Religionslehrer. Leif Eiriksson brach kurz vor König Olavs Tod im Jahre 1000 auf. Nach seiner Ankunft auf Grönland erfüllte Leif seinen königlichen Auftrag, wie es in derselben Saga überliefert wird:

»Er gebot sogleich im ganzen Land das Christentum und den katholischen Glauben und wies darauf hin, wieviel Ruhm und Ehre dieser Glaube mit sich bringe. Für Eirik (seinen Vater) dauerte es lange, seinen Glauben aufzugeben, aber Tjodhild (seine Mutter) war sogleich bereit und ließ ein Stück entfernt von den Häusern eine Kirche errichten. Die Kirche wurde Tjodhild-Kirche genannt; dort verrichteten sie und die Männer, die das Christentum annahmen, ihre Gebete, und das waren die meisten. Tjodhild wollte nun, nachdem sie den Glauben angenommen hatte, nicht mehr mit Eirik zusammenleben, und das war ihm sehr zuwider.«

Dem *Skálholtsbók* zufolge geschah es auf der Rückreise von Europa, daß Leif etwas vom Kurs abkam und auf der anderen Seite der Davisstraße Land entdeckte. Im *Flateyjarbók* dagegen heißt es, daß er zuerst nach Grönland auf den Hof seines Vaters zurückkehrte und dann losfuhr, um nach einem flachen und bewaldeten Land zu suchen, das Bjarne Herjolfsson von seinem Schiff aus weit draußen auf der Davisstraße gesichtet hatte. Die alten Handschriften stimmen jedoch darin überein, daß es, unabhängig davon, wer das Land zuerst gesichtet hatte, Leif Eiriksson war, der als erster dort landete. Und Leif war, als er seinen Fuß auf der amerikanischen Seite der Davisstraße an Land setzte, kein blutrünstiger Wikinger, sondern ein gewöhnlicher Bauernsohn, ordnungsgemäß vom katholischen König von Norwegen getauft.

Ob nun Bjarne oder Leif die neue Welt zuerst gesehen hat, dürfte schwer zu entscheiden sein, es steht jedoch außer Zweifel, daß sich Leif genügend Zeit nahm, die Gegend zu erforschen, als er an drei weit voneinander entfernten Orten an Land ging. Er nannte seine Entdeckungen Helluland, Markland und Vinland und gab eine ziemlich genaue Beschreibung der Eigenarten ihrer Küsten.

Leif und seine Gefolgsleute errichteten zuerst einige Schutzhütten am Ufer, um von dort aus das neue Land zu erforschen. Später bauten sie sich große Häuser, in denen sie den Winter verbrachten, ehe sie wieder zu ihren Familien nach Grönland zurückkehrten. Die alten Handschriften bringen deutlich zum Ausdruck, wie sehr die neuen Quellen für gutes Bauholz und wertvolle Pelze aus den Waldgebieten auf der anderen Seite der Davisstraße Leifs Landsleute in dem ziemlich unfruchtbaren Grasland Grönlands beeindruckte.

Die Rückfahrt über die Meeresstaße war so kurz, daß Leif seiner Familie nicht nur Bauholz, sondern auch frische

Beeren mitbrachte. Er war kaum zu Hause, da machte sich auch sein Bruder Thorvald Eiriksson auf den Weg zu dem neu entdeckten Land. Aber er geriet in Streit mit den Ureinwohnern an der Küste. Nachdem er einige der Skrælinger getötet hatte, kam er selbst ums Leben und wurde in der neuen Welt begraben. Auf seinem Grab wurde das erste behelfsmäßige christliche Kreuz errichtet. Später überquerte Thorstein, ein dritter Bruder, die Meeresstraße, um den Leichnam zu holen, nach Grönland zu bringen und in geweihter Erde beizusetzen. Aber sein Versuch mißlang.

Kurz darauf gelang es jedoch unabhängig voneinander einer Reihe von Schiffen, von Grönland aus hinüberzusegeln; einige davon segelten so weit südlich, daß sie Leifs Haus auf Vinland fanden. Sie brachten auch Frauen mit. Am meisten wird darüber in der Saga von Thorfinn Karlsevne berichtet, der sich dem *Flateyjarbók* zufolge mit sechzig Männern und fünf Frauen in dem neuen Land ansiedelte. Im *Skálholtsbók* wird die Zahl mit »160 Männern« wiedergegeben. Sie brachten Rinder und andere Haustiere mit in der Absicht, für immer zu bleiben. Eingeborene, die in einer unverständlichen Sprache redeten, nahmen zu den neuen Siedlern Kontakt auf. Sie brachten zum Zeichen ihrer Friedfertigkeit Bündel von Eichhörnchenfellen mit und sogar Felle von Zobeln und anderen den Norwegern unbekannten Tieren. Diese gaben im Tausch Milchprodukte und rote Stoffe.

Die in den großen Wäldern lebenden Bewohner des Landes liefen beim Anblick des ersten brüllenden Ochsen erschreckt davon. Zu ihrer Sicherheit umgaben die Einwanderer ihre Siedlung mit kräftigen Palisaden, und Gudrid, Thorfinns Frau, gebar einen Jungen, der auf den Namen

Snorri getauft wurde, der erste Mensch europäischer Herkunft, der in der neuen Welt geboren wurde.
Der friedliche Handel mit den neuen Siedlern endete mit einem richtigen Krieg. Eines Tages kamen Skrælinger in zahllosen Kanus von Süden her und füllten die ganze Bucht. Die Skrælinger sollen nur Schleudern und Steinbeile gehabt haben, während die Norweger mit Eisenschwertern und Äxten bewaffnet waren. Doch die Eingeborenen in ihren Kanus waren so zahlreich, daß die tapferen weißen Männer in die Wälder flohen. Nur die hünenhafte nordische Frau Freydis trat ganz allein der Indianerhorde entgegen. Sie schlug mit der Breitseite eines Schwerts auf ihre entblößte Brust, und bei diesem Anblick sollen die Skrælinger der Sage nach die Flucht ergriffen haben. Als die Männer aus den Wäldern zurückkehrten, wurden sie von den Frauen kräftig verspottet.
Zwei von Thorfinns Männern fielen bei diesem Kampf, dazu eine große Zahl von Eingeborenen. Das *Skálholtsbók* fährt fort:
»Karlsevne und seine Männer verstanden jetzt, daß sie in diesem Land, so schön es war, trotzdem ständig im Unfrieden mit denen, die hier schon vorher da waren, leben müßten. Deshalb einigten sie sich darauf, das Land zu verlassen und in ihr Land heimzukehren.«
Sie fuhren später nach Grönland zurück. Aber bevor sie in See stachen, fingen sie zwei Jungen der Eingeborenen und tauften sie. Diese zwei Jungen waren zweifellos die ersten Ureinwohner in der neuen Welt, die dieses katholische Sakrament empfingen, obwohl sie sicher nicht die geringste Ahnung hatten, was mit ihnen geschah. Die zwei Jungen wurden dann mitgenommen; man brachte ihnen die norwegische Sprache bei, damit sie der grönländischen Kolonie

mehr erzählen konnten über die Ureinwohner des Landes, aus dem sie stammten. Karlsevnes Sohn Snorri war drei Jahre alt, als die erfolglosen Siedler nach Grönland zurückkehrten. Andere ebenso vergebliche Versuche, sich in Leif Eirikssons Vinland anzusiedeln, folgten, darunter eine schicksalhafte Expedition von Leifs Schwester Frøydis, einer unehelichen Tochter Eiriks des Roten.

Am Ende des 11. Jahrhunderts waren die norwegischen Niederlassungen auf der anderen Seite des Atlantik neben den Erzählern der Isländersagas auch den Geographen allgemein bekannt. Um 1070 hat der bekannte deutsche Geschichtsschreiber Adam von Bremen das Wissen um die Entdeckung Vinlands einer großen Leserschaft auf dem europäischen Kontinent zugänglich gemacht.

Die Segeltouren über die schmale Davisstraße änderten bald ihren Charakter und wurden zu Handelsreisen. Norwegische Kaufleute kamen von Grönland, um Bauholz, Felle und Walroßzähne, das Elfenbein des Nordens, zu holen.

Vinland wurde für die Menschen in Norwegen, Island und den vielen norwegischen Niederlassungen nördlich von England zu einem bekannten Namen. In jüngster Zeit sind Diskussionen über den Ursprung des Namens entstanden. Die Namen Island und Grönland verstehen sich von selbst, aber »vin« hat im Altnordischen zwei Bedeutungen, nämlich »Wein« und »Weide«. Die am weitesten verbreitete Auffassung bestand darin, daß Leif Eiriksson und seine Männer das Gebiet, das sie auf der amerikanischen Seite der Davisstraße vorfanden, so nannten, weil sie so weit nach Süden gesegelt waren, um Weintrauben zu finden. Und die Saga erzählt tatsächlich von einem Sklaven, der an Leifs Entdeckungsreise teilgenommen hatte und betrunken von den Beeren, die er fand, zurückkehrte. Ein Großteil der heutigen Autoren zieht jedoch die andere Deutung vor. Die grönländischen Siedler, so argumentieren sie, seien von grünen Weiden für ihre Herden mehr zu beeindrucken gewesen als von Wein für den eigenen Gebrauch.

Die letztgenannte Theorie unterstützt unter anderem der bekannte norwegische Autor und Forscher Helge Ingstad, eine führende Autorität auf dem Gebiet norwegischer Besiedelung in Grönland und Nordamerika. Viele Jahre beschäftigte er sich mit den reichlich vorhandenen Überresten von 400 Jahren ununterbrochener Besiedelung Grönlands durch die Norweger. Die Ruinen der Höfe verschwanden niemals, auch wenn die Siedler zur Zeit von Christoph Kolumbus weggezogen oder ausgestorben waren. Dänische Archäologen fanden eine lohnende Ausgrabungsstätte vor. Sie haben sich sehr verdient gemacht, indem sie an zwei weit auseinanderliegenden Stellen an der Westküste altnordische Höfe freilegten. Doch die Überreste der norwegischen Niederlassungen auf der amerikanischen Seite der Davisstraße waren verloren und vergessen, bis Ingstad die Idee hatte, die Texte der Sagas als Wegweiser zu benutzen. Sogar diejenigen unter uns, die damals seinem Plan wohlwollend gegenüberstanden, waren der Meinung, daß die Suche nach den Überresten von Leif Eirikssons Vinland-Hof an der Küste von Nordamerika der nach einer Nadel im Heuhaufen gliche. Doch die Beschreibungen in den alten Sagas von Grönland und Island erwiesen sich als so detailliert, daß Ingstad die Nordspitze von Neufundland vom Flugzeug aus inspizierte und danach dort landete, um das offene Grasland von L'Anse aux Meadows zu erforschen. Ingstads norwegischer Frau Anne Stine, selbst Archäologin, gelang es Anfang der sechziger Jahre unter Mithilfe von anderen skandinavischen und amerikanischen Gelehrten, die bislang fast unsichtbaren Hausfundamente einer frühen altnordischen Niederlassung freizulegen. Sie fanden altnordische Werkzeuge, einschließlich einer typischen Bronzenadel der Wikinger, ein Spinnrad aus Speckstein, das ebenfalls als altnordisch identifiziert werden konnte, die Überreste von Eisennägeln und eine nordische Schmiede. Im Innern des Hauses in der charakteristischen altnordischen Form entdeckten sie in der von Steinen umgebenen Feuerstelle Holzkohlestücke, die es ermöglichten, eine Reihe von Datierungen nach der C-14-Methode durchzuführen. Alle wiesen auf das Jahr 1000 n.Chr. hin, und das stimmt exakt überein mit dem Bericht über die Vinland-Unternehmungen von Leif Eiriksson, Karlsevne und ihren nordischen Gefolgsleuten.

Nach den ersten unglücklichen Versuchen, sich in Vinland anzusiedeln, blieben die Besucher aus Grönland wahrscheinlich in der Nähe ihrer Schiffe, wenn sie Holz fällten und Felle von den Skrælingern eintauschten, um dann sicher zu ihren Höfen auf der anderen Seite der Meeresstraße zurückzukehren.

Fast 500 Jahre bestand die altnordische Kolonie auf Grönland mit Viehzucht, Jagd, Fischerei und Handel. Unter den Ruinen, die man immer noch sehen kann, sind die Steinmauern der kleinen, von Leifs Mutter errichteten Kirche. Es sollte die erste von nicht weniger als 19 vor Kolumbus auf Grönland gebauten Kirchen sein. In der Zeit zwischen dem 12. und dem 14. Jahrhundert erwarb die von Rom gelenkte katholische Kirche eine wirkliche Machtstellung und wurde größter Grundbesitzer auf Grönland. Es gab sogar einen Bischofssitz, eine Kathedrale und zwei Klöster. Das eine war ein dem heiligen Benedikt geweihtes Nonnenkloster, das andere war für Mönche und dem heiligen Augustin und dem Heiligen Olav geweiht. Die Kampagne für den katholischen Glauben, von König Olav Tryggvason in Norwegen begonnen, indem er Leif nach Grönland schickte, wurde von einem seiner Nachfolger, König Olav Haraldsson, fortgesetzt. Der machte das mit solchem Eifer, daß die Kirche diesen norwegischen König des 11. Jahrhunderts zum Heiligen erklärte, eine Ehre, die die katholische Kirche nicht einmal König Ferdinand und Königin Isabella erwies.

Die enge Verbindung zwischen dem Vatikan und den nordischen Ländern in den Jahren bis 1517 sollte man sich gut merken. Am 31. Oktober desselben Jahres schlug Martin Luther seine 95 Thesen an das Kirchenportal zu Wittenberg, und die darauf folgende Explosion führte zu einer totalen Trennung zwischen Protestantismus und Katholizismus und hatte katastrophale Auswirkungen auf die Beziehung zwischen Norwegen und der ehemaligen Mutterkirche in Rom.

Als Kolumbus seine große Unternehmung plante, war Norwegen immer noch ein Teil der katholischen Welt. Und die 19 Kirchen auf der anderen Seite des Nordatlantiks standen nach wie vor unter der strengen Kontrolle des obersten Patriarchen in Rom. In den Jahrhunderten, in denen es norwegische Kirchen auf Grönland gab, wurde die katholische Kirche in Norwegen tatsächlich als höchste Macht anerkannt. Die enge Verbindung zwischen Norwegen und dem Vatikan und auch zum Heiligen Land war eine natürlich Folge, die sich aus der Heiligsprechung des norwegischen Königs Olav Haraldsson ergab. König Olavs königlicher Barde Sigvat Skald war nach einem Besuch im Heiligen Land gerade auf dem Heimweg von Rom, als er vom Untergang und Ende des Königs erfuhr. König Olavs Vasall Tore Hund starb als Pilger im Heiligen Land. König Olavs Nachfolger auf dem Thron, König Harald Hardråde, verbrachte viele Jahre als Befehlshaber einer gemischten norwegisch-römischen Flotte, die im Mittelmeerraum für den christlichen Glauben focht. Mit dieser Flotte plünderte er die moslemischen Festungen auf den Mittelmeerinseln und entlang der nordafrikanischen Küste. Die reiche Beute sowie das Gold, das der oströmische Kaiser im Dienste der Christenheit zahlte, schenkte Harald der Kirche in Jerusalem. In seiner *Heimskringla* berichtet Snorri von König Haralds Marsch mit seinen Leuten durch das moslemische Land nach Jerusalem:

»...dieses Land kam ungesengt und unzerstört in Haralds Macht. Dann ging er zum Jordan und badete dort, wie es auch die anderen Pilger zu tun pflegten. Harald gab große Geschenke an das heilige Grab und das heilige Kreuz und die anderen Heiligtümer im Jorsalaland. Er befriedete die Straße bis zum Jordan und tötete Räuber und anderes Gesindel.«

Der nächste König, der zu den moslemischen Festungen im Mittelmeerraum reiste, war Sigurd Magnusson, der Urenkel von König Harald. Snorri zufolge segelte König Sigurd mit 60 Schiffen nach Süden und durch die Straße von Gibraltar, bekämpfte auf diesem Weg die moslemischen Eindringlinge in Portugal und Spanien und tötete alle, die sich weigerten, im katholischen Glauben getauft zu werden. So bestand zu Beginn des 12. Jahrhunderts eine intensive nordische Aktivität im Mittelmeerraum. König Sigurds Flotte plünderte moslemische Festungen in Marokko und auf den Balearen. Aber auf Sizilien wurde er freundlich empfangen, denn diese Insel war bereits von den Normannen erobert und besetzt worden. Er ernannte seinen Landsmann Duke Rodgeir (Roger) zum König von Sizilien, worauf König Rodgeir einen großen Teil der italienischen Halbinsel eroberte. Seine von Wikingern abstammende Familie hatte in das Geschlecht des Kaisers von Rom eingeheiratet, was die Verbindung zwischen Norwegen und Rom noch weiter stärkte. König Roger II. war sehr interessiert an Geographie. Er gründete ein geographisches Institut und lud Reisende und Seefahrer an seinen Hof, um eine Weltkarte anzufertigen. Unter seinen Gästen befand sich der berühmte arabische Seefahrer Sherif Mohammed al Edrisi, geboren 1099 in Tétouan an der Straße von Gibraltar. Edrisi wurde mit der Aufgabe betraut, die Weltkarte herzustellen, und das Ergebnis 15jähriger Arbeit war ein riesiger silberner Globus, der auf den Informationen erfahrener Reisender beruhte. Edrisi schrieb auch ein Buch, das 1154 erschien und in dem er nicht nur die Kanarischen Inseln erwähnt, sondern auch genau auf die neun weit im Nordwesten im Atlantik liegenden und jetzt als Azoren bekannten Inseln eingeht.

König Sigurd von Norwegen wurde auch ein enger Freund von König Baldwin in Jerusalem. Baldwin und der Patriarch schenkten Sigurd einige Reliquien mit der Auflage, seinen Kampf für das Christentum fortzusetzen und in Norwegen ein Erzbistum einzurichten. Sigurds größte Heldentat war im Jahre 1110 die Eroberung der bisher uneinnehmbaren moslemischen Festungsstadt Sidon im Libanon, wo sich bis heute eine Gedenktafel befindet mit einer Inschrift, die daran erinnert, daß er ein die christlichen Pilger seit Jahren störendes Hindernis beseitigt habe.

Im Jahre 1153 schickte Papst Anastasius IV. seinen Kardinal Nicolas von Rom nach Norwegen. Der Kardinal weihte den ersten norwegischen Erzbischof, und noch nie habe man,

wie Snorri schreibt, in Norwegen einen Fremden mit mehr Begeisterung empfangen als Kardinal Nicolas. Kaum nach Rom zurückgekehrt, starb der Papst, und Kardinal Nicolas wurde Papst Hadrian IV. Auf Island schrieb Snorri:
»Und die, die zu dieser Zeit nach Rom kamen, erzählten, daß er stets, auch wenn er wichtige Sachen mit anderen Männern zu besprechen hatte, zuerst mit den Norwegern redete, wenn sie mit ihm reden wollten.«
Kurz darauf, im Jahre 1163, schickte der Vatikan einen Gesandten von Rom nach Bergen, den wichtigsten Anlaufhafen für Handelsschiffe aus Grönland. Zusammen mit einem norwegischen Erzbischof, fünf Bischöfen aus Norwegen und Island sowie einer großen Zahl von Priestern nahm der päpstliche Gesandte an der Krönung des neuen norwegischen Königs teil, dem achtjährigen Magnus Erlingsson.
In dieser Periode enger Beziehungen zwischen Norwegen und dem Vatikan sowie der übrigen Mittelmeerwelt erlangen die norwegischen Kirchen auf Grönland historische Bedeutung. Bereits im Jahre 1112 erlebte Grönland den ersten Besuch eines Bischofs. Damals war die Entdeckung des Landes auf der amerikanischen Seite der Davisstraße in der christlichen Welt schon so bekannt, daß die isländischen Annalen berichten, wie Bischof Eirik Gnupsson die grönländische Gemeinde besuchte und von dort mit der ausdrücklichen Absicht weitersegelte, das neue Land, das Leif Eiriksson entdeckt und Vinland genannt hatte, zu sehen.
Nach dem populären Besuch dieses seefahrenden Bischofs schickte die grönländische Kolonie Schiffsladungen mit Walroßzähnen, Fellen und lebenden Eisbären an König Sigurd mit der Bitte um einen ständigen Bischof auf Grönland. Die Bitte wurde im Jahre 1126 erfüllt. Kurz darauf be-

kam Grönland zwei ständige Bischöfe, da die Höfe und Kirchen so weit auseinander lagen, daß die Entfernung dazwischen oft weiter und beschwerlicher war als ein Besuch in Kanada auf der anderen Seite der Davisstraße.

Die Fahrt in offenen Booten von Grönland über den Atlantik nach Europa war äußerst strapaziös und führte bei den ansässigen Familien zu manchen Problemen. Es war durch ein päpstliches Dekret jedem Christen verboten, jemanden zu heiraten, dessen Verwandtschaftsgrad weniger als bis ins siebte Glied reichte. Dieses Dekret war für die kleine und neue grönländische Kolonie problematisch, wo sich eine Heirat zwischen näher verwandten kaum vermeiden ließ. Es wurde deshalb eine besondere Delegation von Norwegen nach Rom geschickt, um Papst Alexander III. um einen Dispens zu ersuchen mit der Begründung, daß ein junger Mann zwölf Tage nach Europa segeln oder rudern müsse, um eine katholische Frau zu finden. Wenn nicht schon früher, so wurde der Vatikan nun, im frühen 12. Jahrhundert, über Lage und Entfernung der norwegischen Kolonie am anderen Ende des Atlantiks informiert. Als Antwort wies Papst Alexander III. den Erzbischof von Norwegen an, der Grönlandkolonie die Erlaubnis für Eheschließungen bis ins fünfte Glied zu erteilen.

Wenig später bat die Grönlandkolonie den Papst in Rom um einen weiteren Dispens. Das heilige Sakrament verlangte Brot und Wein, und hier hatte der arktische Vorposten, wo es weder Getreide noch Weintrauben gab, ein echtes Problem. Deshalb wandte sich die Grönlandkolonie mit der Bitte an Rom, in den Kirchen statt des Brotes Fleisch essen und statt des Weines gegorenen Krähenbeerensaft oder Bier trinken zu dürfen. Diesmal schaltete sich Papst Gregorius mit einem Brief an den Erzbischof von

Norwegen persönlich ein. Er bestand darauf, daß seine grönländische Gemeinde die Verwendung von Brot beim heiligen Sakrament beibehalten solle.

Die Kirche in Rom verlor die Kolonie auf Grönland und deren Besitztümer und Einnahmequellen nie aus den Augen. Tatsächlich bestand eine der Pflichten, die der Vatikan dem Erzbischof von Norwegen auferlegte, darin, persönlich nach Grönland zu segeln und von den beiden ständigen norwegischen Bischöfen auf der anderen Seite des Atlantiks die übliche Kreuzzugssteuer einzutreiben. Im Jahre 1276 wies Papst Johannes XXI. ein Gesuch des norwegischen Erzbischofs zurück, der versuchte, sich von dieser neu eingeführten Pflicht befreien zu lassen. Doch 1279 gab Papst Nikolaus III. dem Gesuch statt und erlaubte dem norwegischen Erzbischof, an seiner Stelle einen Stellvertreter auf diese lange und strapaziöse Reise zu schicken.

Drei Jahre später war dieser Stellvertreter wieder in Norwegen, und jetzt schrieb der Erzbischof an den Papst, daß die grönländische Gemeinde so arm sei, daß sie außer Fellen und Walroßzähnen nichts von Wert für die Kreuzzugssteuer beizutragen hätten. Papst Nikolaus wollte trotzdem nicht auf die den Grönländern auferlegte Steuer verzichten. In einem Brief aus dem Jahre 1282 bestand er darauf, daß diese norwegische Kolonie jenseits des Meeres weiterhin die Kreuzzugssteuer *in naturalia* zu zahlen hätte, die die Kirche dann in Norwegen verkaufen könne. Nach der Kirchensteuer geschätzt, hatte Grönland zu dieser Zeit etwa 7000 norwegische Einwohner.

Wie wir sehen werden, war die Kolonie auf Grönland immer noch vom Vatikan in Rom abhängig, als Kolumbus England besuchte und geographische Informationen über den bewohnten Teil der Welt einholte. Im England des

15. Jahrhunderts war die Existenz der norwegischen Ansiedelung auf Grönland so sehr bekannt, daß im Jahre 1432 ein Übereinkommen zwischen dem König von England und dem König von Norwegen geschlossen wurde, das zum Ziel hatte, die englischen Seeräuber davon abzuhalten, diese weit entfernte christliche Kolonie zu plündern. Es war für eine kleine Flotte englischer oder irischer Seeräuber sehr einfach, die Höfe auf Grönland einen nach dem anderen zu überfallen, denn die norwegischen Familien lebten weit voneinander entfernt und hatten keine Möglichkeit, sich gegenseitig zu warnen oder zu Hilfe zu kommen. Auch der Vatikan in Rom war sich dieser Gefahr bewußt. Unbekannte Räuber begannen damit, hinter den norwegischen Handelsschiffen herzufahren, um den Küsten auf der anderen Seite des Atlantiks einen Besuch abzustatten. So bezieht sich Papst Nikolaus V. 1448 in einem päpstlichen Brief an die beiden Bischöfe von Irland auf so einen Überfall, und das zeigt, daß derartige Plünderungen bereits seit einiger Zeit gang und gäbe waren:

»Von den nahe gelegenen heidnischen Küsten kam vor 30 Jahren eine Flotte von Barbaren, die die ansässige Bevölkerung grausam überfiel und mit Feuer und Schwert ihr Land mit seinen heiligen Gebäuden mit dem Ergebnis zerstörte, daß nur noch neun Kirchen übrig sind, die dem Vernehmen nach am weitesten weg und wegen steiler Felsen schwer zugänglich waren. Die bedauernswerten Bewohner beiderlei Geschlechts und besonders die, die für stark und zäh genug gehalten wurden, die ständige Bürde der Sklaverei auf sich zu nehmen, wurden als Gefangene aus ihrem eigenen Land verschleppt. Wie allerdings in den Anklagen hinzugefügt wird, sind im Laufe der Zeit die meisten aus der erwähnten Gefangenschaft in ihre Heimat zurückgekehrt und haben hier und dort ihre zerstörten Häuser wieder aufgebaut. Deshalb sehnen sie sich jetzt danach, die heiligen Gottesdienste wieder aufzunehmen und zu erweitern.«

Hier haben wir ein schriftliches Zeugnis vom Oberhaupt der römisch-katholischen Kirche, daß Sklavenhändler um die Mitte des 15. Jahrhunderts norwegische Männer und Frauen aus Grönland entführten. Das geschah 75 Jahre, bevor die Spanier anfingen, amerikanische Ureinwohner von den Karibischen Inseln als Sklaven auf die Iberische Halbinsel zu bringen. Das ist äußerst wichtig für unsere Einschätzung und unser Verständnis der folgenden Ereignisse. Der letzte päpstliche Brief, der die so übel behandelte Kolonie auf Grönland betrifft, stammt von 1492, dem Jahr, in dem Christoph Kolumbus die Segel zu seiner ersten Reise über den Atlantik hißte. Es wurde außerdem festgestellt, daß die jetzt noch auf Grönland Lebenden sehr arm seien und sich hauptsächlich von Milch und Trockenfisch ernährten. Das war das Ende der überlieferten Geschichte der katholischen, norwegischen Siedlung auf Grönland.

Die nächsten Besucher aus Norwegen kehrten mit dem Bescheid zurück, daß sie alle Höfe auf Grönland verlassen vorgefunden hätten. Nirgends hatten sie Lebenszeichen festgestellt. Nirgends Leichen. Nichts, was darauf hingedeutet hätte, daß die Kolonie durch kriegerische Gewalt oder eine Seuche dahingerafft worden wäre. Am Fuße der Gletscher in jeder Bucht und in jedem Fjord an der Südwestküste von Grönland lagen verlassene, von öden, grünen Wiesen umgebene Gehöfte. Die Überreste davon sind noch heute zu sehen.

Niemand vermag mit Sicherheit zu sagen, was geschehen ist. Die Theorie, daß sämtliche grönländischen Siedler gemeinsam die Davisstraße überquert und sich bei den Skrælingern niedergelassen haben, ist wenig überzeugend. Es erscheint plausibler, sich an die Absprache zwischen den Königen von England und Norwegen zu erinnern, mit der versucht wurde, die Plünderung Grönlands durch englische Seeräuber zu unterbinden – und an den Brief von Papst Nicholas V. an den Bischof von Island bezüglich der Sklavenhändler, die die grönländischen Höfe heimsuchten. Darin war die Rede davon, daß es später einigen gelang, nach Hause zurückzukehren. Können wir die Möglickeit eines weiteren Überfalls mit Entführung und Sklaverei im selben Jahrhundert ausschließen, bei dem es niemandem gelang, zurückzukommen? Können wir überhaupt davon ausgehen, daß der Vertrag zwischen den Königen von England und Norwegen von den Seeräubern irgendwie beachtet wurde? Am Ende des 15. Jahrhunderts war Grönland für die Seefahrer Europas ein wohlbekannter Vorposten der katholischen Welt.

Die Frage blieb unbeantwortet, und das Kapitel endete mit einer Arbeitshypothese, als die erste Ausgabe dieses Buches 1992 in Norwegen veröffentlicht wurde. Doch die Antwort kam im folgenden Jahr auf Teneriffa, und zwar bei einem Seminar mit dem Titel »Die Kanarischen Inseln und die Seefahrt vor dem 16. Jahrhundert« ans Tageslicht. Das Seminar war von dem schwedischen Historiker und Kartographen Per Lillieström für die spanische Menendez Pelayo Universität organisiert worden. Per hatte einige Monate lang versucht, mich von der merkwürdigen Theorie zu überzeugen, daß die verschwundenen Grönländer auf den Kanarischen Inseln aufgetaucht seien. Das könne er mit einer alten Karte aus der Lebenszeit des Kolumbus beweisen, die sich in der Biblioteca Estence in Modena/Italien befinden würde. Es traf sich nun, daß mein alter Freund, der Archäologe Valerio Manfredi, in Modena lebte. Als ich ihn wegen seiner Fachkenntnise auf dem Gebiet antiker römischer Quellen für das Seminar empfahl, bat Lilliestrøm, er solle eine Ablichtung dieser Karte aus dem 16. Jahrhundert mitbringen, was auch geschah.

Als mir Per Lilliestrøm triumphierend die Karte zeigte und mir ihre Herkunft verriet, fiel es mir plötzlich wie Schuppen von den Augen, daß der Mann Recht hatte! Es handelte sich um eine alte Karte in Farbe, die zwei portugiesische Flaggen auf Grönland zeigte, je eine auf den altnordischen Siedlungen Austerbygd und Vesterbygd. Das Original war 1502, vier Jahre bevor Kolumbus starb, in Lissabon während des Portugalbesuches von Alberto Cantino im Auftrag des Duke von Ferrara gezeichnet worden, den enge Familienbande mit Papst Alexander VI. verknüpften. Während Kolumbus auf seiner zweiten Fahrt über den Atlantik unterwegs war, hatte dieser Papst einer spanisch-portugiesischen Vereinbarung über alle überseeischen Länder seinen apostolischen Segen gegeben. Die Demarkationslinie wurde 370 Leagues westlich der Kapverdischen Inseln gezogen. Spanien bekam alles Land westlich dieser Linie und Portugal die Landgebiete östlich davon. Damit wurde nicht nur Brasilien portugiesisches Territorium, sondern auch Grönland.

Der dänische König Hans, der erst kurz vorher Grönland zusammen mit Norwegen und allen anderen norwegischen Kolonien übernommen hatte, wird kaum gefragt worden sein, als diese Demarkationslinie während einer Zusammenkunft in Terdensillas gezogen wurde. Er war zweifellos voll von seinen persönlichen Auseinandersetzungen als

Unionsköng in Schweden in Anspruch genommen, und die Portugiesen konnten unbemerkt nach Grönland segeln und sich in den einsamen Gehöften die weißen Sklaven holen. Weiße Sklaven wurden deutlich besser bezahlt, und auf den neuen portugiesischen Zuckerplantagen auf Madeira waren die Sklaven knapp geworden. Kolumbus war das Recht verweigert worden, Sklaven von den Inseln, die er entdeckt hatte, mitzunehmen, weil er die Insulaner damit zu spanischen Bürgern machte, aber die Portugiesen waren daran nicht gebunden, als ihnen Grönland als ihr Territorium zugesprochen wurde.

Daß portugiesische Flaggen auf Grönland wehten, und zwar zu einer Zeit, als Kolumbus noch lebte, regte Lilleström zu weiteren Nachforschungen an. Er wußte durch den Oxforder Historiker Fernandes Amesto, daß die Genuesen, als sie 1494 die Eroberung Teneriffas finanzierten, »weiße Sklaven« von portugiesischen Sklavenhändlern kauften. Wo hatten die Portugiesen ihre weißen Sklaven her? Zweifellos wußten sie sehr genau über Grönland Bescheid, bevor sie ihre Flaggen dort aufpflanzten, und sie konnten das Verbot, auf Grönland Sklaven zu machen, wie es 1432 zwischen den Königen von England und Norwegen festgelegt worden war, ignorieren.

Doch der schwedische Forscher hatte nicht das Gefühl, die geschriebenen Quellen ausgeschöpft zu haben. Zufällig wurde sein Zuhause für mehrere Jahre Teneriffa auf den Kanarischen Inseln, wo auch ich mich kurz zuvor als wissenschaftlicher Leiter eines Forschungsprojekts über die Ursprünge der voreuropäischen Bevölkerung auf diesen Inseln niedergelassen hatte. Wir waren beide gleichermaßen davon überzeugt, daß die Wikinger sicher nicht den 3700 Meter hohen Vulkankegel auf dieser Insel übersehen hatten, als sie im Laufe der Jahrhunderte zu Tausenden durch die Straße von Gibraltar fuhren. Die Strömungen mußten ihnen hier zugesetzt haben, und als wir mit unserem Schilfboot Ra an der nordafrikanischen Küste entlang segelten, sahen wir tagelang den schneebedeckten Kegel dieses Vulkans, bevor er hinter uns verschwand. Die Wikinger plünderten die Städte der Berber und Araber an der ganzen nordafrikanischen Küste, und es ist kein Zufall, daß bei archäologischen Ausgrabungen in Skandinavien arabische Münzen keine Seltenheit sind. Die größte Sammlung antiker arabischer Münzen kann man im Museum für Nationalgeschichte in Stockholm sehen.

Doch Lilieström hatte noch mehr herausgefunden. In einer antiken Grabstätte an der Westküste von Norwegen, die die Archäologen etwa auf das Jahr 800 datierten, wurden arabische Münzen gefunden, geprägt 769 in Cordoba, 783 in Kairouan und 821 in Tunis. Und Ibn-Khaldun (1332–1406) zufolge hat der erste Raubzug der Wikinger in Nordafrika schon im Jahre 761 stattgefunden, also fast 30 Jahre vor den Überfällen in England. Die Wikinger gelangten wahrscheinlich über Konstantinopel dorthin. Der Philologe Arne Melvinger, der 1955 in Uppsala seine Dissertation über schriftliche arabische Quellen zu den ersten Wikingerüberfällen geschrieben hatte, fand heraus, daß die Wikinger von den Arabern *al-magus* genannt wurden, was im Spanischen zu *magos* wurde. Außerdem schrieb Al-Bakri, der 1094 starb, daß die Wikinger zu Beginn des 9. Jahrhunderts eine Kolonie Alzila an der Atlantikküste von Marokko gegründet hatten. Alzila liegt etwa 80 Kilometer südlich der Straße von Gibraltar und war bis zur Mitte des 12. Jahrhunderts als der »Wikingerhafen« bekannt, *Bab-al-magus* oder *Marsa-al-magus*.

Während Lillieström mittelalterliche Quellen und Karten studierte, leitete der Archäologe Celso Martin Guzman, Generaldirektor der Kanarischen Patrimonien, an dem archäologisch bedeutenden Ort Galdar auf der Nachbarinsel von Gran Canaria die Ausgrabungen. Lillienström war sich durchaus der Tatsache bewußt, daß dieses alte Hauptquartier auf den Kanarischen Inseln den gleichen Namen trug wie der alte grönländische Bischofssitz Gardar, berücksichtigt man die allgemein bekannte Variation in der Aussprache des Buchstaben *r*. Es überraschte ihn deshalb nicht, als die spanischen Archäologen etwas entdeckten, was sie »eine Stadt unter einer Stadt« nannten, als sie unter den ältesten spanischen Gebäuden gruben, und daß diese ältere Stadt Häuser mit zwei Meter dicken und mit Planken versehenen Mauern hatte, die eine frappierende Ähnlichkeit mit den Wohnhäusern der Wikinger auf Grönland aufwiesen. Die Archäologen gruben auch ein Schwert aus, das so groß war, daß es nur ein Riese hätte schwingen können.
Normalerweise dauert es Jahre, ehe Archäologen die Ergebnisse von größeren Ausgrabungen veröffentlichen können. Aber Lillieström hielt die Spannung nicht länger aus und rief den verantwortlichen Archäologen Guzman an, der bestätigte, was er auch in einem Fernsehinterview bekanntgegeben hatte: Bei dem Schwert handelte es sich um ein typisches altnordisches Schwert, etwa aus dem Jahre 900 n. Chr., die Häuser stammten etwa aus der Zeit zwischen 700 und 800, und einige sehr große Skelette des nordischen Typs fand man schon früher in einem nahe gelegenen Grabhügel, wobei die C-14 Methode auf das Jahr 1008 (+/– 60) verwies.
Eines kann jetzt mit Sicherheit festgestellt werden: Kolumbus besuchte die Kanarischen Inseln mehrere Male, bevor

er zu seiner ersten Reise über den Atlantik aufbrach, und er sammelte geographische Informationen, wo immer er war. Sollte ihm bei seinen Besuchen in England und Thule niemand von Grönland und christlichen, weißen Siedlern erzählt haben, hätte er von den Bewohnern auf den Kanarischen Inseln davon erfahren, zwischen denen sich die umherstreifenden Norweger angesiedelt hatten. Das Wikingerschwert von Galdar bewies, daß Norweger lange vor Grönland und Neufundland die Kanarischen Inseln entdeckt hatten. Die friedlichen nordischen Bauern, die Grönland besiedelt hatten, beendeten ihre eigene Geschichte genau auf den Inseln nahe der afrikanischen Küste, wo die Geschichte von Kolumbus und der neuen Welt begann.

Der große Plan – das Ei des Kolumbus

Kolumbus hatte England besucht, bevor er beschloß, auf der anderen Seite des Atlantiks nach Land zu suchen. Er erwähnt diese Reise nach England in seinen Aufzeichnungen und fügt hinzu, daß er von dort weiter nach Nordwesten segelte und eine große Insel besuchte, die er Thule nannte. Über seinen Englandbesuch bestand bei den Historikern kein Zweifel, doch sein Besuch auf Thule war Ursache erheblicher Spekulationen.
Man weiß wenig über die ersten Jahre von Christoph Kolumbus. Viele widersprüchliche Theorien wurden vorgebracht. Einige davon werden vielleicht in der Zukunft Licht auf seine Herkunft und die frühe Kindheit werfen. Hier genügt es, zu rekapitulieren, was bereits allgemein bekannt ist. Kolumbus segelte im Jahre 1476 aus der Unbekanntheit hinein in die Weltgeschichte. Da war er an Bord eines Handelsschiffes aus Genua unterwegs nach Bristol und erblickte nach Durchquerung der Straße von Gibraltar zum ersten Mal den Atlantik.
Seeräuber waren zur damaligen Zeit im Atlantik nichts Ungewöhnliches, und das Schiff aus Genua wurde gekapert und sank vor der portugiesischen Küste. Kolumbus überlebte, indem er sich an ein Ruder klammerte, und erreichte bei dem Dorf Lagos schwimmend das Ufer. Ein beträcht-

licher Teil der wertvollen Fracht wurde gerettet, und Kolumbus heuerte auf einem anderen Schiff an, als die Schiffseigner beschlossen, die Fahrt nach London und Bristol fortzusetzen. Bristol hatte zu dieser Zeit einen lebhaften Handel mit Island, die Güter waren Trockenfisch und Wolle.

Von Bristol aus begann Kolumbus dann seine Reise zu der großen Insel, die er Thule nannte. Für ihn lag diese Insel weiter nördlich und auch weiter westlich als Schottland und Wales, und dort befindet sich kein anderes Land als Island. Die Diskussion darüber, inwieweit Kolumbus jemals so weit segelte, wurde von dem italienischen Gelehrten Paolo Emilio Taviani, einem der weltweit wichtigsten Kolumbusexperten, einer Revision unterzogen. Wie Taviani in seinem Buch *Christopher Columbus, The Great Design* (London 1985) ausführt, steht es für ihn außer Zweifel, daß Kolumbus tatsächlich Island erreichte. Die Gegenargumente seien nie sehr überzeugend gewesen. Sie unterstellen, Kolumbus habe vielleicht nur prahlen wollen, als er behauptete, auf Thule gewesen zu sein. Wenn er nach Thule gesegelt war, warum habe er diese Reise dann nur zweimal erwähnt? Außerdem sei die Position, die Kolumbus angegeben hat, nicht exakt gewesen, und der Tidenhub, den er von Thule angab, sei stark übertrieben gewesen. Taviani hält derartige Einwände für völlig unhaltbar im Vergleich mit den dafür sprechenden Argumenten. Er weist darauf hin, daß Kolumbus dafür bekannt sei, auch bei Reisen, die er selbst leitete, ungenaue Angaben zu machen, und auf dieser Reise war er nicht der Kapitän. Weiterhin sind die Gezeiten bei Island äußerst eindrucksvoll, besonders für einen Seemann aus Genua, wo es keine gibt. In Bristol, das für Kolumbus am selben Meer lag, betrug der Tidenhub bis zu 14 Meter. Taviani schreibt:

»Zusammenfassend kann man sagen, daß die Ungläubigkeit und die Skepsis einiger Historiker bezüglich Kolumbus' Reise nach Island auf die völlig unbegründete Prämisse zurückzuführen ist, daß eine solche Reise außergewöhnlich war. Schwierig mag sie gewesen sein, aber für einen Seefahrer aus Bristol keineswegs ungewöhnlich...«
Was bedeutete der Name Thule zur Zeit des Kolumbus, und warum benutzte er ihn im Zusammenhang mit der abgelegenen Insel, die er im Nordmeer besucht haben will?
Thule war zu Lebzeiten von Kolumbus ein zweiter Name für Island. Im Jahre 1427 fertigte Kardinal Phillastre, der erste Geograph, der die Grade in Minuten und Sekunden unterteilte, selbst einen Atlas mit 26 Karten an. Dem fügte er eine Grönlandkarte des walisischen Kartographen Claude Cimbrus hinzu und vermerkte: »Grönland liegt bei der Insel von Thule, die sich östlich davon befindet.« Keine Insel außer Island befindet sich so nahe bei Grönland und östlich dieser arktischen Insel. Als der holländische Geograph Abraham Ortelius im 16. Jahrhundert seine Karte über das Nordsee-Gebiet zeichnete, graviert von Frans Hogenberg und 1570 gedruckt, stehen bei Island zwei verschiedene Namen in gleicher Größe: *ISLANT* und *THULE*.
Der geographische Name Ultima Thule war in der Mittelmeerwelt seit der Antike bekannt. Im 4. Jahrhundert v. Chr. beschrieb B.C. Pytheas, ein Grieche aus Marseilles, dieses Thule als eine Region im Norden der bekannten Welt. Es liege eine sechstägige Schiffsreise von Britannien entfernt und sei offenbar so neblig, daß »sich Land, Wasser und Luft miteinander vermischen«. Taviani zufolge nahm man in der Welt der Antike an, daß Ultima Thule gleichbedeutend mit Norwegen oder vielleicht den Shetlandinseln sei. Er zeigt jedoch auf, daß die Geographen des Mittelalters, sobald sie

von der norwegischen Entdeckung Islands hörten, Ultima Thule damit verknüpften. Taviani schreibt:
»Das Geheimnis um Ultima Thule hatte die Geographen über Jahrhunderte verwirrt und fasziniert. Kolumbus, der auf die Schönheiten und Wunder der Natur achtete, konnte von dem endlichen, äußersten, unbekannten Land nicht unberührt bleiben. Gerade weil er hier in Bristol mit einer solchen Herausforderung konfrontiert wurde, war er fest entschlossen, dorthin zu fahren. Es gibt viele historische Kontroversen über die Reise des Kolumbus nach Island... Es genügt, zu erwähnen, daß Don Hernando und Las Casas die Reise etwa identisch schildern.«
Don Hernando war ein Sohn von Kolumbus und der Mönch Bartolomé de Las Casas ein berühmter spanischer Chronist und Zeitgenosse von Kolumbus. Keiner der beiden hätte ein Interesse daran haben können, das Zitat über Thule zu verfälschen. Der Abschnitt, in dem der Sohn von Kolumbus seinen Vater zitiert, lautet:
»Im Februar 1477 segelte ich selbst hundert Leagues an der Insel Thule vorbei, deren nördlicher Teil auf 73 Grad nördlicher Breite und nicht auf 63 Grad liegt, wie manche behaupten; es liegt auch nicht auf der Linie, wo für Ptolemäus der Westen beginnt, sondern viel weiter westlich; und mit dieser Insel, die so groß ist wie England, treiben die Engländer Handel, besonders von Bristol aus. Zu der Zeit, als ich mich dort aufhielt, war das Meer nicht gefroren, aber der Gezeitenhub war so groß, daß er an manchen Stellen um 26 Faden stieg und genauso fiel.«
Man muß es Kolumbus nachsehen, wenn er nach so vielen Jahren in der Erinnerung an seine lange Reise als junger Mann in das ferne Meer nördlich von England beim nördlichen Breitengrad einige Grade zuviel und bei der Höhe

des Tidenhubs einige Faden mehr angegeben hatte. Es wurde inzwischen jedoch bestätigt, daß der Winter in dem Jahr, in dem Kolumbus von Bristol wegsegelte, ungewöhnlich mild war und kein Treibeis vor Islands Küste gesichtet wurde. Einige Autoren haben behauptet, daß Kolumbus auf Island den Bischof Magnus Eyolfsson getroffen habe. Magnus Eyolfsson war Prälat im Helgafell-Kloster, wo die ersten Sagas über Grönland und Vinland aufgeschrieben worden waren. Ob sich die beiden begegneten, spielt kaum eine Rolle. Wie durch Taviani nachgewiesen, war die Existenz von Grönland und Vinland zu dieser Zeit auf Island allgemein bekannt. Die Isländer hatten immer noch Verwandte auf Grönland, und der Papst in Rom korrespondierte mit den Bischöfen auf Island über grönländische Angelegenheiten. Die Sorge des Vatikans wegen der Sklavenzüge, die das religiöse Leben auf Grönland gestört hatten, müssen jedem auf diesem katholischen Vorposten im arktischen Meer bekannt gewesen sein. Wie wir jedoch gesehen haben, wurde der letzte Papstbrief an die isländischen Bischöfe, in denen dazu aufgefordert wurde, der Grönlandkolonie zu helfen, fünf Jahre nachdem Kolumbus Thule besucht hatte, geschrieben.

Sogar in England und Irland war die Existenz der altnordischen Siedlung auf der anderen Seite des Atlantiks bekannt. In diesen beiden Ländern wußten die Seefahrer um das Abkommen zwischen den Königen von England und Norwegen, wonach die Überfälle der Seeräuber aufhören sollten, auch wenn es nicht eingehalten wurde. Kolumbus war vor allem bekannt dafür, ein wißbegieriger Reisender mit geographischen Interessen zu sein, der es, wo auch immer er unterwegs war, nie versäumte, sich Informationen über fremde Länder zu verschaffen. Island war für einen Reisenden aus Genua weit weg, hatte aber regelmäßige Handelsverbindungen mit Norwegen, England, Irland und sogar den entlegenen Inseln Madeira und den Azoren. Die Iren waren ebenfalls seit langer Zeit ausgezeichnete Seefahrer. Mit ihren scheinbar schwerfälligen, mit Leder überzogenen Booten, den sogenannten Coraclen, hatten sich irische Mönche noch vor den norwegischen Siedlern auf Island niedergelassen. Taviani weist darauf hin, daß Kolumbus Galway an der Westküste Irlands besuchte, damals sowohl für den Handel als auch für Entdeckungsreisen zu den legendären Inseln weit draußen im Atlantik ein strategisch wichtiger Punkt. Er zitiert Kolumbus' eigene Worte über seinen Irlandbesuch in einem Kommentar zu der *Historia rerum* des Aeneas Sylvius Piccolomini, aufbewahrt in der Biblioteca Columbina. »Homines de Catayo versus oriens venierunt. Nos vidimus multa notabilia, et specialiter in Galvei Ibernie virum et uxorem in duobus lignis areptis ex mirabili persona.«

Das heißt: Männer von Cathay kamen in den Osten. Wir sahen viele Wunder und besonders in Galway einen irischen Mann und sein Weib von erstaunlichem Aussehen.

Wir wissen nicht, wer dieses ungewöhnlich aussehende Paar war, das Kolumbus an der Westküste von Irland gesehen hatte. Weil er schrieb, sie seien von Osten gekommen, waren es vermutlich Eskimos oder amerikanische Eingeborene. Kolumbus nahm allerdings an, daß sie aus dem östlich gelegenen *Cathay* oder China kamen. Das zeigt, daß er sich ein einziges zusammenhängendes Meer vorstellte, das sich über die ganze Erde erstreckte, mit Asien auf der anderen Seite des Atlantiks. Nach dem, was er gesehen und gehört hatte, wußte er, daß ihn weder ein bodenloser Abgrund noch ewiges Eis an einer Überquerung des Nordatlantiks hindern würden. Schließlich war er selbst »einhundert Leagues über Thule hinaus« gesegelt. Und dem vorigen Zitat über Irland fügte er hinzu: »...das Nordmeer ist nicht zugefroren und somit befahrbar.«

Tavianis Werk über Kolumbus ist eine fundierte Arbeit, und diese führende italienische Kapazität für einen seiner Landsleute läßt sich bei seiner Suche nach der Wahrheit keine Nachlässigkeit zuschulden kommen. In dem Kapitel *Kolumbus und das altnordische Vermächtnis* faßt er seine Ergebnisse über die Hintergründe der ersten Atlantiküberquerung durch Kolumbus zusammen:

»Sicher ist jedenfalls, daß Kolumbus entweder von den Isländern oder von den Seeleuten, mit denen er fuhr, von Ländern weiter im Westen hörte. Er hatte sich davon überzeugt, daß der von Ptolemäus beschriebene bewohnte Teil der Erde von zu begrenztem Umfang war, um mit der Wirklichkeit übereinzustimmen. Auch Ultima Thule lag westlich außerhalb davon, und noch weiter entfernt gab es weitere Inseln ... Damals könnte ihm zum ersten Mal die Idee gekommen sein, daß dort, jenseits des Ozeans Asien lag. Insofern war das altnordische Vermächtnis nicht ganz umsonst. Etwas davon nahm der Seemann aus Genua mit, als er mit einem englischen Schiff an Islands Küste landete, wo 600 Jahre früher auch die Wikinger gelandet waren und das Ultima Thule des Christentums entdeckt hatten. Von dieser Küste aus waren sie ein Jahrhundert später losgesegelt, um Grönland zu entdecken und Länder im Süden und Südwesten zu besuchen. Darin besteht das Verbindungsglied zwischen den Wikingern, die, ohne es zu wissen, Nordamerika erreichten, und Christoph Kolumbus, der fünf Jahrhunderte später dorthin kam. Die Reise nach Island bedeutete das erste Mosaiksteinchen für das große Unternehmen.«

So lautet – nach 40jährigen Kolumbus-Studien – die Aussage eines italienischen Gelehrten, der sich mit Recht den Ruf als führende Kapazität auf diesem Gebiet erworben hat. Seine Untersuchungen wurden ursprünglich angeregt von dem berühmten italienischen Geographen Roberto Almagiá, der ein halbes Jahrhundert früher die Notwendigkeit erkannt hatte, die gesamte Problematik der Reisen des Kolumbus neu aufzurollen. Taviani sagt, er habe die Herausforderung angenommen und sei sogar persönlich nach Island gereist, und zwar »mit viel Liebe – Liebe für den großen Mann, für seine italienische Heimat, für seine Geburtsstadt Genua und für Spanien, die Nation, die das Unternehmen gefördert hatte...« Und was die Besuche von Kolumbus auf Island und Irland anbelangt, meint er abschließend:
»Vor dieser Reise hatte Kolumbus nicht davon geträumt, ostwärts zu fahren oder eine Überquerung des Atlantiks zu wagen. Diese zwei Träume begannen nun Form anzunehmen und verschmolzen zu einem. Es entstand der in seiner Kühnheit aufsehenerregende Plan, den Osten auf dem Weg nach Westen zu erreichen.«
Taviani hat das Großartige im Plan des Kolumbus erfaßt. Dieser Mann, verantwortlich für die »Große Begegnung«, war kein waghalsiger Seemann, der leichtsinnig das Leben seiner Expeditionsmitglieder aufs Spiel setzte und in arroganter Mißachtung der astronomischen Berechnungen der weisen Männer des alten Ägypten und Griechenland die Lage von China nur grob schätzte. Er war ein wacher und scharf beobachtender Denker mit großer Reiseerfahrung und einem klaren Wissen von den Grenzen der christlichen Welt seiner Zeit. Für einen gewöhnlichen Seemann aus Genua, Lissabon oder Bristol hatte Island wenig mehr zu

bieten als einen Kaufmannshafen. Für Kolumbus bedeutete Island, wie Taviani betont, etwas anderes: die Brücke nach Westen.

Von jetzt an ist es wichtig, den Lebenslauf von Kolumbus im Auge zu behalten. Nachdem er von Island, England und Irland zurückgekehrt war, ließ er sich als Vertreter eines Handelshauses aus Genua in Lissabon nieder. Im Juli 1478 unternahm er im Auftrag dieses Handelshauses eine Reise von Lissabon nach Madeira, und es ist bekannt, daß er 1479 Genua besuchte. Am 25. August dieses Jahres hat er in Genua als Zeuge vor Gericht gestanden und kehrte am nächsten Tag nach Lissabon zurück, wo er wohnte.

Zweifellos hat sich Kolumbus, als er von der Reise in den Norden zurückkam, in Portugal mit einem fertig ausgearbeiteten Plan niedergelassen. Das bestätigen sowohl sein Sohn Hernando wie auch Las Casas und eine Reihe von anderen zeitgenössischen spanischen und portugiesischen Schriftstellern. Christoph Kolumbus selbst schrieb später an König Ferdinand von Spanien:

»Gott der Allmächtige schickte mich nach Castilien, damit ich Eurer Hohheit diene, ich würde sagen wunderbarerweise, denn ich war bei dem König von Portugal gewesen, der mehr von Entdeckungsreisen wußte als jeder andere, und Gott verschloß seine Augen und Ohren in jeder Hinsicht, denn er wollte mich 14 Jahre lang nicht anhören.«

Rechnen wir 14 Jahre zurück, sind wir im Jahre 1478, demselben Jahr, in dem Kolumbus aus Island zurückkehrte.

Hernando Kolumbus zählt einiges auf, was seiner Meinung nach den Vater ermutigt hat, seine Pläne dem König von Portugal vorzutragen. Hauptmotiv sei, so sagt er, die feste Überzeugung des Vaters gewesen, daß die Erde rund ist. Das war zu dieser Zeit im großen und ganzen bekannt und auch dem König nicht neu. Was immer noch heftig diskutiert wurde, war, wie wir wissen, die Dimension der Erdkugel, und Kolumbus weicht hier von den astronomischen Berechnungen ab, indem er einen weit geringeren Umgang angibt. Er muß dem König die Gründe dargelegt haben, die ihn zu der Vermutung führten, die Erde sei so klein.

Das zweite Motiv war Hernando zufolge »die große Autorität gelehrter Männer, die sagten, daß es möglich sei, von der Westküste Afrikas und Spaniens in westlicher Richtung zu den Ostgrenzen von Indien zu segeln«. Mit den gelehrten Männern meinte er Aristoteles, Averroes, Seneca, Solinus, Marco Polo, John Mandeville, Peter Aliacus und Julius Capitolinus. Taviani bezweifelt jedoch, daß sich Kolumbus mit allen von ihnen beschäftigt hatte, als er nach Spanien kam.

Außerdem zählt Hernando Kolumbus eine Reihe von Anhaltspunkten auf, die, wie er meinte, seinen wißbegierigen Vater in seiner Überzeugung bestärkten: Ein Seelotse des Königs von Portugal hatte Kolumbus erzählt, daß er einmal, als er sich 450 Leagues westlich der portugiesischen Küste befand, aus dem Meer ein kunstvoll geschnitztes Holzstück gefischt habe, das nicht mit einem Eisenwerkzeug gefertigt worden war. Das sei bei starkem Westwind gewesen und ein Hinweis darauf, daß es weiter westlich Land gebe. Ein Schwager von Kolumbus wußte eine ähnliche Geschichte über ein anderes, fein bearbeitetes Holzstück, das ebenfalls bei Westwind bei den Madeira-Inseln angeschwemmt worden war. Zugleich sei ein Stück Bambusrohr gekommen, dessen Sprossen so dick waren, das jede vier Liter Wein zu fassen vermochte. Als sie darüber sprachen, hätte der König von Portugal Kolumbus sogar einige solche Bambusrohre gezeigt, die sowohl in Europa

als auch in Nordafrika unbekannt waren. Kolumbus war nicht nur persönlich im Auftrag seines Handelshauses auf Madeira, um Zucker einzukaufen; er kannte sich auch gut auf den Azoren aus, die zu dieser Zeit erstaunlicherweise eine regelmäßige Schiffsverbindung mit der Westküste Islands hatten. Während er auf den Azoren war, hatten ihm einige der Bewohner erzählt, daß das Meer bei anhaltendem Westwind Kiefern von einer Art anschwemmte, die völlig unbekannt war. Die Einwohner auf den Azoren erzählten außerdem, daß das Meer auf der Insel Flores, einer der westlichsten der Gruppe, die Leichen von zwei Männern mit breiten Gesichtern und »einem anderen Aussehen als Christen« angeschwemmt habe. Am Cap Verga in Guinea, ganz draußen an der Nordwestküste Afrikas, hörte Kolumbus, daß man eine unbekannte Art von *Almadies* gefunden habe, Flöße mit Hütten, die, vermutlich von Wind und Strömung getrieben, gestrandet seien. Und schließlich hätten viele Leute auf den Azoren, Madeira und auf Hierro und Gomera (Kanarische Inseln) seinem Vater von wirklichen und imaginären Ländern berichtet, die sie weit westlich von ihrer eigenen Inselgruppe gesehen oder davon gehört hatten. Hernando geht davon aus, daß sich sein Vater all diese Berichte gut gemerkt haben dürfte. Aber noch wichtiger als die vom Sohn aufgezählten Geschichten seien, so Taviani, die Beweise, die von Kolumbus selbst zusammengestellt wurden – alle auf persönlicher Erfahrung, Beobachtung, Deduktion und Vergleich beruhend. Er liefert ein interessantes Beispiel:
»In Bristol, in Galway und an den isländischen Fjorden stellte Kolumbus einen starken Tidenhub fest. Wach und empfänglich für jedes Naturphänomen muß er sich gefragt haben, was jedes intelligente Kind seine Eltern fragt: »Wo

bleibt bei Ebbe all das Wasser?« Die Antwort konnte unmöglich lauten: »Im Abgrund, wo es auch herkam.« Der Gezeitenstrom stieg im Westen und zog sich nach Westen zurück. Im Weltmeer war also dieselbe Stömungskontinuität von Ufer zu Ufer zu beobachten wie im Mittelmeer. Daß die Gezeiten im Atlantik so viel extremer sind, hängt mit der Größe des Ozeans zusammen. Doch auch bei solchen Gezeiten war das Meer immer noch von den Küsten anderer Länder begrenzt und nicht von dunklen Abgründen.«
Niemand hat je bestritten, daß Kolumbus von Natur aus wißbegierig war. Es verging in all den Jahren, in denen er zu den europäischen Vorposten im östlichen Atlantik segelte, kein Tag, an dem er nicht beobachtete und lernte, weder, als er 100 Leagues an Island vorbeisegelte noch als er zu den Kanarischen Inseln und weit hinunter an der Westküste Afrikas reiste. Im mittelalterlichen Norwegen glaubte man, daß sich Vinland nach Süden fortsetzte und mit *Serkland* oder *Blåland* vereinigte. Mit diesen Namen meinten die Norweger damals Afrika. Der norwegische Autor Kåre Prytz zitiert in einem Buch über die Entdeckung Vinlands durch Leif Eiriksson drei völlig verschiedene norwegische Quellen aus dem 12. Jahrhundert, die alle annahmen, daß sich die Küste Vinlands südlich nach Afrika fortsetze oder direkt an diesen Kontinent anschließe. Er stellt fest, daß die zahlreichen isländischen Handschriften aus der Zeit vor Kolumbus ohne Ausnahme dasselbe sagen.
Kolumbus wußte es besser. Die Flotten der Wikinger segelten nie an der Atlantikküste Marokkos entlang, sondern wandten sich westwärts. Doch Kolumbus segelte so weit die Küste von Guinea hinunter, bis er wußte, daß die afrikanische Küste sich zurückwendet nach Osten. Es war kein Anfänger, sondern ein erfahrener Geograph, der es aufgab,

den König von Portugal zu überzeugen, und nach Spanien ging, um seinen inzwischen 14 Jahre alten Plan König Ferdinand und Königin Isabella vorzutragen.
Kolumbus konnte den katholischen Herrschern Spaniens berichten – wenn sie es nicht bereits wußten –, daß sich die Welt des Christentums bis auf die andere Seite des Nordatlantiks erstrecke. Als Kolumbus 1485 mit seinem kleinen Sohn Diego nach Spanien zog, lebten auf Grönland noch Norweger. Wie wir gesehen haben, wurde der letzte Papstbrief nach Island, der die verhungernden Christen auf Grönland betraf, sieben Jahre später abgesandt.
So lange Christoph Kolumbus lebte, war Grönland ein geachteter Vorposten der christlichen Welt; doch zehn Jahre nach seinem Tod geschah etwas, das die verlassenen Kirchen auf Grönland rasch in Vergessenheit geraten ließ. Der 31. Oktober 1517, an dem Martin Luther seine 95 Thesen an das Kirchenportal zu Wittenberg schlug, hatte eine plötzliche und totale Abtrennung zwischen seinen Anhängern und der Mutterkirche in Rom zur Folge. Innerhalb weniger Jahre wurde ein regelrechter eiserner Vorhang zwischen die römisch-katholische Kirche, die in Südeuropa dominierend blieb, und dem neuen protestantischen Glauben gezogen, der den größten Teil von Nordeuropa eroberte. Es kam zu einem gewaltsamen Bruch zwischen Norwegen und Rom. Während König Olav zu Beginn des 11. Jahrhunderts von der Kirche heiliggesprochen wurde, traf fünf Jahrhunderte später König Magnus, seinen Nachfolger auf dem Thron, der Bannstrahl des Pontifex in Rom wegen seiner Unbotmäßigkeit dem Vatikan gegenüber.
Die Auswirkung dieses Schismas, das unmittelbar auf das Verschwinden der katholischen Kolonie auf Grönland und den späteren Tod von Christoph Kolumbus folgte, ist in

ihrer Bedeutung von den Historikern nicht genügend gewürdigt worden. Auf einmal war vergessen, daß Leif Eiriksson einen katholischen Priester mitnahm, um das Christentum über den Atlantik zu bringen; einen solchen hatte Kolumbus hingegen auf seiner ersten Fahrt nicht dabei. Die Spanier und Portugiesen, die Moslems waren, als die Norweger im Dienst der katholischen Kirche ihre Küsten überfielen, galten jetzt als fromme Überbringer des heiligen Kreuzes nach Amerika, während man den friedlichen grönländischen Bauernsohn Leif Eiriksson als blutrünstigen Wikinger mit gehörntem Helm auf dem Kopf und dem Schwert in der Hand betrachtete. Für diese Entstellung der Geschichte waren nicht zuletzt die Lutheraner in Norwegen verantwortlich. Ihnen war das Bild des Volkshelden Leif – immerhin Sohn von Eirik dem Roten, einem Heiden – als mutiger Wikinger lieber als das des friedlichen Schafhirten, der den jetzt verhaßten katholischen Glauben in die neue Welt brachte.

Kolumbus hatte also sicher nicht vor, diese nordischen Siedlungen im fernen Nordatlantik, von denen er wußte, zu besuchen. Sein Vorhaben war wesentlich kühner und verfolgte ein völlig anderes Ziel. Sein Augenmerk war auf China gerichtet, im damaligen Europa als Cathay bekannt. Er hatte einen Brief der Königin Isabella an den Großen Khan bei sich, den Marco Polo bei seiner Weltreise in umgekehrter Richtung getroffen hatte.

Die Berechnungen von Kolumbus waren so genial wie einfach. Er wußte, was in der Mittelmeerwelt seit Marco Polo bekannt war, daß sich die Küste Asiens nach Nordosten in immer kältere Breitengrade fortsetzte. Und auf Island und in den von englischen und irischen Seeräubern heimgesuchten nördlichen Ländern hatte er gelernt, daß sich die

Küsten von Helluland (Neufundland) und Markland (Neu-Schottland) in südwestlicher Richtung an Leif Eirikssons Vinland anschlossen, hin zu wärmeren Breitengraden. Kolumbus war – wie alle Gelehrten seiner Zeit – davon überzeugt, daß es nur ein Weltmeer gab. Europa war diesem Meer von Westen her und Asien von Osten her zugewandt. Daraus folgte zwingend: Die wagemutigen Männer aus Island, Norwegen, England und Irland, die die Küsten auf der anderen Seite des Nordatlantik besiedelt oder überfallen hatten, waren an den nördlichsten Küsten des Landes gewesen, das mit dem nordöstlich gelegenen China verbunden war.

Über seine Korrespondenz mit Norwegen wußte der Vatikan, daß die Norweger auf Grönland zwölf Tage brauchten, wenn sie zur Brautschau nach Europa segeln wollten, und Kolumbus hatte noch viel genauere Angaben, als er aus dem Norden zurückkehrte und sich mit seinen Plänen in Portugal niederließ. Er zog vom Vinland der Norweger eine Linie nach Südwesten, und vom Cathay des Marco Polo eine zweite nach Nordosten. Ein Stück der Linie im Nordatlantik beließ er in ihrer bekannten, festen Position, schob jedoch die südliche Linie von China näher an Europa heran, bis sich die beiden Linien trafen. Asien nahm so den Platz ein, den Amerika haben sollte. Das allein und nichts anderes erklärt, warum Kolumbus, ein fähiger Geograph, aber kein Astronom, in gutem Glauben alle Gelehrten seiner Zeit herausforderte, indem er behauptete, daß die Erde viel kleiner sei, als sie glaubten. Lange vor Kolumbus, im 3. Jahrhundert v. Chr., hatte der griechische Mathematiker und Geograph Erathostenes ausgerechnet, daß der Erdumfang 250 000 Stages beträgt, das entspricht 36 690 km, ist also sehr nahe am tatsächlichen Erdumfang von 40 076 km.

Kolumbus reduzierte diesen Umfang auf etwa 30 000 km mit dem Hauptargument, daß die Erde vor allem aus Land und kaum aus Meer bestehe. Taviani hat eine Vielzahl übereinstimmender Zitate gesammelt, die vom Weltbild des Kolumbus Zeugnis ablegen:

»Der Teil der Erde, der mit Wasser bedeckt ist, kann nicht groß sein.«

»Das bewohnbare Land, das sich am weitesten östlich befindet, und das, das sich am weitesten westlich befindet, muß ziemlich nahe beisammen liegen, und dazwischen kann nur ein kleines Stück Meer sein.«

»Von Pol zu Pol fließt Wasser in das Meeresbecken, das sich, nicht sonderlich breit, vom Ende Spaniens bis nach Indien erstreckt.«

»Das Ende von Spanien und der Anfang von Indien sind nicht sehr weit voneinander entfernt, und es ist bekannt, daß dieses Meer bei günstigem Wind in wenigen Tagen zu überqueren ist.«

»Zwischen Indien und Spanien befindet sich nur ein kleines Meer.«

»Indien liegt nahe bei Spanien.«

»Die Anfänge von Orient und Okzident sind nahe beieinander.«

Demnach errechnete Kolumbus eine Entfernung von den Kanarischen Inseln nach Cipangu (Japan) von 3860 km, während es 17 000 km Luftlinie sind. Und die Entfernung von den Kanaren nach China schätzte er auf 5700 km, tatsächlich sind es 18 900 km.

Die Herrscher Spaniens würden den Seemann eines fremden Landes nicht einmal angehört haben, wenn er nichts anderes hätte vortragen können als seine Behauptung, daß sämtliche Mathematiker und andere Gelehrte sich in ihren

Berechnungen irrten. Kolumbus konnte den königlichen Hoheiten wertvolle Informationen liefern, die er sowohl bei seinem Besuch auf Island als auch bei seinen längeren Aufenthalten auf den Kanarischen Inseln gesammelt hatte. Die vielen schriftlich fixierten isländischen Sagas waren, solange noch Menschen auf Grönland lebten, keineswegs vergessen. Und auch auf den Kanarischen Inseln hatte Kolumbus so manche mündlich überlieferte Geschichte gehört. Legenden über ein Land weiter im Westen blieben auf diesen Inseln noch einige Jahrhunderte nach Kolumbus lebendig. In einem Buch über die Entdeckung der Kanarischen Inseln, das auf der Insel Palma gefunden und 1764 von G. Glas ins Englische übersetzt wurde, zitiert der Autor Geschichten, die ein nubischer Geograph vor Kolumbus niedergeschrieben hatte und in denen es um entlegene Inseln im Atlantik geht, die von umherstreifenden Arabern besucht wurden: »In diesem Meer ist auch die Insel Saale, wo es Männer gibt, die Frauen gleichen..., ihr Atem raucht wie brennendes Holz. ...und die Männer unterscheiden sich von den Frauen nur durch die Fortpflanzungsorgane; sie tragen keine Bärte und sind mit den Blättern von Bäumen bekleidet.«

Die Araber, selbst vollbärtig und bis zu den Knöcheln in gewebte Gewänder gehüllt, konnten kaum eine treffendere Beschreibung von den bartlosen Bewohnern der Karibischen Inseln geben, die nur mit einem Schurz aus Palmenblättern bekleidet waren und Tabak rauchten. Solche und ähnliche Beschreibungen mußten Kolumbus in seiner Überzeugung von der Existenz des Landes bestärkt haben, das er auf seiner Karte eingezeichnet hatte. Kolumbus besaß tatsächlich eine Karte. Er nahm zuerst direkten Kurs auf die Kanarischen Inseln, um dann nach Westen zu segeln, wobei er ständig dem 28. Breitengrad folgte, bis er seinen Bestimmungsort erreicht hatte. Er wählte als Ausgangspunkt die Insel Gomera, da die Spanier zu dieser Zeit weder auf La Palma noch auf Teneriffa die dort lebenden Guanchen bezwungen hatten. Bevor er die Kanarischen Inseln verließ, hatte er offenbar die Küstenlinie, die er ansteuerte, auf seiner Karte eingetragen. Denn am 22. September, als seine drei Schiffe noch mitten auf dem Meer waren und die Mannschaft zu murren begann, schickte er eine Seekarte hinüber zu Martin Alonso Pinzon auf der *Pinta*, und dieser studierte sie drei Tage lang, ehe er sie zurückschickte. Dann ging die Fahrt wie von Kolumbus geplant weiter.

Es mag Zufall sein, daß die Atlantikküste Nordamerikas parallel zur Pazifikküste Asiens verläuft, von Nordosten nach Südwesten. Aber es ist kein Zufall, daß Kolumbus auf Land stieß, wo er es vermutete, nämlich in der Verlängerung der Vinland-Küste nach Südwesten. Vielleicht hatte er noch zusätzliche Informationen in der Hinterhand, ein politisch-strategisches Geheimnis, das er nur mit dem König und der Königin von Spanien teilte und das später mit den Dreien verlorenging. Ganz gleich, was er gewußt haben mag – als er ihnen seinen Plan vorlegte, hatte er nichts als eine Idee zu verkaufen. Zum ersten Mal 1486 und dann wieder und wieder, bis er 1492 das bekam, was er wollte, und das war keine bescheidene Bezahlung für einen fremden Seefahrer: die stolze Summe von zwei Millionen *Maravedi*, den Status eines spanischen Adligen, den Titel eines Großadmirals des Weltmeeres, die Befugnisse eines Vizekönigs und Gouverneurs auf Lebenszeit, und zwar über alle von ihm selbst oder später von anderen entdeckten Inseln und Länder. Alle Ehrentitel sollten nach seinem Tod an seinen erstgeborenen Sohn Diego übergehen und sich später in derselben Weise von Generation zu Generation weitervererben. Zusätzlich verlangte und erhielt er drei vollständig ausgestattete Schiffe mit einer Mannschaft von 120 Mann, Adlige, Staatsbedienstete und Soldaten eingeschlossen. Aber weder verlangte noch bekam er einen Priester mit an Bord. Schließlich war er ja unterwegs ins Land des Großen Khan. Diese enormen Forderungen waren von Kolumbus eigenhändig »*In Nomine Domini Nostri Jhesu Christi*« diktiert und König Ferdinand und Königin Isabella von Spanien vorgelegt worden.

Taviani betont immer wieder die für Kolumbus typische Neigung zur Geheimniskrämerei und seine Angewohnheit, sogar seine Freunde zu täuschen, wenn es um Entfernungen und Routen ging. Er bezweifelt auch, daß Kolumbus alle Anhaltspunkte und Geheimnisse dem Königspaar oder seinen eigenen Brüdern mitgeteilt hat, weil er befürchten mußte, sie könnten sich sein Wissen vor ihm zunutze machen. »Was sie nicht wußten, konnten sie ihm nicht wegnehmen. Das große Geheimnis von Kolumbus war deshalb seine Heimlichtuerei.«

Als Kolumbus am 3. August 1492 von Palos in Spanien aus mit seiner *Santa Maria* und den zwei anderen Karavellen *Pinta* und *Niña* in See stach, ging er nicht auf Westkurs, um sein Ziel zu erreichen. Wie wir ausgeführt haben, fuhr er zuerst nach Süden zu den Kanarischen Inseln. Das zeigt, daß Kolumbus gut Bescheid wußte über ständige Winde und Strömungen im Atlantik, seit diese Inselgruppe jahrelang sein Ausgangspunkt war, um von dort aus an der afrikanischen Küste entlang zu segeln und mit Gold und Ebenholz zu handeln. Aus persönlicher Erfahrung vermied Kolumbus sorgfältig die Fehler, wie sie die Portugiesen seiner

Zeit machten, die immer wieder von den Azoren aus aufbrachen, quer über das Meer segelten und prompt im Gegenwind hängenblieben. Zu den Azoren hatten die westlichen Winde die dicken Bambusrohre getrieben, die König Johan von Portugal Kolumbus gezeigt hatte.

Obwohl er es erst nach seiner dritten Reise in Worte faßte, muß Kolumbus das Wissen um den Kanarischen Strom und die treibenden Passatwolken schon vor seiner ersten Reise wie einen wertvollen Schatz gehütet haben. Er schrieb über die örtlichen Verhältnisse, daß sich »das Wasser wie Skier von Ost nach West bewegt«. Daß er ein scharfer Beobachter des Zusammenspiels der verschiedenen Naturelemente war, wird durch seinen Kommentar über den Kahlschlag von Wäldern deutlich. Bezogen auf Jamaika schrieb er, daß sich bei Sonnenuntergang täglich ein Sturm mit Regen zusammenballe, der eine Stunde oder mehr anhielt, und zwar dank der »großen Wälder und Bäume auf dieser Insel«. Er fügte hinzu, aus Erfahrung wisse er, daß das früher »auch auf den Kanarischen Inseln der Fall war, doch nachdem nun in den Wäldern viele Bäume gefällt und sie gelichtet sind, entstehen nicht mehr so viele Regenstürme wie früher«.

Als Kolumbus am 1. September von Gomera aus seine Reise fortsetzte, wußte er, daß er von Wind und Strömung nach Westen getrieben werden würde. Er wußte außerdem, daß er, solange er sich an denselben Breitengrad hielt, den er sich von Anfang an ausgesucht hatte, in gerader Linie direkt zur Küste von Cathay oder China gelangen würde.

Kolumbus war wie jeder, der die Kugelgestalt der Erde akzeptierte, davon überzeugt, daß sich Cipango und Cathay genau auf der anderen Seite des einzigen Weltmeeres befanden, und er segelte deshalb von Gomera aus westwärts, mit so viel Proviant und Wasser ausgerüstet, daß es für ihn und seine 120 Mann nur für ein Viertel der Strecke nach China gereicht hätte. Aber es war kein Glücksfall, sondern sorgfältige Planung, was ihn und seine Begleiter genau dort, wo er es erwartet hatte, sicher an Land brachte. Seine globale Geographie erwies sich als falsch, aber die Entfernung zum nächsten Festland war korrekt.

Hernando Kolumbus schrieb, sein Vater habe ihnen oft erzählt, daß sie erst mit Land rechnen konnten, nachdem sie 750 Leagues von den Kanaren westwärts gesegelt seien. Und am 11. Oktober, einen Tag, bevor zum ersten Mal Land gesichtet wurde, erklärte Kolumbus, daß er demjenigen, der zuerst schreie, er sehe Land, ein seidenes Wams und 10 000 *Maravedi* jährlich schenke. Am nächsten Morgen schrie der Ausguck auf der *Pinta* im glänzenden Mondlicht vor Sonnenaufgang, daß er Land sehe. Doch Kolumbus beanspruchte die Belohnung für sich, denn er habe ihnen allen am Vorabend gesagt, daß in nächster Nähe Land sein würde.

Am 12. Oktober hatte Kolumbus seine Mission erfüllt und ernannte sich selbst zum Admiral. Normalerweise hätten die Offiziere und die Mannschaft der drei Schiffe in Jubel ausbrechen müssen, weil sie auf der anderen Seite des Weltmeeres auf Land gestoßen waren. Aber darüber ist nichts im Logbuch vermerkt. Kolumbus selbst war wahrscheinlich enttäuscht, nichts anderes zu finden als ein paar nackte Menschen ohne Habe sowie eine Insel, die sich ansonsten als unbewohnt erwies. Die zeitgenössischen Berichte schildern den großen historischen Augenblick in wenigen Worten: Die drei Schiffe des Kolumbus erreichten ein Eiland, »in der Sprache der Indianer Guanahani genannt. Bald sahen sie nackte Menschen, und der Admiral begab sich mit seinem bewaffneten Beiboot an Land.«

Kolumbus hatte eine der flachen und unwirtlichen Sandatolle der Bahamas vor Florida und Kuba erreicht. Wir werden nie erfahren, welche der vielen Inseln der Gruppe es war, denn Kolumbus führte ein doppeltes Logbuch. Er vermied es, die Position des Atolls, auf dem er landete, zu verzeichnen. Die Theorie, daß es tatsächlich die Insel Guanahani war, wird fast ebenso oft vertreten, wie es Atolle auf den Bahamas gibt. Die Identifikation dieses unbewohnten Atolls ist auch im Grunde nicht so wichtig, war es auch nicht für Kolumbus. Bereits am nächsten Tag beschloß er, weiterzusegeln. In seinem persönlichen Reisetagebuch vermerkt er: »Um keine Zeit zu verlieren, beabsichtige ich, weiterzufahren und zu sehen, ob ich die Insel Cipango erreichen kann.«

Kolumbus war demnach davon überzeugt, daß er sich in der Nähe von Japan befinden müsse und wollte zuerst dieses Land besuchen. Es ist bemerkenswert, daß die Empfehlungsbriefe, die er vom spanischen Herrscherpaar bei sich trug, an keinen besimmten Adressaten gerichtet waren. Einige Gelehrte nehmen an, daß König Ferdinand und Königin Isabella, die die Briefe unterschrieben, nicht wußten, welchen Namen der Nachfolger des Großen Khan trug, der sich in Cathay (China) aufhalten sollte. Eine plausible andere Erklärung könnte sein, daß sie nicht wußten, welchem der großen orientalischen Herrscher Kolumbus zuerst begegnen würde.

Der erste der beiden Briefe, eine Art Einreisedokument, war generell an alle Herrscher gerichtet, an die erstgeborenen Söhne und Verwandten von Königen, Herzögen, Kapitänen, Schiffsreedern, Offizieren und deren Untertanen: »Mit diesem Brief senden wir den Edelmann Christoph Kolumbus samt dreier für die Meere ausgerüsteter Karavellen in das Gebiet von Indien zu bestimmten Zwecken und Geschäften bezüglich der Verbreitung des heiligen Glaubens und auch zu eigenem Nutz und Frommen.«

Der zweite Brief lautet: »An den Allerdurchlauchtigsten Prinz, unseren teuren Freund: Wir, Fernando und Isabella, König und Königin von Castilien, Aragon, Leon, Sizilien, Granada etc. entbieten Grüße und beste Glückwünsche. Wir wissen von unseren Untertanen und von anderen, die von euren Königreichen hierher gekommen sind, welches Wohlwollen und welche vorzügliche Hochachtung Ihr uns und unserem Staate erzeigt und kennen Euer Begehren, zu erfahren, was sich bei uns ereignet. Wir haben uns deshalb entschlossen, Euch unseren edlen Kapitän Christoph Kolumbus zu senden, zur Besorgung von Briefen, aus denen Ihr unsere Gesundheit und unser Wohlergehen ersehen könnt sowie andere Dinge, die wir ihm aufgetragen haben, Euch zu berichten...«

Beide Dokumente werden Taviani zufolge im königlichen Archiv in Barcelona aufbewahrt.

Es ist also nicht verwunderlich, daß Kolumbus auf einen schnellen Aufbruch von den unbedeutenden und unbewohnten Atollen der Bahamas drängte, von denen er vier mit Namen versah, bevor ihm die Menschen, die er auf den Inseln vorgefunden hatte, den richtigen Kurs nach Kuba wiesen, einem großen und gebirgigen Stück Land, fruchtbar und dicht bevölkert. Kuba wurde am 27. Oktober bei untergehender Sonne gesichtet. Kolumbus nannte dieses Land Juana, obwohl er wußte, daß die einheimische Bevölkerung es Kuba nannte. Er blieb einige Wochen und erforschte die gesamte Nordküste in östlicher Richtung bis Baracoa an der Ostspitze der Insel. Für Kolumbus war das die *Große Begegnung*. Die Begegnung mit der ersten organisierten Gesellschaft in der später so genannten neuen Welt. Kolumbus hat nicht versucht, seine Begeisterung zu verbergen, als er schrieb: »Ich war wirklich so erstaunt beim Anblick von so viel Schönheit, daß ich nicht weiß, was ich sagen soll.«

Und am Weihnachtstag 1492, die Große Begegnung noch frisch im Gedächtnis, beschrieb Kolumbus den Empfang, der ihm auf Kuba zuteil wurde: »Ich versichere Eurer Hoheit, daß ich meine, daß es auf der ganzen Welt keine besseren Menschen und kein besseres Land gibt. Sie lieben ihren Nächsten wie sich selbst, und sie pflegen die lieblichste Plauderei auf der Welt, sind gutmütig und lachen unablässig.«

Von der Ostspitze Kubas segelte Kolumbus mit seinen drei Schiffen über eine Meerenge zur Westspitze des heutigen Haiti. Diese Insel, inzwischen getrennt in Haiti und Santo Domingo, nannte er Española. Hier bohrte er am Heiligabend seine *Santa Maria* in den Grund. Er erlitt Schiffbruch bei dem Versuch, zu nahe an der seichten Küste zu ankern. Aus dem Wrack baute er am Ufer eine Festung, die er La Navidad nannte. An diesem Ort, der sich als schlecht geeignet für eine erste Niederlassung in der neuen Welt herausstellen sollte, ließ er einen großen Teil seiner Begleiter zurück. Die *Niña* wurde nun das Admiralsschiff, und eskortiert von der *Pinta* lichtete Kolumbus Mitte Januar 1493 die Anker zur Rückreise nach Europa.

Der Eindruck, den Kolumbus von den Menschen auf Kuba hatte, als sie ihn, den ersten Besucher aus Europa, empfingen, wird von seinen Begleitern völlig geteilt. Peter Martyr vom spanischen Hof sammelte von anderen Teilnehmern der Entdeckungsfahrt weitere Informationen über die erste Reise des Kolumbus und schrieb über die Einwohner auf Kuba:

»Es ist sicher, daß bei ihnen das Land allen gemein ist wie die Sonne und das Wasser; und Mein und Dein haben keine Bedeutung bei ihnen. Sie sind mit so wenig zufrieden, daß sie in einem so großen Land eher Überfluß als Mangel haben. So scheinen sie in einer goldenen Welt zu leben, ohne Plage, in offenen Gärten, die nicht von Schutzwällen umgeben sind, unterteilt mit Hecken oder geschützt von Mauern. Sie handeln ehrlich untereinander, ohne Gesetze, ohne Bücher und ohne Richter. Sie halten den für böse und schädlich, der Freude daran hat, anderen Schmerz zuzufügen.«

Kolumbus kehrte nach Europa offensichtlich mit sehr glücklichen Erinnerungen an die Menschen zurück, die ihn auf der anderen Seite des Meeres empfangen hatten. Sie gaben ihm kein Gold und Silber, weil sie keines hatten. Alles, was sie ihm gaben, war ein äußerst freundlicher Empfang und im Überfluß Samen, Wurzeln und Früchte, die wertvollen Erzeugnisse ihres Bodens. Auch Kolumbus überbrachte ihnen wenig. Nur einige Glasperlen, kleine Glöckchen und rote Kappen, wie er selbst sagt. Diese Menschen an der Küste brauchten auch keine Geschenke. Sie waren ohne jede Habgier und hatten im Überfluß, was sie brauchten. Die erste Entdeckungsfahrt war wirklich eine glückliche Reise. Und Kolumbus brachte keinen Priester über das Meer. Europa schien die Priester nötiger zu haben als die Menschen, die Kolumbus auf Kuba willkommen geheißen hatten. Er schrieb über sie: »Sie lieben ihren Nächsten wie sich selbst...«

So lautete, wie wir uns vielleicht erinnern, die Antwort, die Jesus den Pharisäern gab, als sie ihn versuchen wollten und fragten, welches das höchste Gebot sei. Jesus antwortete: »Liebe deinen Nächsten wie dich selbst.«

Man könnte versucht sein, Kolumbus zu verdächtigen, diese Worte aus der Heiligen Schrift am Weihnachtstag 1492 im Kopf gehabt zu haben, als er diesen denkwürdigen Satz über seine amerikanischen Partner bei der *Großen Begegnung* schrieb.

Das Paradies wird zur Hölle

Wir werden nie erfahren, wie viele verschiedene Zweige der Menschheit sich auf amerikanischem Boden begegneten, ehe Kolumbus dorthin kam. Die geschriebene Geschichte ist unvollständig. Die einzige Begegnung, die in Europa vor Kolumbus entsprechend festgehalten worden ist, handelt von den altnordischen Bauern und ihren Versuchen, sich von Grönland aus mit ihrem Vieh unter den dort lebenden »Skrællingern« von Nordamerika niederzulassen. Diese kurzfristigen Besuche sind auch durch die Archäologie bestätigt worden.
Mangels anderer Berichte vor 1492 wird dem Bauern Leif Eiriksson die Ehre zuteil, der erste Europäer zu sein, der nachgewiesenermaßen vor Kolumbus seinen Fuß auf amerikanischen Boden gesetzt hat. Er war auch der erste, der den katholischen Glauben über den Atlantik brachte. Aber weder sein Besuch noch der anderer Norweger von Grönland aus kann als die *Große Begegnung* gewertet werden. Ihre Kontakte mit den bewohnten Küsten auf der anderen Seite der Davisstraße kommt nur insofern Bedeutung zu, als sie die folgenden Ereignisse stimuliert haben. Die Ehre der *Großen Begegnung* steht Kolumbus zu.
Aber für eine Begegnung sind zwei erforderlich. Kolumbus wurde, ebenso wie die Norweger vor ihm, in Amerika von

jemandem empfangen, und diesen Menschen ist es zu verdanken, daß die Ankunft wirklich zu einer *Großen Begegnung* wurde. Kolumbus' großer Beitrag bestand darin, diese Menschen zu finden.

Kolumbus war zu seiner ersten Reise über den Atlantik aufgebrochen, um Gold zu finden und um den Großen Khan des Fernen Ostens zu besuchen. Beides mißlang. Und als er nach Europa zurückkehrte und vor das spanische Herrscherpaar trat, war er stolz, aber durcheinander. Es bedeutete einen Triumph für ihn, daß die Ausdehnung des Atlantischen Ozeans seiner Voraussage entsprach, und er war davon überzeugt, den Fernen Osten erreicht zu haben. Aber er hatte weder Gold noch andere Reichtümer gefunden und sein Flaggschiff eingebüßt. Außerdem war er weder in Cipango noch Cathay gewesen und hatte die Briefe, die er dem Großen Khan übergeben sollte, wieder mitgebracht. Er war zweifellos nur von einem Gedanken besessen: auf der Stelle eine zweite Expedition zu organisieren, zurückzufahren und erneut zu suchen.

Es war ein anderer Kolumbus, der nun begann, seine zweite Expedition in den Fernen Osten zu planen. Von sich und seinen Berechnungen war er nach wie vor überzeugt; was ihm Kopfzerbrechen bereitete, war die Frage, wo er das Gold finden sollte, das er König Ferdinand und Königin Isabella versprochen hatte und auf das sie warteten. Völlig unverständlich war ihm außerdem, wo die großen Reiche lagen, die Marco Polo besucht hatte und dessen Spuren andere über Afrika hinaus ostwärts gefolgt waren.

Kolumbus löste nun eine ganze Reihe großer Ereignisse aus, war aber selbst nicht mehr zufrieden mit seinem Anteil an dem großen Gewinn, den er Europa gesichert hatte. Die Absicht dieser Bestandsaufnahme der *Großen Begegnung* besteht keineswegs darin, die Verdienste eines Mannes zu schmälern, der mit Recht als Meilenstein in der Geschichte gilt. Seine Genialität und sein Weltruf sind so unbestritten, daß es ihm nicht schadet, ein bißchen von der Ehre mit den grönländischen Schafhirten (fälschlicherweise als Wikinger bezeichnet) und den Pflanzern auf Kuba (fälschlicherweise als Indianer bezeichnet) zu teilen, wobei ihm die einen den Weg wiesen und die anderen halfen zu landen.

Bei seinem ersten Amerikabesuch war Kolumbus ein glücklicher Mann, der freundliche Menschen traf. Alle Berichte über sein Verhältnis zu den Ureinwohnern Amerikas sind getragen von einer Atmosphäre gegenseitiger Achtung und Zuvorkommenheit. Kein einziger Hinweis auf Feindseligkeiten oder schlechtes Benehmen, weder bei den Spaniern noch bei den Menschen an Land.

Kolumbus betont selbst, daß sich eine spontane Freundschaft zwischen den zwei ethnischen Gruppen bildete. Das ist hochinteressant, denn es ist in der Tat ein historisches Ereignis, wenn sich die Menschen zweier Kontinente zum ersten Mal in der schriftlich festgehaltenen Geschichte begegnen. Es war kein feindlicher Zusammenstoß. Seit unvordenklichen Zeiten hatten sich ihre Vorfahren irgendwo in der alten Welt getrennt, als sich die Menschheit vermehrte und barfuß und in Felle gehüllt in kältere Zonen zurückzog – der eine Teil westwärts und nordwärts ins südliche Europa, der andere Teil ostwärts und nordwärts ins arktische Amerika, bevor auf dem Land- und Seeweg Kuba erreicht wurde. Nach Hunderttausenden von Jahren und gewaltigen kulturellen Veränderungen trafen sich zwei Gruppen dieses Menschengeschlechts wieder und hatten noch so viel gemeinsam, daß Kolumbus schrieb: »Sie wurden so sehr unsere Freunde, daß es an ein Wunder grenzt.«

Die Geschichte wird von den Siegern erzählt, nur selten von den Eroberten. Die Geschichte, wie die Besucher aus Europa das Land der Taino auf Kuba und Española an sich rissen, ist in besonderem Maße einseitig, da die eroberten Taino ausgelöscht waren, bevor sie schreiben lernten oder die Möglichkeit bekamen, zu sprechen. Es war üblich, die ersten Spanier als fromme Christen abgebildet zu sehen, mit einem Kreuz in den Händen am Strand kniend, während wilde Kannibalen an Armen und Beinen in den Bäumen hingen und sich mit Menschenfleisch sättigten. Wenn heute, fünfhundert Jahre später, die moderne Welt die turbulenten Ereignisse dieser Begegnung erneut bedenkt, entsteht zunehmend das Bedürfnis, die Geschichte auch aus der Sicht der Eroberten zu betrachten. Ein hervorragender Beitrag in dieser Richtung ist das Buch *The Conquest of Paradise* von Kirkpatrick Sale, der Untertitel lautet *Christopher Columbus and the Columbian Legacy*. Dieses Buch ist der Versuch, sachlich die von Kolumbus selbst verfügbaren Aufzeichnungen einer erneuten Einschätzung zu unterziehen, und Sales Übersetzung der Originaltexte aus dem Spanischen ins Englische wird im folgenden benutzt.
In seiner Neueinschätzung des vorhandenen Materials in Form von Tagebüchern, Berichten und Briefen zeigt Kirkpatrick Sale, daß die großen Triumphe des Kolumbus, die heute im Rückblick von uns gefeiert werden, dem berühmten Mann nie widerfuhren. Er starb nicht nur, wie wir wissen, einsam und in Ungnade gefallen; er verbrachte sein ganzes Leben voller Unzufriedenheit über das, was er gefunden hatte. Er wußte, daß er zur europäischen Konzeption der Weltgeographie etwas ganz Neues und Bedeutendes beigetragen hatte, und er wußte, daß er Land entdeckt hatte, wo er es erwartet hatte. Doch er hatte nicht gefun-

den, was er finden wollte, und verstand nie, warum das so war. Aus seinen eigenen Worten und denen seiner Zeitgenossen können wir das Bild eines unzufriedenen und enttäuschten Entdeckers entnehmen, in verzweifelter Suche nach dem Gold des Fernen Ostens und völlig verwirrt, als er sich von einfachen Insulanern umringt sah, die in dem vergeblichen Versuch, ihren Besucher glücklich zu machen, bereitwillig alles gaben, was sie besaßen. Aber ihre Bemühung war umsonst, da sie ihm kein Gold bieten konnten. Die persönliche Befriedigung, Schiffsladungen voller Gold nach Europa zu schicken, war seinem Nachfolger Bobadillo vorbehalten sowie Cortez und Pizarro, den goldgierigen Eroberern von Mexiko und Peru, zwei gewaltigen Reichen auf dem Festland, die Kolumbus nie kennenlernte.

Kolumbus wollte sein Versprechen einlösen und seine Briefe an den Großen Khan übergeben, aber gleichzeitig war er sehr darauf erpicht, Gold zu finden. Er machte aus seiner rastlosen Jagd nach Gold auch keinen Hehl, als er beim ersten Mal die Bahamas erreichte und von einem sandigen Atoll zum nächsten hetzte. Von der ersten Insel, auf der er gelandet war, segelte er rasch weiter, als er am Strand lediglich nackte Menschen fand, die selbst dieses Atoll nur besuchsweise betreten hatten. Genauso enttäuscht wurde er auf dem nächsten Atoll, und zwei Tage später schrieb er in sein Tagebuch:

»Montag, 15. Oktober. Und dann fuhr ich weiter ... Ich möchte keine Zeit verlieren und viele Inseln entdecken und erforschen, um Gold zu finden. Und nachdem die Menschen Zeichen machen, daß sie Gold an ihren Armen und Beinen tragen, denn es ist Gold, weil ich ihnen einige Goldstücke von mir gezeigt habe, muß es mir mit Gottes Hilfe gelingen, herauszukriegen, woher es stammt.«

Aus den Eintragungen in seinem Tagebuch zu schließen, scheint der erste Besuch von Kolumbus in der neuen Welt vor allem ein vergebliches Herumirren auf Inseln gewesen zu sein, um Gold zu finden, das ihm niemand geben konnte. Nachdem Sale alle Stellen zusammengetragen hatte, in denen Kolumbus während der ersten Fahrt seine Hoffnung äußert, Gold zu finden, stellt er fest, daß es das Hauptthema in seinem Tagebuch ist: »...man bekommt das Gefühl einer wahren Besessenheit. Es gibt für die zwei Wochen, die er auf den ersten Inseln verbrachte, 16 Hinweise auf Gold, einige von ermüdender Länge, weitere 13 während seiner Landung auf Kuba und schließlich nicht weniger als 46 während der knapp fünf Wochen auf Española.« Sale weist nach, daß das Wort *oro*, Gold, 140mal benutzt wird, und er folgert: »Es war die einzige Konstante in seinem *Journal*, das einzig wiederkehrende Ziel, und an manchen Tagen scheint er unfähig gewesen zu sein, an etwas anderes zu denken.«

Die kleinen Gegenstände aus Gold, die die Insulaner besaßen, gaben sie ihm von sich aus, und Kolumbus wird nicht müde, ihre Großzügigkeit zu preisen:

»Sie handelten mit allem und schenkten es freiwillig her.«

»...wie Tiere gaben sie, was sie hatten.«

»Es ist das beste Volk auf der Welt und darüber hinaus das sanftmütigste...«

»Ich schickte ein Beiboot ans Ufer, um Wasser zu holen, und sie zeigten meinen Leuten bereitwillig, wo das Wasser war und schleppten selbst die vollen Fässer zum Boot und freuten sich, uns einen Gefallen zu tun.«

»Sie sind sehr sanftmütig und wissen nicht um das Böse; nie würden sie morden oder stehlen.«

»Eure Hoheit können mir glauben, daß es auf der ganzen

Welt keinen besseren und sanftmütigeren Volksstamm geben kann ... weder ein besseres Volk noch ein besseres Land.«

Die letzten Sätze waren an seine königlichen Gönner in Spanien gerichtet und stehen sowohl am Heiligabend wie am ersten Weihnachtstag 1492 in seinem Tagebuch.

Es gibt in seinem Tagebuch von der ersten Reise keine einzige negative Äußerung über irgendeinen Menschen, den Kolumbus traf. Er erwähnt auch mit keinem Wort, von bösen Menschen in der näheren Umgebung gehört zu haben. Er sagt im Gegenteil von ihnen, daß sie ihren Nächsten lieben wie sich selbst. Nachdem er die Inseln verlassen und sich in der Nähe der Azoren auf Heimatkurs befand, beschreibt er sie sogar in einem zusammenfassenden Brief an das Herrscherpaar als »hoffnungslos schüchtern«. Und »so arglos und so frei mit allem, was sie besitzen, daß es niemand auf der Welt glaubt, der es nicht gesehen hat«.

Es wird allerdings deutlich, daß Kolumbus schon auf seiner ersten Reise der Gedanke kam, daß diese extreme Schüchternheit und Freundlichkeit der Insulaner auf der anderen Seite des Ozeans in gewisser Weise ein Ersatz sein könnte für das fehlende Gold und den wirtschaftlichen Reichtum ihres Landes. In demselben zusammenfassenden Brief an das Herrscherpaar wies er darauf hin, daß er den Majestäten die Möglichkeit anbieten könne, »möglichst viele Menschen zu unserem christlichen Glauben zu bekehren und später materielle Vorteile zu haben«.

Der Gedanke, daß die bescheidene Bevölkerung, die ihn empfing, als Arbeitskraft ausgenutzt werden könnte, war Kolumbus schon am dritten Tag seines ersten Besuchs auf Kuba gekommen. Er schrieb dann in sein Journal, daß er einen idealen Platz für eine Festung gefunden habe. Von

dort aus könne man das Land und seine Bevölkerung erobern: »...mit 50 Mann könnte man sie unterwerfen und dazu bringen, alles zu tun, was man von ihnen verlangt.«
Die tatsächliche Notwendigkeit einer Festung auf Kuba scheint jedoch auch Kolumbus nicht ganz klar gewesen zu sein, denn er gibt zu: »Ich glaube allerdings nicht, daß das nötig sein wird, denn diese Menschen sind sehr unerfahren mit Waffen.«
Trotzdem ist Kolumbus weiterhin auf der Suche nach geeigneten Häfen für die Errichtung von Festungen entlang der kubanischen Küste, möglicherweise zur Verteidigung gegen die Portugiesen. Und bevor er die Insel verließ, hatte er geeignete Plätze für Festungen ausgewählt. Der europäischen Mentalität dieser Zeit entsprechend, doch ganz im Gegensatz zu den dortigen Bräuchen, wo die Erde genauso allen zu eigen war wie das Wasser und die Luft, nahm Kolumbus jedes Land in Besitz, auf das er seinen Fuß setzte. Er begann, überall Flaggen aufzustellen, und annektierte alles, was er sah, für Spanien. Jede Insel, jede Bucht erhielt einen neuen, von Kolumbus ausgewählten Namen, auch wenn die Besucher aus Europa den von den Einheimischen benutzten Namen kannten. So wurde aus Kuba Juana, wahrscheinlich zu Ehren von Prinz Juan, dem Nachfolger auf dem kastilischen Thron. Oder wie Sale es ausdrückt: »Colón (Columbus) fuhr fort, nicht weniger als 62 andere geographische Punkte auf den Inseln zu benennen – Landzungen, Landspitzen, Berge, Häfen –, in einem naiven Glauben, der unterstellt, daß der Akt der Namengebung seiner (und der in Europa üblichen) Auffassung nach gewissermaßen einen Talisman der Eroberung darstellt, ein Ritus, mit dem unwirtliche, neutrale Landstriche irgendwo auf der Erde Europa einverleibt werden.«

Am selben Tag, an dem er den ersten Standort für eine Festung auf Kuba auswählte, gab Kolumbus zu, daß es sein Wunsch sei, keine Insel zu passieren, ohne sie in Besitz zu nehmen. Und es war tatsächlich Kolumbus' erste Tat, nachdem er bei den Menschen weit weg auf der anderen Seite des Atlantiks gelandet war, ihr Land in Besitz zu nehmen. Er schrieb, daß er auf dem ersten Atoll, das gesichtet wurde, mit seinem Beiboot an Land ging, gut bewaffnet und in Begleitung der Kapitäne der anderen beiden Schiffe sowie von zwei Vertretern des Hofes, um »zu bezeugen, wie er vor ihren Augen alles nahm, und er nahm tatsächlich die besagte Insel für den König und die Königin in Besitz«. Das königliche Banner flatterte, Eide wurden gesprochen, wie bei solchen Ereignissen üblich. In Anwesenheit von »vielen Eingeborenen, die sich versammelt hatten«, dankten die Ankömmlinge aus Europa Gott dem Allmächtigen, »knieten am Boden und küßten mit Tränen der Freude die Erde für die große Gnade, die er ihnen zuteil werden ließ«.
Kolumbus kam im April 1493 nach Spanien zurück und hatte als Geschenk bewohnte und unbewohnte Inseln, die er auf der anderen Seite des Weltmeeres entdeckt hatte. Das gefiel den Majestäten so sehr, daß sie sofort den Papst in Rom davon in Kenntnis setzten. Daraufhin gab seine Heiligkeit Alexander II. eine päpstliche Bulle heraus, in der er das spanische Eigentum an allen überseeischen Ländern, die bisher von Christoph Kolumbus entdeckt worden waren sowie an denen, die er noch entdecken würde, großzügig bestätigte. Damit waren vorerst die zwei größten bewohnten Inseln in den Antillen sowie vier Atolle in den Bahamas gemeint.
Kolumbus wurde ein triumphaler Empfang am spanischen Hof zuteil, als er mit seinem Bericht über die für die Krone

annektierten Länder eintraf. Sowohl er als auch seine Gefährten gaben eine so begeisterte Beschreibung des Volkes, das sie besucht hatten, daß man meinen konnte, sie seien von einem irdischen Paradies zurückgekehrt. Peter Martyr am Hof war so beeindruckt, daß er schrieb: »Sie scheinen in einer völlig goldenen Welt zu leben: ein Ort, wo Menschen einfach, unschuldig und ohne zwingende Gesetze leben, ohne Streitigkeiten mit Richtern und Klageschriften, zufrieden damit, allein ihrer Natur zu genügen, ohne weitere Sorge um möglicherweise kommende Dinge.«
Und Kolumbus preist ihr physisches Aussehen: »Sie laufen alle nackt herum, wie sie von ihren Müttern geboren wurden, und auch die Frauen ... sind wohlgestaltet, mit schönen Körpern und sehr hübschen Gesichtern ...«
Natürlich hatte Kolumbus keine Schwierigkeiten, Männer zu finden, die bereit waren, ihn auf seiner zweiten Expedition zu begleiten.
Einige der Einheimischen hatte Kolumbus sogar mit nach Europa gebracht. Sie nannten ihr Volk *Taino*, was *gut* und *edel* bedeutet. Kolumbus, der ihre arglose Unbekümmertheit mit der von Tieren verglich, hatte bereits an das Herrscherpaar geschrieben: »Sie dürften gute Diener abgeben ... Zum Lobe unseres Herrn werde ich bei meiner Abreise sechs von ihnen für Eure Hoheit mitnehmen, damit sie lernen können, zu sprechen.« Im Europa des Spätmittelalters bestand kaum Respekt für Völker, die anderen ethnischen Ursprungs waren, besonders, wenn es sich nicht um Christen handelte. Kolumbus war da keine Ausnahme. Als drehte es sich um Vieh, schickte er auf der ersten Reise einige Mitglieder seiner Mannschaft los, um »sieben Stück Frauen, junge und erwachsene, sowie drei kleine Kinder« zu fangen. Als er sich im Dezember mit ihnen auf

dem Heimweg befand, muß sich Kolumbus überlegt haben, wie man das Volk der Taino nutzen könnte, denn er schrieb:
»Sie sind geeignet, herumkommandiert zu werden und Arbeiten zu verrichten, zu säen und all das zu tun, was nötig sein sollte ... Es mangelt an nichts mit Ausnahme der Sprachkenntnis, um ihnen Befehle zu erteilen, denn alles, was ihnen befohlen wird, tun sie ohne Widerrede.«
Was immer Kolumbus bei seinem kurzen Aufenthalt in Spanien nach der Rückkehr im Sinn gehabt haben sollte, so darf nicht übersehen werden, daß er die Welt in einer Epoche erforschte, in der der Handel mit erzwungener menschlicher Arbeitskraft blühte. Sklavenzüge waren sogar im entfernten Grönland gang und gäbe, und das gilt noch mehr für die Gebiete, die er selbst wiederholt besucht hat, also die Atlantikküste von Afrika und die Kanarischen Inseln. Die Ureinwohner auf den Kanarischen Inseln, die Guanchen, kämpften zur Zeit der ersten Besuche des Kolumbus noch verzweifelt um ihre Freiheit und Unabhängigkeit. Als er von Gomera aus seine erste Reise über den Atlantik startete, widersetzten sich die Guanchen auf der von Gomera aus sichtbaren großen Insel Teneriffa noch standhaft den Spaniern. Die Guanchen ähnelten, was Gesichtszüge, Haut- und Haarfarbe betrifft, sehr den Europäern, weil sie wahrscheinlich von den hellen Berbern abstammten, die vor dem Eindringen der Araber an der Küste von Nordafrika dominierten. Wegen ihrer hellen Haut waren die Guanchen in Europa als Sklaven sehr geschätzt. Aber sie verschmähten die Sklaverei, und es war nicht einfach, sie lebendig für den Sklavenmarkt zu fangen. Das muß Kolumbus im Kopf gehabt haben, als er dem spanischen Herrscherpaar die Taino-Insulaner schilderte:

»...sie haben dieselbe Farbe wie die Insulaner auf den Kanaren...«
»Sie tragen keine Waffen und sind auch nicht damit vertraut...«
Die zweite Reise des Kolumbus unterschied sich – sieht man von der Route ab – von Anfang an von der ersten. Er hatte weder Schwierigkeiten mit der nötigen finanziellen Unterstützung noch mit der Rekrutierung von Reisebegleitern. Im Mai 1493, einige Wochen nach seiner Rückkehr nach Europa, erließ das spanische Königshaus eine formelle Weisung für eine neue Reise unter dem Kommando von Christoph Kolumbus. Diesmal segelte er als Großadmiral des Weltmeeres. Ihm wurden nicht weniger als 17 voll ausgerüstete und mit Proviant für sechs Monate versehene Schiffe zur Verfügung gestellt. Über 1200 Siedler fuhren freiwillig mit in das gelobte Land. Ausschließlich Männer, keine einzige Frau. Diesmal waren fünf *religiosos* dabei, weil der Zweck der Reise hauptsächlich darin bestehen sollte, die Seelen der sanftmütigen Menschen jenseits des Ozeans zu retten. Bemerkenswerterweise war Kolumbus diesmal auch auf kriegerische Auseinandersetzungen vorbereitet. Er hatte eine Kanone bei sich sowie eine größere Anzahl von Soldaten mit Brustpanzern und Schilden, bewaffnet mit Arkebusen, Armbrüsten und Schwertern. Ihr Mitwirken sollte bei einem solchen Unternehmen, in dem es nur darum ging, die Seelen unbewaffneter Insulaner zu erobern, überflüssig sein. Die aus 17 Schiffen bestehende Flotte hißte im September 1493 die Segel und nahm wieder direkten Kurs auf Gomera, um von dort aus gemäß dem im Vorjahr sorgfältig erarbeiteten Plan westwärts zu segeln.
Nach seiner Prüfung des verfügbaren Materials, bringt Sale starke Argumente dafür, daß diese zweite Fahrt von Ko-

lumbus im Grunde die Beschaffung von Sklaven zum Ziel hatte – mit fünf Religionslehrern und einer Armee von Soldaten, um sowohl die Seelen wie die Leiber der vorgefundenen Bevölkerung am andern Ende des nach Westen gehenden Kanarischen Stroms einzufangen.

Aber Kolumbus stand vor einem unvorhergesehenen Problem. Wie Sale betont, war damals in Europa der Sklavenhandel legal, doch Spanien erlaubte nicht, daß Spanier andere Spanier versklavten. Und da Kolumbus auf seiner ersten Reise die von ihm besuchten Inseln offiziell in Besitz genommen hatte, waren die dort lebenden Bewohner im Prinzip automatisch zu spanischen Untertanen geworden. Das könnte die Erklärung für ein plötzliches Dilemma sein, vor dem Kolumbus stand, nachdem er die von ihm entdeckten Insulaner zudem als Engel auf Erden beschrieben hatte. Er mußte also Menschen finden, die so schlecht waren, daß sie es verdienten, in Ketten gelegt und legal versklavt zu werden.

Weder Kolumbus noch irgendeiner seiner Begleiter hatten bei den Inselbesuchen während der Reise von 1492 schlechte Menschen gesehen oder von ihnen gehört. Doch als sie 1493 wiederkamen, wußten sie auf einmal, daß solche wirklich schlechten Menschen existierten, und sie wußten außerdem, wo sie zu finden waren. Diesmal befand sich Guillermo Coma von Aragon mit an Bord. Er hatte nicht an der vorhergehenden Atlantiküberquerung teilgenommen und war deshalb bei allen Informationen über die Inseln auf Kolumbus angewiesen. Er schrieb über den besonderen Augenblick des Landsichtens auf dieser zweiten Expedition am Sonntag, dem 3. November 1493:

»Männer mit den besten Augen in den Ausgucks, die wetteiferten in der weitsichtigen Beobachtung, kündigten oben

auf der Mastspitze des Flaggschiffs *Land in Sicht* an. Jetzt rufen sie, daß sie die Gipfel von Bergen sehen, jetzt das Grün der Wälder und plötzlich kamen sieben bisher unbekannte Inseln in Sicht ... Diese Inseln sind von *Canabilli* bewohnt, einer wilden, aufsässigen Rasse, die Menschenfleisch ißt. Ich werde sie mit Recht als *Anthropophagi* bezeichnen. Sie führen ständig Kriege gegen sanftmütige und scheue Indianer, um sich mit Fleisch zu versorgen; darin besteht ihre Beute, die sie erjagen. Sie plündern, vernichten und terrorisieren unbarmherzig diese Indianer.«
Und in Sales Worten:
»Jetzt, auf der zweiten Reise, scheint Colón *von vornherein* beschlossen zu haben – obwohl für ihn eigentlich keine Möglichkeit bestand, es zu wissen, es sei denn durch Auskünfte von den gefangenen Taino –, daß die Inseln, zu denen er kam, von karibischer Bevölkerung bewohnt waren, und zweifellos hat er genau das weitergegeben und Coma und den anderen Mitreisenden die wildesten Grausamkeiten angedeutet. Doch auf Guadeloupe, der einzigen karibischen Insel, vor der seine Flotte auf dieser Reise ankerte, rannten die Eingeborenen, ›sobald sie unser ansichtig wurden, sogleich in die Berge‹.«
Diese letzterc Information zitierte Sale nach Michele de Cuneo, einem Begleiter des Kolumbus aus Ligurien, der offenbar genauso wie die übrigen Ankömmlinge nichts sah außer der heillosen Flucht der erschreckten Insulaner.
Sales Erklärung geht davon aus, daß die »Berichte von Kannibalismus als Mittel zur Rechtfertigung der Versklavung und des Abtransports dieser Geschöpfe dienten, die sich so eindeutig jenseits der Grenzen der Gnade Gottes befanden, daß man sie mit Recht als Tiere betrachten konnte. Wie wir

gesehen haben, ist die Idee einer Versklavung der Inselbewohner auf der ersten Reise im Gehirn des Admirals entstanden, als er kaum andere lukrative Entschuldigungen für seinen großen Plan fand, bis er schließlich dem Herrscher Sklaven versprechen konnte, ›so viel Ihr geruht zu befehlen‹. Jetzt, auf der zweiten Reise, schien sich die Idee von der ersten Landkennung an zu einer fast fertigen Strategie entwickelt zu haben, wonach jeder Inselbewohner, der ihnen in den Weg lief, als Karibe zu betrachten und damit versklavbar war.«

Bekanntlich wurde das karibische Volk auf den Kleinen Antillen ebenso wie ihre Taino-Nachbarn auf den größeren Inseln derselben Gruppe von den europäischen Eroberern und durch Krankheit buchstäblich ausgerottet, und nur noch eine kleine Gruppe ist übrig, um von Wissenschaftlern studiert zu werden. »Was über sie jedoch bekannt *ist*«, sagt Sale in seiner unermüdlichen Suche nach Gerechtigkeit, »oder wenigstens auf Grund der verfügbaren Fakten bekannt sein müßte – sie waren im Widerspruch zur hartnäckigen europäischen Auffassung weder grausam noch kriegerisch – und auch keine Kannibalen.«

Er weist nach, daß historische Berichte aller europäischen Reisenden in den folgenden Jahren die Freundlichkeit und das friedliche Verhalten der Kariben ausdrücklich betonten. Der Mönch Bartolomé de Las Casas, der 1502 auf die Inseln kam und dort viele Jahre blieb, stellt eindeutig fest, daß die Kariben keine Kannibalen waren. Aus diesem Zeugnis schließt Sale: »Die Idee von wilden und grausamen Kariben war kurz gesagt nie mehr als ein Hirngespinst, entsprungen der Paranoia oder der unbeugsamen Brutalität Colóns und weitergegeben an seine Gefährten, an die Chronisten in Europa und an die Geschichte.«

Die *Große Begegnung,* von Christoph Kolumbus allein ersonnen und geplant, veränderte zweifellos die Welt und brachte Europa unermeßliche Vorteile – ein schöner Anlaß für die 1992 stattgefundenen 500-Jahr-Feiern in Spanien und auf der übrigen Welt, gefeiert von den vielen Millionen, die von denen abstammen, die aus seinem Einsatz auf allen Kontinenten große Vorteile zogen. Zweifellos bestand sein ursprünglicher Plan darin, eine Abkürzung nach Indien zu finden und Gold zu erbeuten. Das war auch bei den folgenden Reisen bis zuletzt sein eigentliches Ziel. Um aber die nötigen Gelder für seine teuren Unternehmungen zu beschaffen, akzeptierte er jede Art von legalen Geschäften, die ihm das einbrachten, was er benötigte, um seine verzweifelte Suche nach Gold und nach dem Reich des Großen Khan fortsetzen zu können. Es könnte auch sein, daß er die Augen vor dem empörenden Verhalten der Männer verschloß, die er auf seiner zweiten Reise ins versprochene Paradies mitgenommen hatte, das auf einmal von schrecklichen Kannibalen bewohnt sein sollte.

Zu einer Begegnung gehören zwei. Bei der Jubiläumsfeier konnten keine Nachkommen der Tainos und der Insel-Kariben teilnehmen. Es gibt keine Überlebenden. Aber auf dem dahinterliegenden Festland, das Kolumbus niemals betrat, leben immer noch zahllose Nachkommen der früheren Verwandten. Verwandte, die Jahrhunderte vor den Norwegern und Kolumbus die Meere zu beiden Seiten des amerikanischen Kontinents befuhren. Sie kann man guten Gewissens feiern. Sie waren die wirklichen Entdecker Amerikas. Sie hatten Vinland und auch Grönland entdeckt, bevor die Norweger dorthin kamen. Von ihnen stammen die Eskimos ab. Andere von ihnen sind übers Meer gepaddelt, um die Atolle auf den Bahamas zu besuchen, und haben das Meer überquert, um die großen Inseln Kuba und Española zu besiedeln – und alle anderen Inseln der neuen Welt, die wir später kennenlernten. Das geschah Jahrtausende vor der Eroberung durch die Eindringlinge aus Europa.

Man kann Kolumbus nicht für die folgenden Ereignisse verantwortlich machen, bei denen sich später die verschiedensten Menschenrassen begegneten und miteinander kämpften oder sich verbrüderten und zusammenarbeiteten, um die amerikanische Nation von heute zu bilden. Jede dieser Nationen hat ihre eigenen Ereignisse zu feiern, in Erinnerung an jene, die von außen kamen, aber auch um die zu ehren, die zuerst da waren und Amerika als ihre rechtmäßige Heimat betrachteten.

Nachdem die Tainos und die Insel-Kariben verschwunden sind, kann man der *Großen Begegnung* nicht gerecht werden, ohne ein wahres Bild der Ereignisse herzustellen, die zu dem Verschwinden dieser Völker führten. Wenn die fremden Christen, die zur Rettung ihrer Seelen gekommen waren, die Leiber unbehelligt gelassen hätten, warum wurden sie dann alle ausgerottet? Nach Schätzungen der frühen Besucher, die von modernen Untersuchungen bestätigt wurden, lebten wahrscheinlich allein auf Española über drei Millionen Insulaner; die Gesamtbevölkerung aller karibischen Inseln dürfte sich auf acht Millionen belaufen haben. Was geschah mit diesen Millionen von friedlichen Taino, die weder Waffen noch Zäune kannten, und was mit den bösen Kariben, die die gutmütigen Taino verspeisten und die Sklaverei verdient hätten? Ob gut oder schlecht – sie verschwanden blitzschnell, als Kolumbus zum zweiten Mal kam, um ihnen die Segnungen des Kreuzes zu bringen. Es waren nicht gerade die besten Vertreter Europas, die freiwillig Spanien verließen und Kolumbus auf der zweiten

Reise begleiteten. Es würde ebenso ungerecht sein, die gesamte Nation nach diesen Männern, die sich wie Teufel im Paradies benahmen, zu verurteilen. Sonst müßte man die Norweger wegen des Verhaltens der Wikinger im 11. Jahrhundert verurteilen, die im Dienste des Papstes den Moslems in Spanien, die sich nicht taufen lassen wollten, die Köpfe abschlugen. Oder man müßte die heutigen Deutschen wegen der Greueltaten der Nazis verurteilen oder die Amerikaner wegen der Grausamkeiten frustrierter Soldaten, die im Vietnamkrieg ihren Verstand verloren hatten. Es entsprach der Durchschnittsmentalität der Europäer im 15. Jahrhundert, mit Waffen und blinder Gier über die »Engel« beiderlei Geschlechts in einer Art Niemandsland herzufallen. Das prägte die Ereignisse, die sich der Kontrolle durch Kolumbus und seine friedlichen Begleiter entzog.

Als im Februar 1494 die ersten der 17 Schiffe des Kolumbus zurückgeschickt wurden, trieb man einige Dutzend Kariben zusammen, um sie als erste amerikanische Sklaven in Cádiz zu verkaufen. Kolumbus schickte eine Vereinbarung mit, worin er um eine reguläre Schiffsladung an Vieh und Proviant aus Kastilien bat und vorschlug: »Die Bezahlung dieser Waren kann in Form von Sklaven erfolgen, basierend auf der Menge dieser Kannibalen, alle sehr wild und zu diesem Zweck geeignet, gut gebaut und von recht brauchbarer Intelligenz…, besser als die üblichen Sklaven.«

Für die nächste Flotte, die im Jahr darauf nach Spanien zurücksegelte, trieb er nicht weniger als 1600 Insulaner zusammen, diesmal Tainos aus Española. Davon wurden 550 »der besten Männer und Frauen« (Cuneo zufolge) in Ketten an Bord gebracht: »Was die übrigen betraf, so wurde bekanntgegeben, daß jeder, der sie wolle, sich nehmen möge, so viele er brauche, und so geschah es. Unter ihnen befanden sich viele Frauen, die Kinder an den Brüsten hatten. Um uns besser entkommen zu können, da sie fürchteten, wir würden sie wieder fangen, ließen sie ihre Kinder einfach am Boden liegen und liefen wie von Sinnen auf und davon...«

Der Unterschied zwischen Tainos und Kariben spielte bald keine Rolle mehr. Cueno, der italienische Adlige, beschrieb in einem Brief als Augenzeuge eine Menschenjagd auf ein Kanu, in dem vier karibische Männer, zwei karibische Frauen und noch zwei Taino, angeblich ihre Sklaven, gewesen waren: »Wir kaperten das Kanu mit allen Insassen, und ein Karibe wurde mit einem Speer auf eine Weise verwundet, daß wir dachten, er sei tot, und ihn ins Wasser warfen, aber sogleich sahen wir ihn wegschwimmen. Also fingen wir ihn wieder mit einem Bootshaken, zogen ihn übers Schanzkleid des Schiffes und schlugen ihm mit einem Beil den Kopf ab. Die anderen Kariben schickten wir später zusammen mit ihren Sklaven nach Spanien.«

Einige Tage später ereignete sich die andere Episode, in einem Brief von Guillermo Coma von Aragon geschildert. Die Flotte des Admirals hatte Boote mit bewaffneten Soldaten ausgesetzt, und eines der Beiboote mit zwei Dutzend bewaffneter Männer verfolgte ein Kanu, in dem vier Kariben, begleitet von zwei Frauen, paddelten: »Sie wurden gekapert und vor den Admiral geführt. Einer von ihnen war siebenfach verwundet, und seine Gedärme hingen heraus. Weil man dachte, daß er nicht würde geheilt werden können, warf man ihn ins Meer. Aber er hielt sich über Wasser, hob einen Fuß, schob mit der linken Hand die Eingeweide zurück und schwamm tapfer ans Ufer. Diese Sache erschreckte die Indianer, die als Dolmetscher bei uns waren, denn sie befürchteten, die Kariben könnten entkommen

und sich auf noch grausamere Weise rächen. Deshalb bestanden sie darauf, ihn zu töten, und so wurde der verwundete Karibe am Ufer wieder eingefangen. Man fesselte ihm Hände und Füße und warf ihn kopfüber ins Wasser. Aber dieser beherzte Wilde schwamm nur um so heftiger, bis er von mehreren Pfeilen getroffen den Tod erlitt.«
Vielleicht waren die fünf *religiosos*, die diesmal mitgefahren waren, so eifrig mit dem Kreuz unterwegs, um die Insulaner zu bekehren und ihren christlichen Mitreisenden die Beichte abzunehmen, daß sie keine Zeit hatten, bei diesen Greueltaten einzugreifen. Oder vielleicht mußten sie die Augen vor allem verschließen, was um sie geschah, weil sie unter den vielen bewaffneten Soldaten und den anderen deutlich desillusionierten und demoralisierten Männern hoffnungslos in der Minderheit waren. Alle waren sie in der Erwartung gekommen, ein Paradies besiedeln zu können, und glaubten jetzt, von Kannibalen umgeben zu sein, nur geeignet für das Fegefeuer oder die europäische Sklaverei. Nicht einmal vor den Frauen hatte man Achtung. Cuneo, der Adlige aus Ligurien, schrieb 1495 in einem Brief: »Während ich in dem Boot war, fing ich eine sehr schöne, karibische Frau, die mir der Admiral überließ. Ich nahm sie mit in meine Kabine, und weil sie ihren Gebräuchen entsprechend nackt war, regte sich in mir der Wunsch, mich zu vergnügen. Ich begann also, den Wunsch in die Tat umzusetzen, aber das wollte sie nicht und bearbeitete mich mit ihren Fingernägeln auf eine Weise, daß ich bereute, damit angefangen zu haben. Aber dann (um dir das Ende zu erzählen) nahm ich ein Stück Tau und verdrosch sie gehörig, worauf sie ein so unglaubliches Geschrei anstimmte, wie du es dir nicht vorstellen kannst. Schließlich einigten wir uns auf eine Weise, und ich kann dir sagen, daß ich den Ein-

druck bekam, sie sei in einer Schule für Huren erzogen worden.«

Spanien als Nation billigte natürlich keineswegs die kriminellen Grausamkeiten dieser Siedler, die Kolumbus auf die andere Seite des Meeres begleitet hatten. Zuerst gelangten nur spärliche Informationen nach Europa, aber die Reaktion erfolgte, sobald Augenzeugen dieser Ereignisse berichteten, was wirklich in den neuen überseeischen Kolonien geschah. Einer der ersten, der voller Abscheu und Protest seine Stimme erhob, war der bekannte spanische Mönch und Chronist Bartolomé de Las Casas. Er war selbst als Siedler aufgebrochen, um sich 1502 bei den Taino auf Española niederzulassen. Nach acht Jahren als Kolonialoffizier legte er sein religiöses Gelübde ab und begann eine leidenschaftliche Kampagne zugunsten der Ureinwohner der neuen Welt.

»All das habe ich mit eigenen Augen gesehen«, schrieb Las Casas, als er schilderte, wie die Spanier »Wetten abschlossen, wer einen Mann mit einem Hieb zerteilen oder ihm den Kopf abschlagen könne«. Einige von den sanftmütigen Tainos sah er an Galgen hängen, »gerade hoch genug, daß ihre Zehen noch den Boden berührten und dreizehn nebeneinander, unserem Erlöser mit seinen zwölf Aposteln zu Ehren. Dann wurde unter die Indianer Holz gelegt, ein Feuer entfacht, und alle wurden lebendig verbrannt.«

Las Casas überliefert uns die entsetzlichsten Schilderungen von Greueln, die er als Augenzeuge miterlebte. Einmal begleitete er einen Trupp Soldaten zu einem Eingeborenendorf, in dem sie viele Tainos auf dem Lagerplatz sitzend vorfanden. Weil die Soldaten während einer Rast an einem Fluß ihre Schwerter frisch geschärft hatten, wollten sie die Klingen ausprobieren. Alle hundert Mann zogen nun ihre

Schwerter und fingen an, einen Taino nach dem anderen mit gezielten Hieben zu töten, Männer, Frauen, Kinder und Alte, auf dem Platz und in einer großen Hütte in der Nähe, »so daß das Blut in Strömen floß, als habe man eine große Zahl von Kühen geschlachtet«.

Bezogen auf die Urbevölkerung der Inseln und auf die »gottlosen, kriminellen und abscheulichen Taten, die unrechtmäßig, tyrannisch und barbarisch an ihnen verübt wurden«, prophezeite Las Casas, daß Gott die Verantwortlichen mit seinem Zorn heimsuchen werde. Er faßt seine Eindrücke folgendermaßen zusammen:

»In dieser Zeit wurden die größten Freveltaten und Abschlachtungen verübt, ganze Dörfer wurden ausgelöscht... Ohne sich irgendeines Vergehens schuldig gemacht zu haben, wurden die Indianer ihrer Königreiche, ihrer Länder und Freiheiten und ihres Lebens, ihrer Frauen und ihrer Hütten beraubt... Jeden Tag starben sie durch die Greuel und die unmenschliche Behandlung der Spanier, von den Pferden niedergetrampelt, von Schwertern zerstückelt, von Hunden zerrissen und gefressen, viele lebendig begraben und allen Arten schlimmster Folterungen ausgesetzt...«

Die *Große Begegnung*, die für die übrige Welt so viel bedeutete, brachte den beiden Seiten, die direkt daran beteiligt waren, keinen großen Segen. Nach dem Schiffbruch mit der *Santa Maria* auf der ersten Reise hatte Kolumbus 40 seiner Männer in dem Fort zurückgelassen, das er aus dem Wrack auf Española baute und La Navidad nannte. Coma schildert die Erwartungen von Kolumbus und seinen Männern, als sie im folgenden Jahr mit der großen Flotte zurückkehrten:

»Sie erreichten den christlichen Hafen mit Gefühlen der Freude und der ungeheueren Sorge. Denn sie waren gespannt, ob sie ihre Kameraden wohlbehalten und gesund vorfinden würden, und was sie über die Gebräuche der Indianer und den Handel mit ihnen hören würden. Aber es kam völlig anders, als sie gedacht hatten.«

Sale hat zweifellos Recht, wenn er Comas Rekonstruktion des Geschehens übernimmt:

»Als die mächtige Flotte des Admirals schließlich ihren Bestimmungsort erreichte, die kleine Garnison La Navidad, die Colón unfreiwillig im Vorjahr eingerichtet hatte, bot sich dem Auge ein Bild der Verwüstung: Da stand weder die Festung noch eines der anderen Gebäude; die Leichen der Spanier lagen am Boden verstreut, gräßlich verstümmelt und verwest, und keiner der 40-Mann-Garnison war mehr am Leben.«

Die Gründe mögen vielfältig gewesen sein – es gibt Vermutungen, die Spanier hätten sich untereinander um Gold und Frauen gestritten, oder ihre Grausamkeit den Tainos gegenüber habe zu einem Vergeltungsschlag geführt, aber Comas Erklärung kommt wahrscheinlich der Wahrheit am nächsten: »Zwietracht wurde gestiftet und führte zu kriegerischen Auseinandersetzungen wegen des unzüchtigen Benehmens unserer Männer den indianischen Frauen gegenüber, denn jeder Spanier hatte fünf Frauen zu seinem Vergnügen, und die Ehemänner und Verwandten der Frauen, die nicht bereit waren, das hinzunehmen, schlossen sich zusammen, um diese Schmach zu rächen und diese Schande zu beenden (keine Rasse ist frei von Eifersucht) und griffen die Christen mit einer großen Streitmacht an.«

Es muß ein schreckliches Erlebnis für Kolumbus gewesen sein, zurückzukommen und ein Viertel seiner Begleiter auf der ersten Reise von den Tainos getötet und zerstückelt vorzufinden, diesen von Natur aus so sanftmütigen und friedlichen Menschen. Auf diesem Teil der Insel gab es keine Kariben, die man dafür hätte verantwortlich machen können, und wie Coma mußte er den Hintergrund des Desasters erkannt haben, obwohl es nur sehr spärliche Kommentare gibt. Diese vielen am Boden herumliegenden und der tropischen Sonne ausgesetzten Leichen müssen einen unerträglichen Gestank verbreitet haben und ein Nährboden für Ruhr- und Typhus-Epidemien gewesen sein. Die Männer von den Schiffen waren kaum gelandet, um ihre toten Kameraden zu begraben, als viele von ihnen ernsthaft erkrankten und einige für Monate ans Krankenlager gefesselt waren. Kolumbus begann selbst an einer Reihe von Gebrechen zu leiden. Als Gouverneur all dieser Inseln und als Großadmiral des Weltmeeres hatte er für die erste europäische Niederlassung in Amerika einen denkbar ungeeigneten Standort ausgewählt. Enttäuscht ging er mit seinen kranken und demoralisierten Männern an Bord und segelte fort von den Mangrovesümpfen, die La Navidad umgaben. Er fand einen Standort weiter östlich auf derselben Insel und errichtete eine neue befestigte Stadt, die er nach der Königin Isabella nannte. Die Stelle war ebenso schlecht gewählt, mit einem jämmerlichen Hafen, zu seicht für große Schiffe, der nächste Fluß weit entfernt und mit magerer Erde, ungeeignet für das europäische Saatgut, das die Siedler mitgebracht hatten.

Die Männer, die mit der größten Flotte, die jemals La Navidad angelaufen hatte, gekommen waren, litten weiterhin an Krankheiten, und einmal schätzte der Doktor der Kolonie, daß ein Drittel der Männer in Isabella erkrankt sei. Die neuen Siedler, die erwartet hatten, ohne Mühen Gold zu finden, sobald sie den Fuß ans Ufer gesetzt hatten, fingen nun an zu murren. Krankheit, Mißernte und Hunger führten bald zu Aufruhr oder, wie es der Admiral bezeichnete, zur »Meuterei« mit Vergeltungsmaßnahmen und nie endenden Feindseligkeiten. Einige der Spanier versuchten Schiffe im Hafen zu kapern, um zurück nach Spanien zu segeln, aber Kolumbus erwischte sie und setzte sie auf seinem Flaggschiff gefangen, bis er sie mit der nächsten Flotte zurückschickte.

Ein Mann, eine Welt und zwei Ozeane

Kolumbus hielt hartnäckig an der Überzeugung fest, daß er seine kleine, unglückselige Kolonie auf einer bisher unentdeckten Insel vor der asiatischen Küste gegründet hatte. Cipango und Cathay mit dem Großen Khan mußten demnach irgendwo gleich dahinter sein. Die Gelehrten stimmten jedenfalls mit ihm überein, daß es nur ein Weltmeer gab, und er war genau dort auf eine Küste gestoßen, wo er es erwartet hatte. Er war so besessen von dieser Idee, daß ihm diese Sache während seiner unerfreulichen Zeit auf Hispañola keine Ruhe ließ. Cueno zufolge sah Kolumbus bei der Aufsässigkeit der Männer keinen anderen Ausweg, als die Spanier, die sich an seinem Eigentum und dem der Krone vergriffen, auszupeitschen und Ohren und Nasen aufzuschlitzen. Aber es war alles umsonst. Schließlich hielt der Admiral des Weltmeeres das Leben unter Leuten, die er als faul und arbeitsunfähig bezeichnete, nicht mehr aus. Im Februar 1494 schickte er zwölf der siebzehn Schiffe zurück nach Spanien, und im April übergab er die Pflichten und die Ehre des Gouverneurs seinem jüngsten Bruder Diego, während er mit drei Schiffen aufbrach, um Cathay und den Großen Khan zu finden.
Seine Unsicherheit, nicht zu wissen, wo er sich befand, trieb ihn – so deuten es wenigstens die Historiker – in eine vor-

übergehende geistige Verwirrung. Wahrscheinlich könnte man es ebensogut als schwere Depression bezeichnen. Er segelte zurück nach Kuba, für ihn Juana, und erforschte diesmal die gesamte Südküste. Erneut nahm er diese Insel »in Besitz« und errichtete wieder ein Kreuz. Nachdem er vier Wochen westwärts gesegelt war, hatte er fast die äußerste Westspitze der Insel erreicht. Da überfiel ihn plötzlich eine solche Verwirrung und Verzweiflung, daß er die ganze Mannschaft versammelte und sie in Anwesenheit eines Notars einen Eid schwören ließ. Jeder an Bord mußte eine Erklärung unterschreiben, daß es sich bei Juana nicht um eine Insel handle, sondern um das indische Festland. Sie mußten außerdem beschwören, daß man, würde man weitersegeln, »Land findet mit zivilisierten und intelligenten Menschen, die Handel treiben und die Welt kennen«. Der Admiral betonte ausdrücklich, daß jeder Mann und jeder Junge, der es wagen sollte, das Gegenteil dieser Erklärung zu behaupten, »mit 10 000 Maravedis und dem Abschneiden der Zunge« bestraft werde.
Die Gelehrten waren ziemlich verblüfft über diese offensichtliche Lüge, die Kolumbus von allen seiner 98 Besatzungsmitglieder erzwang, ehe er zum Stützpunkt auf Hispañola zurückkehrte. Sale meint, daß Kolumbus und seine Männer in diesem Moment müde, hungrig und erschöpft waren, ihre Expedition beenden wollten und bereit waren, nach Isabella auf Hispañola zurückzukehren. Außerdem meint er, der Admiral müsse wieder nervös geworden sein, brauchte er doch eine Rechtfertigung für diese zweite, kostspielige Reise, bei der er eigentlich keine Schätze vorweisen konnte, obwohl er diesmal immerhin Jamaika entdeckt hatte. Andere vertreten den Standpunkt, daß er »geistig verwirrt war, weil er kein sicheres Zeugnis gefunden hatte, im Fernen Osten gewesen zu sein«.

Wie auch immer, der wahre Sachverhalt war nicht lange zu verheimlichen. Eine Karte, die später von Juan de la Cosa, der mit Kolumbus gesegelt war, gezeichnet wurde, zeigt Kuba als Insel. Und 1501 schrieb Peter Martyr, daß »es viele gibt, die bestätigen, um Kuba herumgesegelt zu sein«.
Was Kolumbus selbst betraf, verhalf ihm der falsche Eid weder zu geistiger noch zu körperlicher Ruhe. Er wußte, daß er das Festland nicht gefunden hatte und war mehr durcheinander als je zuvor. Von nun an verschlechterte sich sein Gesundheitszustand rapide. Er wurde krank, mußte schließlich wochenlang das Bett hüten und konnte, wie er schrieb, weder essen noch schlafen. Schließlich verschlechterte, sich sein Zustand so sehr, daß seine drei Schiffe gezwungen waren, nach Isabella zurückzukehren, wo man den Admiral an Land trug und er über fünf Monate im Bett lag.
Im März 1496 segelte Kolumbus mit zwei Schiffen zurück nach Kastilien. Damit war die zweite Reise über den Atlantik beendet. In seiner Abwesenheit verließen die unzufriedenen Kolonisten ebenfalls Isabella und fanden in Santo Domingo auf der Südseite derselben Insel einen neuen Stützpunkt.
Zwar hatte Kolumbus bis zum Jahr der *Großen Begegnung* das Glück auf seiner Seite gehabt, doch seit er zu seiner zweiten Fahrt aufgebrochen war, schien sein Leben wie verhext zu sein. Seine Leiden nahmen kein Ende; offenbar hatte es mit Ruhr und mangelhafter Ernährung begonnen, dann waren Entzündungen in Beinen und Füßen und Arthritis im Rückgrad dazugekommen sowie eine Netzhautblutung mit immer wiederkehrender Erblindung. Und als wäre das noch nicht genug, litt er wegen seiner Unfähigkeit, Japan und die Küste des Festlands mit dem Großen Khan von China zu finden, zeitweise an geistiger Verwirrung.

Vielleicht noch schlimmer als alle diese Probleme waren die Auseinandersetzungen mit seinen spanischen Landsleuten, die seinen Befehlen nicht gehorchten, seiner Führung mißtrauten und ihn nicht ehrten, weil er den Weg zu Ländern gezeigt hatte, von denen keiner von ihnen gewußt hatte. Die Unzufriedenheit der Siedler, die Kolumbus übers Meer gebracht hatte, nahm zu, als er sie verließ, um nach Spanien zurückzukehren. Nicht wegen seiner Abreise, sondern weil er ihnen seinen jüngsten Bruder Diego als Führer daließ und danach noch seinen anderen Bruder Bartolomé als eine Art Vizegouverneur einsetzte. Kolumbus blieb nun seinerseits zwei Jahre in Spanien und kämpfte um die Rechte, die er für sich, seine Familie und seine Nachkommen forderte, nachdem er dem König von Spanien und der übrigen Welt gezeigt hatte, was er für eine Abkürzung nach Indien hielt.

Der Sklavenhandel, mit dem Kolumbus auf seiner zweiten Reise begonnen hatte, brachte ihm auf Dauer auch keinen Segen. Seiner Idee gegenüber, Sklaven von der Insel, die er selbst für das Land in Besitz genommen hatte, nach Spanien zu bringen, verhielt sich die spanische Krone von Anfang an sehr zwiespältig. Ein königliches Schreiben vom 12. April 1495 erlaubte ihm, seine Sklaven in Andalusien zu verkaufen, aber diese Erlaubnis wurde einige Tage später widerrufen, weil die Majestäten in dieser Angelegenheit zuerst Juristen, Theologen und Experten des kanonischen Rechts zu Rate ziehen wollten. Sie waren sich unsicher, da der Papst Spanien bereits das Eigentum an den überseeischen Ländern garantiert hatte. Zwei Monate später kam dann auf Empfehlung dieser Ratgeber die königliche Order, den Sklavehandel mit den überseeischen Besitzungen völlig einzustellen. Die bereits in Spanien befindlichen Sklaven wurden in Freiheit gesetzt.

Nach diesem königlichen Dekret wurde es für die Kolonisten schwierig, weiter Handel mit Sklaven der Tainos und der Kariben zu treiben. Trotzdem nahm sich Admiral Kolumbus ein Jahr später bei seiner Rückkehr von der zweiten Reise die Freiheit, 30 Indianer mitzunehmen. Und sein Bruder Bartolomé sorgte für eine Schiffsladung von weiteren dreihundert. Danach hörte die Verschiffung von Sklaven über den Atlantik allmählich auf. Es gab ohnehin immer weniger Tainos und Kariben, und die noch verbliebenen reichten kaum für den Bedarf der spanischen Kolonisten. Es begann nun ein wesentlich umfassenderer und verheerenderer Sklavenhandel in umgekehrter Richtung. Etwa ab 1505 wurden Schwarze aus Afrika in Ketten auf die Inseln gebracht, die Kolumbus den Europäern zugänglich gemacht hatte, um die Arbeitskraft der ausgestorbenen Urbevölkerung aus Taino und Kariben zu ersetzen.
Während Kolumbus noch in Spanien weilte, um wegen einer königlichen Unterstützung für seine dritte Reise auf der Suche nach Indien zu verhandeln, erreichte Vasco da Gama im Dienste des Königs von Portugal auf dem umgekehrten Weg über Afrika das wirkliche Indien. Das spanische Königspaar zögerte, ihm ein drittes Mal zu helfen. Sie hatten in der Zeit, als sich der Admiral bei seiner zweiten Fahrt noch in Übersee aufhielt, nicht weniger als 130 Schiffe mit 25 000 Soldaten für die Hochzeitsflotte des Prinzen Don Juan im Jahre 1495 aufgeboten, deshalb dauerte es einige Zeit, bis sie bereit waren, Schiffe für Kolumbus auszurüsten.
Doch Kolumbus plante seine dritte Reise. Im Mai 1498 war er endlich soweit, die Segel für seine dritte Atlantiküberquerung hissen zu können, diesmal mit sechs Schiffen, beladen mit den dringend benötigten Vorräten für seine hungernde Kolonie auf Hispañola.

Drei der Schiffe schickte Kolumbus auf direktem Kurs nach Hispañola, während er sich mit den übrigen drei Schiffen weiter südlich hielt. So erreichte er die Insel Trinidad, nicht weit von Venezuela auf dem südamerikanischen Festland. Am 5. August 1498 setzte Kolumbus unwissentlich seinen Fuß auf das Festland von Südamerika. Er landete an der Südküste der nahen Halbinsel Paria und glaubte ursprünglich, daß es sich wieder um eine der karibischen Inseln handle. Wenige Tage danach allerdings, als er den Golf von Paria hinauf zum Orinoco-Delta segelte, regte sich in Kolumbus der Verdacht, Festland erreicht zu haben.

»Ich glaube mehr und mehr, daß dies ein riesiger, bislang unbekannter Kontinent ist. In dieser Auffassung werde ich bestärkt wegen dieses großen Flusses und eines Süßwassersees ... falls dies ein Kontinent ist, wäre das wundervoll und würde von allen Gelehrten so gesehen werden.«

Gerade in diesen Tagen machte Kolumbus wieder die Gesundheit zu schaffen, und seine Augen bluteten, weshalb er seinen enormen Erfolg kaum richtig auskosten konnte, ein bisher völlig unbekanntes Festland in seinem eigenen Teil der Welt entdeckt zu haben. Die Menschen, die die Spanier am Ufer trafen, nannten ihr Land Paria. Für die Ankömmlinge war es unmöglich, sich vorzustellen, wie dieser Kontinent aussah und wie er auf dem Planeten Platz fand. Der Kirche zufolge gab es nur einen einzigen Kontinent, auf dem Gott Adam und Eva geschaffen hatte. Von völlig neuen Überlegungen überwältigt, fiel Kolumbus in seinem angegriffenen Gesundheitszustand ein, daß er wohl in aller Öffentlichkeit seinen Eid widerrufen müsse, wonach die Insel Juana ein Teil des Kontinents und Hispañola eine Insel im chinesischen Meer sei. Er hatte keine Ahnung, wo er sich in bezug auf die von Marco Polo besuchten Ländern befand.

War Paria ein großes Vorgebirge und eine südliche Verlängerung von Asien? Oder war es ein ganz anderer Kontinent? In seiner Verzweiflung griff er zur Bibel und las im Buch Esra, in dem es heißt, daß sechs Teile der Welt aus trockenem Land bestehen. Und er bezog sich auf die »Aussagen von verschiedenen kannibalischen Indianern, die ich bei anderer Gelegenheit gefangen habe«, und die sagten, daß sich westlich von ihnen ein Festland befinde. Schließlich kam er zu dem Schluß, daß er das biblische Paradies gefunden habe. Den Name Paria hielt er für eine Verdrehung des spanischen Wortes *Paraiso*, das irdische Paradies, »von dem allgemein gesagt wird, daß es am äußersten Ende des Fernen Ostens liege, und so ist es«.

Auch die Annahme, das Paradies entdeckt zu haben, brachte dem Admiral keine Erleichterung seiner Leiden. In seinem Journal spricht er weiterhin von seiner »ernsten Krankheit«, von »Gicht und Schlaflosigkeit«, von »vielen Schmerzen«, von »Qualen« und »Erschöpfung«. Die blutenden Augen beunruhigten ihn so sehr, daß er schrieb: »Möge es doch Gott gefallen, mich davon zu befreien.«

In diesem angegriffenen Gesundheitszustand passierte Kolumbus einen Küstenstrich, an dem er Perlen entdeckte. Er tauschte sie von ein paar Frauen ein, die sie als Perlenketten an den Armen trugen. Sie gaben ihm zu verstehen, daß es weiter westlich an der Küste entlang eine reiche Perlenfischerei gebe. Aber Kolumbus segelte eilig an diesem Gebiet und an der Insel Margarita vorbei, mit der Entschuldigung, er müsse die an Bord befindlichen Vorräte, ehe sie verdarben, seinen Kameraden auf Hispañola bringen. Es bedeutete einen weiteren Schlag für ihn, daß die Perlenfischerei der Insel Margarita vor Venezuela im folgenden Jahr von einem anderen Forschungsreisenden entdeckt wurde. Es war Alonso de Hojeda, der in Begleitung von Amerigo Vespucci gekommen war. Diese Geschichte veranlaßte den Admiral, von König Ferdinand und Königin Isabella zu verlangen, Hojeda zu bestrafen, weil er »mir meine Perlen geraubt und meine Rechte als Admiral verletzt hat«. Er konnte nicht ahnen, daß der ganze bei dieser Perleninsel liegende Kontinent nach Alonsos Begleiter Amerigo benannt werden würde.

Auf dem Weg zu seiner Kolonie auf Hispañola wuchs in Kolumbus die Überzeugung, daß er die Küste des Paradieses entdeckt habe. Dahinter würde das Land liegen, wo Gott Adam und Eva erschaffen hatte. Um diese Auffassung zu unterstützen, schrieb er, daß die Menschen auf Paria weißer seien als alle anderen, die er in Indien gesehen habe, und daß sie eine Menge Gold besäßen, genauso, wie es in der Bibel stünde vom Land, das der erste Fluß im Garten Eden umfließt. Wie Sale es ausdrückt, war das die Entdeckung aller Entdeckungen, bedeutender als Cathay und Cipango, und obwohl er »in seinem *Journal* diese Entdeckung etwas zurückhaltend behandelt, wühlte und brodelte diese Vorstellung trotzdem in den folgenden Wochen in ihm. Als er dann bereit war, darüber zu berichten, nämlich in seinem zwei Monate später verfaßten Brief an das Königspaar, brach es förmlich aus ihm heraus, Seite um Seite, in einem langen verwirrenden Sammelsurium aus Theologie, Astronomie, Geographie und Märchenkunde...« Die von Kolumbus gezogene Schlußfolgerung lautete: »Ich bin zutiefst davon überzeugt, daß das irdische Paradies an dem Ort ist, den ich genannt habe...«

Las Casas erklärte später, daß Kolumbus bei seinem Besuch auf Paria »das Land so frisch und mit so grünen, herrlichen Bäumen erlebte, eine solche milde und angenehm warme

Luft, eine so große und gewaltige Ansammlung von Süßwasserflüssen; und dazu gesellte sich die Güte, die Großzügigkeit, Bescheidenheit und Wärme der Menschen. Wie hätte er also anders urteilen oder folgern können, als daß hier oder in nächster Nähe die göttliche Vorsehung das irdische Paradies eingerichtet hatte?«

Vom Ergebnis seiner Entdeckungen nun völlig verwirrt, begann Kolumbus auch an der Kugelgestalt des Planeten Erde, den er erforschte, zu zweifeln.

»Ich stelle fest, daß sie nicht so rund ist, wie sie beschrieben wird, sondern mehr wie eine Birne geformt, die überall rund ist außer um den Stiel, wo sie stark nach oben ragt; oder sie ist ein sehr runder Ball mit so etwas wie der Brustwarze der Frauen an einer Stelle, und dieser herausragende Teil ist der höchste und dem Himmel am nächsten.«

Kolumbus wird bis in unsere Tage wegen dieser Theorie einer birnenförmigen Erde verspottet, aber seine Folgerung war vielleicht gar nicht so abwegig, wenn man berücksichtigt, was er und die übrige Welt zu dieser Zeit, als er 1498 die Atlantikküste von Venezuela erreichte, über den Planeten Erde wußten. Damals ahnte niemand, daß es mehr als einen Ozean gab. Die Menschen in Europa sahen diesen einen Ozean im Westen liegen, und die Menschen in Asien vermuteten ihn im Osten. Dieser Ozean schien Kolumbus im hohen Norden enger begrenzt zu sein als um den Äquator, weil die Norweger ihn auf den arktischen Breitengraden in einigen Wochen überqueren konnten, während er am subtropischen Gürtel der Kanarischen Inseln doppelt so lange brauchte. Und die, die südlich des Äquators in umgekehrter Richtung nach Indien segelten, benötigten viele Monate, um dorthin zu gelangen. Daraus ergab sich, daß die Erde nicht gleichmäßig rund sein kann, sondern wie

eine Birne geformt sein muß, die am oberen Ende enger wird.
Mehr denn je davon überzeugt, daß er wichtige Entdeckungen gemacht hatte, aber völlig verunsichert über die Gestalt der Erde und die Verteilung der Landgebiete in dem von ihm besuchten Teil Indiens kehrte Kolumbus zurück nach Hispañola. Er kam von einem Ort, den er für das Paradies hielt, zu der Niederlassung auf einer Insel, die zu einer wahrhaften Hölle geworden war. Während seiner Abwesenheit hatte sein Bruder Bartolomé die kleine Kolonie von Isabella verlegt und mit dem Hafen von Santo Domingo die dauernde Hauptstadt von Spanisch-Indien gegründet. Hier gehörten jedoch Mord und Totschlag zur Tagesordnung. Fernando schrieb: »Alle Familien auf der Insel waren von einem liederlichen und rebellischen Geist infiziert.« Der Anführer der Rebellen war Francisco Roldán, vom Admiral als Oberbürgermeister eingesetzt. Er hatte einige hundert Spanier und Indianer in einer offenen Revolte zusammengeschlossen, und Bartolomé hatte versucht, ihn quer über die Insel zu verfolgen, was aber nur zu noch mehr Blutvergießen führte.
Kolumbus gelang es nicht, in der Kolonie wieder Ordnung herzustellen. Fernando zufolge hatte er weniger als 70 Mann, um gegen die Rebellen zu kämpfen, und »nur auf 40 konnte er sich verlassen«. Nach einem Jahr mit Schwierigkeiten und Unruhen gab Kolumbus schließlich auf und setzte Roldán wieder als Bürgermeister auf Lebenszeit ein. Im Grunde hatte er keinen anderen Wunsch, als sich davonzumachen. »Seit sechs Monaten rüste ich zum Aufbruch, um zu Eurer Hoheiten zu kommen«, schrieb er an den Hof, »...will mich davonmachen von der Führung eines skrupellosen Volkes, das weder Gott noch König und Königin

fürchtet, voller Narrheit und Tücke ...« Auch die Tainos waren keine Engel mehr; sie waren ein »kriegerisches und zahlreiches Volk, das sich in Bräuchen und Religion sehr von uns unterscheidet ...«

Schließlich erlaubte Kolumbus jedem, der nach Spanien zurückkehren wollte, an Bord des erstbesten, verfügbaren Schiffes zu gehen. Berichte über die chaotische Situation in ihrer überseeischen Kolonie erreichten durch zwei von Kolumbus heimgeschickte Schiffe voller Dissidenten das Herrscherpaar, und sie erkannten, daß es bei der Verwaltung ihrer überseeischen Besitzungen zu gravierenden Fehlern gekommen war. Sie verloren völlig ihr Vertrauen in Kolumbus und ermächtigten den hochgeachteten und loyalen Edelmann und Kapitän zur See Francisco de Bobadilla, den unfähigen Admiral des Weltmeeres als »Gouverneur der Inseln und des Festlandes von Indien« abzulösen.

Kapitän zur See Bobadilla erreichte am 23. August 1500 den Hafen von Santo Domingo und übernahm die Pflichten von Christoph Kolumbus und seinen Brüdern. Weder der Admiral noch sein Bruder Bartolomé waren anwesend, und am Marktplatz der Stadt bot sich ihm der traurige Anblick von sieben seiner spanischen Landsleute, die am Galgen baumelten. Diego Kolumbus, der in Abwesenheit der Brüder das Regiment führte, erklärte, daß es sich bei den Hingerichteten um Rebellen handele und daß am nächsten Tag weitere fünf Spanier gehenkt würden. Der Admiral sei losgezogen, um eine andere Rebellion im Tal von Vega Real niederzuwerfen, und Bruder Bartolomé sei ebenfalls mit einer bewaffneten Streitkraft unterwegs.

Gouverneur Bobadilla sperrte Diego Kolumbus ins Gefängnis und schickte Soldaten aus, die beiden anderen Brüder zu suchen. Einige Tage später kehrten der Admiral und Bartolomé zurück. Beide ergaben sich Bobadilla ohne Gegenwehr, wurden ihm vorgeführt und beschuldigt, sechs Jahre schlecht regiert zu haben. Die gegen sie erhobenen Anklagen waren so verbrecherischer Natur, daß er entschied, alle drei in Ketten zu legen, nach Spanien zu schicken und dort vor Gericht zu stellen. Derart gefesselt wurden der Admiral und seine Brüder an Bord des wartendes Schiffes gebracht, das umgehend mit Kurs auf Cádiz die Anker lichtete.

Verhöhnt, verlacht und beleidigt von der gaffenden Menge, die ihm »Admiral der Mosquitos« nachschrie, erlebte dieser Mann, der sie alle nach Amerika geleitet hatte, sicher die schlimmsten Augenblicke seines Lebens, als er unter dem Kommando eines anderen Kapitäns an Bord des Schiffes gebracht und hinunter in den Schiffsrumpf befördert wurde.

So endete seine dritte Reise zu der Welt, die er meinte, für die Menschheit entdeckt zu haben. Zu allem Überfluß hatten die Spanier zu diesem Zeitpunkt gerade das erste Gold in den Felsmassiven der Insel gefunden. Es handelte sich um reiche Vorkommen auf einer ausgedehnten Gebirgsregion mit der Möglichkeit des Tagebaus. Kolumbus war überwältigt vor Freude, war das doch die Erfüllung seines Traumes und seines Versprechens an König Ferdinand und Königin Isabella seit der ersten Reise. Von dieser Entdeckung erfuhren Kolumbus und seine Brüder um Weihnachten 1499, und der Admiral betrachtete es als persönliches Geschenk Gottes nach genau sieben Jahren der Entbehrung. Am Weihnachtstag, als die Entdeckung noch ganz neu war, beschrieb er diese Fügung der göttlichen Vorsehung:

»Ich mußte viele Heimsuchungen und Angriffe der üblen Christen und Indianer erdulden und wollte schon aufgeben und, wenn ich gekonnt hätte, aus dem Leben scheiden. Gott der Allmächtige tröstete mich wunderbarerweise und sagte: ›Sei guten Mutes, unbeirrt und ohne Furcht. Ich werde für alles sorgen. Die sieben Jahre, die Frist des Goldes, sind jetzt vorüber und damit und mit allem anderen werde ich dir Linderung bringen.‹«

Später schrieb Kolumbus: »Gold ist Reichtum, und mit Gold mag der, der es hat, anfangen, was er will auf der Welt, und es mag ihm gelingen, Seelen ins Paradies zu bringen.« Entgegen seiner Erwartungen brachte ihm das Gold keine Erleichterung. Die Reise zurück nach Spanien, angekettet im Rumpf eines schwankenden Schiffes, muß für den gefeierten Admiral wie eine Fahrt durch die Unterwelt gewesen sein. Er schrieb später, er hatte erwartet, daß sie mit Schiffen aus Spanien kommen, ihn zu holen, und daß sie ihn dann mit der Nachricht von dem Gold im Triumphzug vor den König und die Königin bringen würden. Statt dessen, so schrieb er, »wurde ich mit meinen zwei Brüdern gefangengenommen und auf ein Schiff geschleppt, in Ketten gelegt und der Kleider beraubt ... Alles, was ich und meine Brüder hatten, wurde uns genommen und verkauft, sogar der Mantel, den ich trug ...«

Obwohl ihm der Kapitän des Schiffes anbot, während der Schiffsreise die Ketten zu entfernen, beharrte der stolze Admiral des Weltmeeres und einstiger Gouverneur und Vizekönig Indiens darauf, sie zu behalten. Die Ketten seien ihm im Namen Seiner Majestäten angelegt worden, sagte er, und er würde sie tragen, bis das Königspaar deren Entfernung anordne.

So landete der abgesetzte Vizekönig in Cádiz, nach wie vor in Ketten, und wurde in ein Kloster in Sevilla gebracht, wo er über einen Monat als Gefangener blieb. Schließlich, es war kurz vor Weihnachten 1500, ordneten die Majestäten die Entfernung der Ketten an, und Kolumbus wurde an den Hof in Granada geleitet. Dort empfing man ihn freundlich und bat um Verzeihung, aber das genügte Kolumbus nicht, der sich ungerecht behandelt fühlte und wieder als Gouverneur auf Hispañola eingesetzt werden wollte. Dieses Privileg sollte außerdem über seinen Sohn Diego hinaus erblich werden, und er verlangte außerdem, daß seinen Nachkommen ein Anteil an dem Gold und den anderen Reichtümern zustünde, die in der Zukuft aus Indien kommen würden. König Ferdinand und Königin Isabella gaben ungeachtet ihrer höflichen und freundlichen Worte nicht nach. Und Kolumbus führte nun trotz der mit seinen unheilbaren Krankheiten verbundenen Leiden einen aufreibenden Kampf um die Forderungen, die er an das Königshaus hatte. Er behauptete sogar, er sei während dieser unheilvollen Zeit nach der dritten Reise in Armut gestürzt worden, was seinem späteren Testament zufolge nicht der Fall gewesen sein kann.

Es gab jedenfalls eine große Anzahl an Beweisschriften, die er zur Verteidigung in seiner Sache sammelte, und einige davon überzeugten zweifellos. Ob das Königspaar diesen dicken Stapel Papiere, die zwei Manuskript-Bücher umfaßten, gelesen haben oder nicht – sie waren jedenfalls am Ende all seiner Beschwerden und Forderungen derart überdrüssig, daß sie ihm zugestanden, sich wieder Admiral des Weltmeeres zu nennen, nicht jedoch Gouverneur oder Vizekönig. Sie verweigerten ihm auch die Erlaubnis, nach Hispañola zurückzukehren und auf der Insel irgendein Amt auszuüben. Sie garantierten ihm jedoch einen gewissen Prozentsatz aller zukünftigen Einkünfe aus Indien, wenn der Anteil auch deutlich unter dem lag, was Kolumbus forderte. Sie waren außerdem damit einverstanden, ihm das

von Bobadilla auf Hispañola konfiszierte Geld und Eigentum zurückzuerstatten. Doch zuerst, so die königliche Bedingung, mußten alle seine Schulden auf der Insel beglichen werden, und dann sollte ein Hauptanteil »in zehn Teile geteilt werden, neun für Uns und einer für den besagten Admiral«.
Höchstwahrscheinlich ertrug das spanische Herrscherpaar die ständigen, hartnäckigen juristischen Forderungen des Admirals nicht länger und wollte ihn gerne wieder auf der anderen Seite des Atlantiks sehen, wenn auch nicht als Gouverneur. Als Christoph Kolumbus deshalb 1502 seine vierte Reise vorschlug, die ausschließlich der weiteren Erforschung Indiens dienen sollte, rüsteten sie ihn sofort mit vier Schiffen aus und gaben gleichzeitig die Order: »Ihr sollt auf der Stelle und ohne jeden Verzug aufbrechen.« Keines der Schiffe war Kolumbus zufolge von besonderer Qualität, aber Kolumbus gehorchte dem Befehl nach bestem Vermögen.
Am 9. Mai 1502 stach Kolumbus von Spanien aus zu seiner vierten und letzten Expedition in See. In etwas mehr als zwei Monaten hatte er die vier Schiffe für eine längere Reise ausgestattet, mit Vorräten für 143 Mann, unter denen sich sein Bruder Bartolomé und sein eigener, 13jähriger Sohn Fernando befanden. Er hatte offensichtlich Probleme, erfahrene Seeleute anzuheuern, denn die Mannschaft bestand nur aus 42 Erwachsenen, während 57 noch minderjährig waren. Eine Reise unter nicht gerade vielversprechenden Voraussetzungen.
Und so wurde diese Expedition, die ein starrsinniger und enttäuschter Mann leitete, von Anfang an vom Unglück verfolgt. Mit der Entschuldigung, eines seiner Schiffe sei nicht mehr seetüchtig und benötige eine Reparatur, steuer-

te er seine Flotte genau in den Teil der karibischen Gewässer, die ihm von den Monarchen verboten worden waren und geriet vor Hispañola in einen fürchterlichen Orkan. Sein Gesuch, im Hafen von Santo Domingo anlegen zu dürfen, wurde von dem neuen Kommandanten, der jetzt auf Hispañola regierte, abgelehnt. Kolumbus ankerte deshalb so nahe unter Land wie möglich und befand sich in einer »schrecklichen Klemme, in der nur noch der Tod zu erwarten war«. Bobadilla hatte gerade die Insel mit einer Flotte mit Gold beladener Schiffe verlassen, und etwa 20 davon sanken in dem gleichen Orkan, wobei fast 500 Menschen ums Leben kamen. Drei der Schiffe des Kolumbus wurden von den Ankertrossen gerissen, schafften es aber wie durch ein Wunder, beieinander zu bleiben und weiter bis zur Küste von Honduras zu segeln. Das schlechte Wetter und andere Widrigkeiten folgten dem Admiral, dem es versagt blieb, die großen Kulturen von Mexiko und Mittelamerika zu entdecken, obwohl seine Flotte bis dicht an die Küste von Honduras kam. Hier begegnete er einem der wirklich gigantischen Kanus, die die Mayas in voreuropäischer Zeit als Handelsschiffe zwischen Honduras und der Halbinsel von Jukatan benutzten. Er war sehr beeindruckt von den Ausmaßen und der Ladekapazität dieser Wasserfahrzeuge, ignorierte jedoch die Zeichen der an Bord befindlichen Seefahrer. Statt ihnen nach Westen zu folgen, was ihn zu den bedeutenden Tempelstädten der Mayas gebracht hätte, wandte er sich in die entgegengesetzte Richtung und segelte zuerst nach Osten und dann nach Süden auf Panama zu. Von dem Augenblick, als ihm der Orkan vor Hispañola die Ankertrossen zerrissen hatte, schien Kolumbus das Schicksal mit einem Sturm nach dem anderen heimzusuchen. Er spricht in seinen Aufzeichnungen ständig von furchtbaren

Unwettern, schäumender See und schrecklichen Strömungen. Vielleicht war es die Angst vor weiteren Unwettern, die seinen Forscherdrang dämpfte, weshalb er nicht hinter dem großen Kanu hergefahren war, um zu sehen, wohin es steuerte. Er behauptete, die schrecklichen Orkane hätten ihn verfolgt, »so daß ich weder die Sonne sah noch die Sterne«.

Während er ostwärts am Isthmus von Panama entlangsegelte, schrieb er: »Der Sturm kehrte zurück, und ich war so erschöpft, daß ich nicht wußte, wohin ich steuern sollte ... neun Tage lang war ich verloren, ohne Hoffnung, zu überleben. Nie habe ich eine so hohe See gesehen, wütend und mit Schaum bedeckt ... Dort wurde ich festgehalten, in einem zu Blut verwandelten Meer, das kochte wie der Topf über einem kräftigen Feuer. Nie hatte der Himmel schrecklicher ausgesehen: Einen ganzen Tag und eine ganze Nacht flammte er wie ein Schmelzofen, und die Blitze zuckten gewaltig und mit solcher Heftigkeit, daß ich mich jedesmal wunderte, wenn meine Masten und Segel nicht zerstört wurden; die Blitze waren so gleißend und angsteinflößend, daß wir alle dachten, die Schiffe würden vernichtet.«

Schließlich gelang es Kolumbus, an einer Flußmündung am Isthmus von Panama Schutz zu suchen, höchstens 50 Meilen von der Küste des Pazifischen Ozeans entfernt. Aber: »... am nächsten Tag kehrte das Unwetter zurück..., plötzlich bäumte sich der Fluß schäumend in die Höhe, zerriß meine Ankertrossen, und die Vertäuung und hätte beinahe meine Schiffe mitgenommen; in größerer Gefahr hatten sie sich gewiß noch nie befunden.«

Einmal auf dieser Reise kämpfte Kolumbus gegen einen so starken Gegenwind, daß er in einem ganzen Monat nur 200 Meilen vorwärtskam. Möglicherweise lag es vor allem an dem schlechten Wetter, daß er wenig unternahm, um die Holzschiffe abzukratzen oder sie gegen die tropischen Schiffswürmer zu schützen. Zu Beginn der Reise schrieb er, daß »meine Schiffe nicht seetüchtig sind«, und am Ende hatte er sie alle verloren. Zuerst mußten sie ein Schiff aufgeben und schließlich die beiden anderen, die »mit mehr Löchern durchsiebt als eine Honigwabe« waren und am Ende an der Nordküste von Jamaika strandeten.

Auf dieser Reise starben 32 Mann von der Besatzung des Admirals. Einige desertierten, und der Rest wurde, wie auch der Admiral, von Krankheit und Hunger heimgesucht, bis sie schließlich im Juni 1504 mit einem Schiff aus Hispañola von Jamaika gerettet wurden. Hilflos den Tainos ausgeliefert, die den unglücklichen Spaniern auf ihrer Insel große Gastfreundschaft erwiesen, schrieb Kolumbus (in den *Lettera Rarissima*, übersetzt von Sale):

»Ich bin wie gesagt völlig ruiniert. Bisher habe ich um andere geweint; jetzt möge der Himmel Erbarmen mit mir haben, möge die Erde für mich weinen! An materiellen Dingen habe ich keine einzige Münze mehr übrig; was das Geistliche anbelangt, habe ich hier in den indischen Gewässern sogar aufgehört, die vorgeschriebenen Rituale einzuhalten. Allein in meinem Elend, krank und täglich den Tod erwartend, umgeben von einer Million Wilder, die voller Grausamkeit und unsere Feinde sind, und damit beraubt der heiligen Sakramente der Heiligen Kirche – wie verloren würde die Seele sein, wenn sie hier aus dem Körper schiede! Weint für mich, wer immer Gnade, Wahrheit und Gerechtigkeit kennt!«

Der Admiral des Weltmeeres beendete seine Karriere als Seefahrer mit dem Verlust von allen vier Schiffen und gerettet durch die Gastfreundschaft und die Hilfsbereitschaft der Taino, die er einmal als die besten und freundlichsten Menschen auf der Erde bezeichnet hatte. Inzwischen galten sie ihm als eine Million Wilde voller Grausamkeit und als Feinde der Spanier. Er war von ihrer Insel aus mit einem Schiff aus Hispañola gerettet und zu der von den Spaniern besetzten Insel gebracht worden, von der er laut königlicher Order aus Spanien strikt verbannt war. Weil er kein eigenes Schiff mehr besaß, kehrte er im November 1504 auf einem fremden Schiff zusammen mit seinem Bruder und seinem Sohn und weiteren 22 Mitreisenden nach Spanien zurück. Da er nun davon überzeugt war, daß die Erde nicht die Form einer Kugel hatte, sondern die einer schmal nach Norden zulaufenden Birne, konnte Kolumbus nicht länger der Auffassung sein, er habe Indien erreicht, und er konnte Kuba nicht länger für einen Teil des kontinentalen Asien halten. Und jetzt hatte er noch einen Grund, die Erde für birnenförmig mit dickerem Unterteil anzusehen. Er brauchte im Süden Platz für ein großes, zusammenhängendes Land, das nicht Asien mit dem Reich des Großen Khan war. Dieses große Land hatte er südlich des Äquators besucht, als er auf seiner dritten Reise den Ausfluß des Orinoko erreichte. Obwohl wir gewöhnlich der Meinung sind, Christoph Kolumbus sei als armer Mann gestorben, beraubt aller irdischen Güter und in Unkenntnis seiner Entdeckung eines neuen Kontinents, trifft offensichtlich keine dieser allgemein vertretenen Meinungen zu. In einer kürzlich vorgenommenen neuen Prüfung aller verfügbaren Zeugnisse zeigt Kirkpatrick Sale mit Zitaten aus Kolumbus' eigener Feder sehr klar, daß dieser, obwohl in tragischem Gesundheitszustand und von allen verlassen einen ansehnlichen Reichtum angehäuft hatte und sich auch durchaus bewußt war, was er entdeckt hatte.

Bereits als er nach Entdeckung der in Küstennähe befindlichen Insel Trinidad am Festland von Venezuela entlangsegelte, beanspruchte Kolumbus zum ersten Mal ausdrücklich für sich, eine andere Welt, »un otro mundo«, entdeckt zu haben. Am 10. August, nachdem er Wasserproben aus dem Orinoko genommen und mit blutenden Augen das Festland gemustert hatte, schrieb Kolumbus triumphierend eine Notiz an die Herrscher Spaniens in sein Tagebuch:
»Eure Hoheit haben dieses ausgedehnte Land gewonnen, welches eine andere Welt (*que son otro mundo*) ist, an dem das Christentum so viel Freude haben und unser Glaube eine große Ausbreitung finden wird.«
Und in einem Brief vom 18. Oktober faßt er die Ergebnisse seiner dritten Expedition zusammen:
»Kein spanischer Fürst hat bis jetzt jemals Territorien außerhalb der eigenen Landesgrenzen errungen, und Eure Hoheit werden hier eine andere Welt haben, wo sich unser heiliger Glaube außerordentlich wird entwickeln können und wovon großer Reichtum geholt werden kann.«
In einem Brief vom Oktober des folgenden Jahres ergänzt er:
»Ich habe der Herrschaft des Königs und der Königin, unseren Gebietern, eine andere Welt verschafft, wodurch Spanien, das als arm galt, jetzt am reichsten ist.«
Für Kolumbus bestand das tragische Ergebnis seiner Berichte darin, daß das Königshaus, obwohl offensichtlich davon beeindruckt, den Glauben an Kolumbus als Person ziemlich verloren hatte und sofort eine Reihe weiterer Expeditionen unter der Leitung anderer Männer beauftragte. Alle sollten das große Land, das Kolumbus für das Paradies angesehen hatte, erforschen – mit Gold an den Flußmündungen und Perlen im Meer. An Bord eines dieser Schiffe

war, wie wir gesehen haben, zum besonderen Pech von Kolumbus der aufmerksame Amerigo Vespucci. Und obwohl Kolumbus es nie erfuhr, wurde Amerigo die Ehre zuteil, entdeckt zu haben, daß Kolumbus einen neuen Kontinent gefunden hatte. Dieser Kontinent wurde Amerigo Vespucci zu Ehren Amerika genannt.

Keine Fanfaren ertönten für Kolumbus, als er am 7. November 1504 in einem kleinen Hafen an der Küste Andalusiens als Passagier aus der neuen Welt zurückkehrte. Immerhin kam er diesmal nicht in Ketten an. Er war krank, gebrochen und gedemütigt durch den Verlust aller seiner Schiffe, seiner Titel und seines früheren Ansehens, aber er war ein reicher Mann. Er wurde nicht am Hof empfangen, Königin Isabella starb einige Wochen nach seiner Rückkehr, und er wurde lange Zeit vom König ignoriert. Er verbrachte die anderthalb Jahre, die ihm noch blieben, damit, sein Vermögen, das er angehäuft hatte, zu vergrößern. Bei Sale heißt es: »Während er seine Zeit damit hätte zubringen können, seine neuen geographischen Gedanken und Ideen in zusammenhängender Form sowohl für seine Regierung wie für das übrige Europa darzulegen, war er allein damit beschäftigt, in allen Details die Belohnung sicherzustellen, die ihm und seinen Kindern seiner Meinung nach zustünden.«

Erst im Mai des darauffolgenden Jahres wurde Kolumbus eine Audienz von König Ferdinand gewährt, doch das Treffen scheint dem Admiral keine zusätzlichen Privilegien eingebracht zu haben. Trotzdem folgte er dem Hof von seinem Haus in Salamanca nach Valladolid, wo er bettlägrig wurde. Am 19. Mai, ungefähr einen Monat später, rief er einen Notar, und im Beisein seiner Diener, sieben an der Zahl, diktierte er einen Anhang zu seinem Testament. Als Sale die

offiziellen Dokumente, die aus dieser Zeit stammen, durchging, fand er einige interessante Summen:
»Colóns finanzielle Situation ist schwierig zu überblicken, aber es besteht kein Zweifel daran, daß sein Nachlaß einigen Wert besaß und daß sein Vermögen zu dem Zeitpunkt, an dem er sein letztes Testament machte, ansehnlich war. Es muß etwa um die 200 000 Dollar (nach dem Kurs vor der Depression) betragen haben, das entspricht in etwa 4 Millionen des Dollarkurses im Jahre 1900, während ein erfahrener Kapitän zur Zeit des Kolumbus vielleicht 350 Dollar (Vor-Depressionskurs) im Jahr verdient hat.«
Nachdem er sein letztes Testament ordnungsgemäß unterschrieben hatte, starb Kolumbus am folgenden Tag, dem 20. Mai 1506, im Beisein seiner Söhne, seines Bruders Diego und einiger seiner früheren Expeditionskameraden. Seine letzten Worte waren dieselben wie die von Jesus: »In deine Hände, o Herr, übergebe ich meinen Geist.«
Seine Gebeine fanden jedoch keine Ruhe. Niemand weiß mit Sicherheit, wo sie letztlich geblieben sind. Sale folgte beharrlich ihren verschlungenen Wegen. Von der kleinen Franziskanerkirche in der Nähe seines Hauses in Valladolid, wo Kolumbus begraben wurde, bis zur Seitenkapelle der Kathedrale von Las Guevas, dem Kloster in Sevilla. Der örtlichen Legende zufolge liegt er immer noch dort, wo er in Valladolid begraben wurde, aber Schriftstücke lassen vermuten, daß er auf Geheiß seines Sohnes Diego 1509 in besagte Kathedrale überführt wurde. Bartolomé wurde jedenfalls 1514 und Diego selbst 1526 in eben dieser Kathedrale beigesetzt. Kurz darauf, in den dreißiger Jahren des 16. Jahrhunderts, ergingen mehrere königliche Erlasse, die die Überführung der Urnen sowohl des großen Entdeckers als auch seines Sohnes Diego von Sevilla auf die Insel

Hispañola verfügten. Eintragungen im Kirchenbuch der Kathedrale von 1539 beziehungsweise 1541 stellen fest, daß die Urne mit den Überresten des Kolumbus tatsächlich entfernt wurde für eine Verschiffung nach Santo Domingo, der Hauptstadt auf Hispañola, die zu betreten Kolumbus verweigert wurde, als er noch am Leben war und Schutz vor einem nahenden Sturm suchte. Es ist anzunehmen, daß die sterblichen Überreste von Kolumbus neu beigesetzt wurden und unangetastet bis 1667 vor dem Hochaltar der Kathedrale zu Santo Domingo lagen. Dann wurden sie erneut umgebettet, um ihnen »ein anständigeres Begräbnis« zu geben. Aber das währte nicht lange. Als Frankreich 1795 Hispañola von Spanien übernahm, ordnete Madrid an, daß die Überreste des Kolumbus nach Havanna in Sicherheit gebracht würden, und auf diese Weise gelangte er noch einmal nach Kuba, das von ihm einstmals, als er seine Gefährten zwang, zu schwören, daß es sich um einen Teil des indischen Kontinents handle, Juana genannt wurde. Aber als Kuba 1898 von Spanien seine Unabhängigkeit erhielt, wurden die weitgereisten Gebeine des Christoph Kolumbus zum letzten Mal mit dem Schiff über den Ozean gebracht und in der Kathedrale von Sevilla endgültig beigesetzt.
Doch Frieden scheint Kolumbus auf diesem Planeten trotzdem nicht vergönnt zu sein. Er hatte eine andere Welt gefunden und sie für Europa in Besitz genommen und steht nun da wie ein Riese, die Beine von der einen Seite des Atlantiks zur anderen gespreizt. Die Nachwelt kann immer noch nicht sicher sein, ob er seine letzte Ruhe in der alten oder in der neuen Welt fand. Denn 1877 wurde im Zuge einer Erweiterung der Kathedrale von Santo Domingo eine kleine Bleiurne entdeckt. Als man sie entfernte, stellte sich heraus, daß sie zwei Inschriften mit dem Namen *Cristoval*

Colón trug, der spanischen Form von Christoph Kolumbus. Im Jahre 1879 wurde diese Urne wieder in die Kathedrale gebracht, und dort liegt sie heute in einem Grab, das ebensogut das des Entdeckers von Amerika sein kann wie das in Spanien.

Laßt die Eroberten erzählen

Wir sind ungenau, wenn wir sagen, Leif Eiriksson oder Christoph Kolumbus hätten Amerika entdeckt. Beide kamen zu spät. Sie entdeckten nur die Amerikaner.
Keiner der beiden frühen europäischen Seefahrer hielt sich längere Zeit auf dem erreichten neuen Kontinent auf. Leif Eiriksson erforschte den Küstenstreifen von Labrador und ließ sich für einige Jahre in L'Anse aux Meadows an der Küste von Neufundland nieder, ehe er zu seinem angestammten Hof auf Grönland zurückkehrte. Kolumbus setzte nur kurz seinen Fuß auf die Halbinsel Paria vor Venezuela, um dann wieder an Bord seines Schiffes zu gehen und zu den karibischen Inseln zurückzukehren.
Keiner der beiden war sich im Grunde klar geworden, wo er sich befunden hatte. Sie erforschten Land, das den Europäern unbekannt war. Leif Eiriksson nannte das Land, das er besiedelte, Vinland und die dort lebenden Menschen Skrælinger. Die Norweger waren davon überzeugt, daß Vinland sich südwärts bis nach Afrika fortsetzt, ein Kontinent, der ihnen von der Wikingerzeit her bekannt war. Kolumbus ließ seine Mannschaft schwören, daß Kuba ein Teil des Kontinents war, auf dem auch Indien lag, und er nannte die Menschen, die dort lebten, Indianer. Später änderte er seine Meinung und behauptete, das Paradies gefunden zu

haben, den Garten Eden der Bibel, wo die beiden ersten Menschen erschaffen wurden.

Heute wissen wir mehr. Wir wissen mit Sicherheit, daß Amerika der einzige Kontinent ist, wo ursprünglich keine Menschen gelebt haben können. Der einzige Kontinent, wo man, mit Ausnahme von Australien, offenbar von anderswo eingewandert sein muß. Keiner der höheren Affen, der durch Mutation oder Evolution mit unseren menschlichen Vorfahren verwandt ist, lebte jemals in Amerika. Der amerikanische Kontinent hatte in einer frühen geologischen Periode begonnen, langsam vom afroasiatischen Erdteil wegzudriften, noch bevor der Mensch oder irgendein der menschlichen Spezies verwandtes Säugetier existierte.

Die Einwanderung des Menschen nach Amerika geschah erst spät. Amerika wurde entdeckt, aber wir werden nie erfahren, von wem. Die Sippe, die als erste diesen Teil der Erde betrat, war sich sicher nicht bewußt, daß sie eine der Menschheit bislang unbekannte neue Welt betrat. Sie kamen vor dem Zeitalter der Seefahrt, und sie müssen zu Fuß unterwegs gewesen sein, weit im Norden durch Steppen und Eis, dort, wo sich Sibirien und Alaska fast berühren.

Die Nachkommen der ostasiatischen Wanderer müssen vor unvordenklichen Zeiten und noch bevor schwimmfähige Fahrzeuge über die Meere trieben, in Amerika gelebt haben, bevor aus Schilf oder Planken gefertigte Schiffe von Westasien und Nordafrika aus fremde Küsten und Inseln zu erforschen begannen.

Sporadisch hatten sich kleine Gruppen früher Sammler, Jäger und Fischer zu Fuß zwischen den Kontinenten in der Arktis hin und her bewegt und sich mindestens 20 000 Jahre, bevor die Norweger nach Grönland segelten, nach Süden durch Nord- und Südamerika ausgebreitet. Große

Kulturen, zwei der mächtigsten Reiche der Welt, hatten sich in Mexiko und Peru gebildet, bevor Leif Eiriksson mit seinem Priester über den Nordatlantik segelte. Und bevor Kolumbus mit drei Karavellen auftauchte, um Gold und den Großen Khan zu finden.

Jede der bewohnbaren Inseln im Meer zu beiden Seiten von Amerika war endeckt und besiedelt worden, bevor sich Kolumbus mit all seinem geographischen Wissen und westwärts immer weiter hinaus aufs Meer wagte. Die Azoren im Atlantik, auf einem Drittel der Strecke von Europa nach Nordamerika, waren den arabischen Geographen Jahrhunderte vor Erscheinen der ersten Europäer bekannt. Als Kolumbus mit einem Handelsschiff die Azoren erreichte, hielt er persönlich eines der »Zeichen« schriftlich fest, das ihn zu dem Schluß veranlaßte, daß es weiter westlich noch Land geben müsse. Er hörte von einigen merkwürdigen, fremdartig aussehenden Menschen, die mit dem Golfstrom aus dem Osten gekommen waren. Wie wir heute wissen, kommt der Golfstrom vom Golf von Mexiko zu den Azoren, eben genau von der Inselkette, die Kolumbus später mit dem Kanarischen Strom, der in umgekehrter Richtung fließt, erreichte. Bei seinen Aufenthalten sowohl auf den Kanarischen Inseln als auch auf den Azoren machte er die Erfahrung, daß die Strömungen auf diesen verschiedenen Breitengraden in umgekehrter Richtung verlaufen. Dasselbe Wasser, das von den Kanarischen Inseln nach Amerika fließt, beschreibt nach dem Besuch der Antillen einen Bogen und kehrt über die Azoren nach Europa zurück.

Die merkwürdig aussehenden Menschen, die an der Westküste von Irland und den Azoren an Land trieben, hatten Kolumbus zufolge vor ihm den Atlantik überquert, allerdings in umgekehrter Richtung. Die beiden, die Irland erreichten, lebten noch. Wenn Kolumbus ihre Welt entdeckte, dann hatten sie die seine vorher entdeckt. Aber weder Kolumbus noch sonstwer hielt die Namen dieser ersten Amerikaner, die Europa entdeckten, fest.

Das 16. Jahrhundert war in der Tat ein Jahrhundert der Entdeckungen. Doch wer entdeckte wen?

Die, die kamen, entdeckten die, die da waren. Aber die, die da waren, hatten das Land entdeckt. Haben wir irgendeinen Grund, ihre Darstellung von der Entdeckung ihres Landes zu ignorieren? Nein. Beide Parteien haben das Recht, zu reden und gehört zu werden. Doch die Taino und die Kariben wurden ausgelöscht, ehe jemand sich die Mühe machen konnte, herauszufinden, was sie wußten oder was sie glaubten.

Anders verhielt es sich, als die Spanier den Kontinent dahinter erreichten. Dort stießen sie auf Reiche, die größer waren als alle damaligen Nationen in Europa und wo sie vorsichtiger auftreten mußten, wollten sie nicht von den überlegenen militärischen Stärken vernichtet werden. Wir wissen, daß eine kurze Darstellung der Urgeschichte Mexikos das erste war, was von den Spaniern aufgeschrieben wurde, und daß diese Geschichte von Mexiko von dem Moment an, wo sich die Hochkulturen der alten und der neuen Welt begegneten, von wesentlicher Bedeutung für die Weltgeschichte sein würde.

Quetzalcoatl habe Amerika vor den Völkern, die dort lebten, entdeckt. Das erzählten die Azteken den spanischen Konquistadoren. Quetzalcoatl sei, so sagten sie, ebenso wie die Spanier mit dem Schiff aus dem Osten gekomken, und das sei so lange her gewesen, daß vor ihm nur Wilde das Land bewohnt hätten. Quetzalcoatl landete mit seinem Gefolge, sie vermischten sich mit der einheimischen Bevölkerung, und auf diese Weise lernten die durch die Wälder streifenden Stämme die Künste der Zivilisation, lernten, Städte zu bauen und auf Papier zu schreiben.

Diese Berichte erstaunten die Spanier ebenso sehr wie der Empfang, den ihnen die Azteken bereiteten. Sie wurden nicht als unerwartete Fremde empfangen. Dieselben Azteken, die ihnen die Ehre der Entdecker versagten, hießen sie dafür herzlich willkommen als lang erwartete Verwandte, die aus dem ursprünglichen Land der Azteken irgendwo auf der anderen Seite des Atlantiks zurückgekommen waren. Die Spanier waren sozusagen auf den Spuren der Vorfahren der Azteken gesegelt. Der Name des Entdeckers der aztekischen Welt war Quetzalcoatl und nicht Kolumbus.

Diese Auffassung der Azteken führte vom ersten Moment an zu einer heftigen Kollision zwischen der europäischen und der amerikanische Betrachtung der historischen Ereignisse. Überleben sollte die Darstellung der Sieger. Die Azteken waren erobert und vernichtet worden, bevor sie imstande waren, ihren Standpunkt zu verteidigen und ihre heiligen Anschauungen zu erklären. Kolumbus entdeckte Amerika für die christliche Welt, also mußten ihn auch die heidnischen Azteken als Entdecker akzeptieren. Amen.

Wir wissen heute, daß die Azteken von Mexiko keine Barbaren waren, obwohl sie in ihren religiösen Praktiken wenig Erbarmen zeigten. Mit Hieroglyphen hatten sie ihre eigene Darstellung der amerikanischen Geschichte in Papierbücher geschrieben. Für sie markierte die erfolgreiche Entdeckung des Kolumbus keinen Anfang, sondern ein Ende. Wie andere Völker in der Geschichte wurden sie Zeugen, als man ihre Bücher verbrannte, um Irrlehren zu tilgen. Jedes einzelne aztekische Buch, das den christlichen Entdeckern in die Hände fiel, ging in Flammen auf.

*Christoph Kolumbus (Genua 1451 – Valladolid 1506).
Gemälde aus dem Jahr 1519 von Sebastiano del Piombo (um 1485 – 1547).*

»Die erste Landung des Kolumbus«. Kupferstich von Theodore de Bry, 1596.

Darstellung der Indianer als Menschenfresser. Illustration der lat. Erstausgabe: Epistola Christofori Colom, 1493. – Die Erfindung vom Kannibalismus der Eingeborenen diente vermutlich nur der Rechtfertigung ihrer Versklavung.

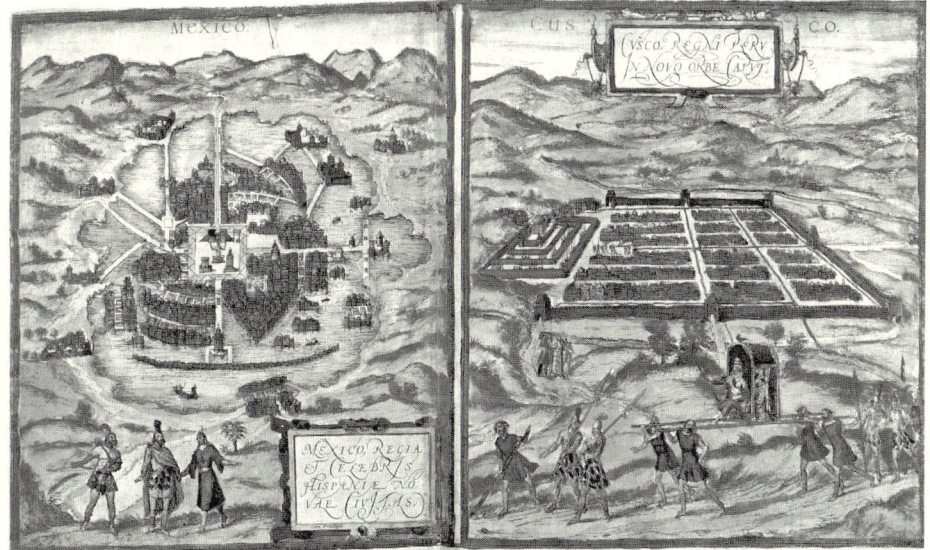

Links die aztekische Stadt Tenochtitlan, rechts die Inkastadt Cuzco. Radierung von Franz Hogenberg (um 1538–1590).

Hernando Cortez (1485–1547).
Kupferstich von Isabella Piccini nach zeitgenössischem Bildnis.

Francisco Pizarro (1478 – ermordet 1541).
Zeitgenössisches Gemälde, anonym.

Montezuma der Zweite, vorletzter Aztekenherrscher. Gegenspieler von Cortez. Montezuma wird in feierlicher Prozession durch die Straßen Tenochtitlans getragen. Spanisches Gemälde, 17. Jh.

Atahualpa (1502 – ermordet 1533), letzter Herrscher des Inkareiches vor der Eroberung durch Pizarro. Kupferstich, 1673.

Heute ist ein aztekisches Buch ein Vermögen wert. Nicht einmal ein religiöser Fanatiker würde eine Handschrift aus der Zeit vor Kolumbus verbrennen. Heute bringen wir unseren Kindern bei, daß die Menschen aller Nationen gleich sind. Wir billigen weder das Verbrennen von Hexen noch das von Büchern. Wir bekennen uns zur Freiheit der Religion und dem Recht, daß jeder, der verurteilt wird, sich verteidigen darf. Die Zeit scheint reif zu sein, einige der Verlierer, die nicht mehr unter uns sind, zu ihrem Recht kommen zu lassen – einige der frühen Verlierer in der Geschichte, denen damals niemand Gehör schenkte. Die Azteken von Mexiko gehören zu diesen Unglücklichen. Verurteilt und verkannt trotz ihres hohen Wissensstandes und ihres Könnens. Den Inkas in Peru widerfuhr dasselbe Schicksal. Sie empfingen die Spanier genauso, wie die Azteken es getan hatten, mit offenen Armen als lang erwartete Verwandte, die wieder einmal aus dem Land der Väter über das Meer gesegelt waren. Die Inkas mußten ihren Irrtum mit Gold und Blut bezahlen. Ihr Führer wurde stranguliert, und dasselbe geschah in kürzester Zeit mit der ganzen Inka-Kultur. Übrig blieb ein siegreicher Europäer, Francisco Pizarro, den die Nachwelt als Entdecker des Inka-Reiches feiert.

Wenn Zweifel an der Aufrichtigkeit der Geschichtsauffassung der Azteken und Inkas herrschen sollten, muß man bedenken, daß ihre Überzeugungen sie immerhin ihre Reiche gekostet hatte. Zwei der größten Reiche zur damaligen Zeit, mit größeren Armeen als jeder der damaligen Staaten, wurden von einer Handvoll Männer unterdrückt, die an ihren Küsten landete. Einige Schiffsladungen mit weißen, bärtigen Männern, die verwechselt und irrtümlich für wohlgesonnene Ankömmlinge aus ferner Vergangenheit gehalten wurden und deren Angedenken in mündlicher Überlieferung, schriftlichen Aufzeichnungen und in Gegenständen der bildenden Kunst am Leben erhalten wurde.

Das christliche Europa betrachtete mit größtem Mißtrauen alles, was von diesen Götzendienern stammte, die die Sonne verehrten. Die heidnischen Geschichten von bärtigen Männern, die vor Kolumbus den Atlantik überquert hatten, sind im nachhinein am besten als Erfindung der amerikanischen Wilden zu erklären, um den spanischen Konquistadoren die Ehre der Entdeckung ihrer Länder zu versagen. Was bei den Gründern Amerikas seriöse Geschichtsschreibung war, wurde von den Besserwissern in Spanien, in Europa und in der übrigen Welt als Mythen und reine Erfindung abgetan.

Wenn wir die tatsächlichen Ereignisse zurückverfolgen, blieb den eroberten Amerikanern nur sehr wenig Zeit, sich eine Darstellung ihrer eigenen Geschichte auszudenken. Dazu war wirklich keine Zeit. Wir brauchen uns nur die Aussagen des ersten christlichen Augenzeugen in Erinnerung zu rufen, dieses Hernan Cortez, dem ersten und einzigen Spanier, der ein fremdes Reich ohne einen Schuß erbte. Kolumbus erforschte trotz seiner vier Reisen über den Atlantik nie das amerikanische Festland. Alonso de Ojeda und Amerigo Vespucci begannen 1499 mit der Erforschung der südamerikanischen Küsten. Und bekanntlich stellte letzterer fest, daß dieser nach ihm benannte neue Kontinent nicht, wie Kolumbus glaubte, ein Teil von Asien war, sondern ein »vierter Teil der Welt«. Doch da war noch niemand zu den zivilisierten Teilen Amerikas vorgedrungen.

Das sollte das einmalige Erlebnis von Cortez werden, als er 1519 an der sumpfigen Küste im Golf von Mexiko landete, wo er zuerst eine Stadt gründete und Beamte ernannte, die

das Gebiet verwalten sollten. Als die Spanier ankamen, küßten die Leute an Land, die sie hereinsegeln sahen, die Seiten ihrer Schiffe. Einige Tage später erschienen im Lager der Spanier Abgesandte und Diener, zur Küste geschickt vom Kaiser der Azteken im Hochland. Kaiser Montezuma hatte durch seine schnellen Boten von der Landung der Spanier erfahren und war davon überzeugt, daß Cortez ein Nachkomme von Quetzalcoatl war, des Menschengottes der Vorväter, der wiedergekommen sei, um auf sein verlorenes Reich Anspruch zu erheben. So schickte er den fremden Besuchern wertvolle Gastgeschenke, Kunstwerke von erlesener Qualität. Einige davon sind erhalten und begeistern auch den anspruchsvollsten Betrachter, wenn sie öffentlich ausgestellt werden. Was die goldgierigen Spanier am meisten beeindruckte, war eine goldene Scheibe in Sonnenform, so groß wie ein Wagenrad, sowie eine noch größere Scheibe aus Silber. Die Abgesandten des Montezuma verhandelten mit Cortez und hofften, ihn davon abbringen zu können, ins Landesinnere vorzudringen und seinen angestammten Thron zu beanspruchen.
Sobald Cortez imstande war, sich mit der einheimischen Bevölkerung zu verständigen, begann er mit Hilfe von einigen den Azteken feindlich gesonnenen Küstenstämmen ein doppeltes Spiel zu spielen. Er veranlaßte sie, die Steuereintreiber des Kaisers gefangenzunehmen, erreichte dann deren Freilassung und schickte sie als Geste der Freundschaft dem Oberhaupt der Azteken. Danach machte er sich mit einem kleinen Trupp Männer auf den Weg ins Landesinnere. Die gewaltigen und schlagkräftigen aztekischen Armeen, oft verglichen mit den römischen Legionen, unternahmen nichts, um die Eindringlinge aufzuhalten, als Cortez durch dichte Tieflanddschungel und über hochragende Berge in

das Herz des aztekischen Gebietes bis zur Hauptstadt des großen Reiches im inneren Hochland vordrang. Diese blühende Metropole Tenochtitlán soll modernen wissenschaftlichen Erkenntnissen zufolge eine Einwohnerzahl von etwa 200 000 gehabt haben. Damit war sie größer als jede europäische Stadt zur damaligen Zeit, mit Parks und üppigen Gärten, einem Zoo und dem quadratisch gegliederten Wohngebiet, mit rechtwinkligen Straßen sowie privaten und öffentlichen Gebäuden. Der Haupttempel war eine Stufenpyramide, so hoch wie viele der europäischen Kathedralen, und dort oben brachten die aztekischen Priester jedes Jahr ihrem blutrünstigen Kriegsgott Tausende von Menschenopfern dar. Doch Cortez und seine kleine Truppe ließ man in Ruhe.
Cortez schilderte mit eigenen Worten die erstaunliche Begrüßung seiner kleinen Gruppe, die ihnen von Kaiser Montezuma und all seinen Untertanen zuteil wurde. Man empfing sie mit Opfergaben und Ehrbezeigungen, die sonst nur dem Kaiser selbst und den Göttern zustanden, und dann hielt Montezuma eine bemerkenswerte Rede. Diese feierliche Begrüßungsrede des aztekischen Kaisers, die für die Nachwelt aufbewahrt wurde, können wir Wort für Wort wiedergeben. Sie wurde 1520 von Cortez selbst in seiner *Carta Segunda* aufgeschrieben. Montezuma sagte:
»Wir haben aus den von unseren Vorfahren überlieferten Schriften schon lange gewußt, daß weder ich noch irgendein Bewohner dieses Landes ursprünglich hier lebten und daß wir Fremde sind, die aus einem fernen Land stammen. Wir wissen auch, daß wir von einem Herrscher hierher geführt wurden, dessen Untertanen wir alle waren. Er kehrte zurück in sein Land, und nach langer Zeit kam er wieder hierher und wollte sein Volk mitnehmen. Aber sie hatten

Frauen geheiratet und Hütten gebaut, und sie wollten weder mit ihm gehen noch ihn als ihren König anerkennen, deshalb ging er zurück. Wir haben immer daran geglaubt, daß die, die aus diesem Geschlecht stammen, eines Tages kommen, dieses Land für sich und uns als ihre Untertanen beanspruchen würden. Ihr kommt aus der Richtung der aufgehenden Sonne, und nach dem, was du mir von diesem großen Gott erzählst, der euch gesandt hat, glauben und denken wir mit Sicherheit, daß er unser natürlicher Herrscher ist, besonders weil du sagst, daß er seit langer Zeit von uns weiß. Deshalb darfst du überzeugt sein, daß wir dir gehorchen und dich respektieren als den Stellvertreter des großen Gottes, und in allen Ländern, die ich regiere, magst du die Befehle geben, die du für richtig hältst, und man wird ihnen gehorchen, und alles, was wir besitzen, wird euch zu Diensten stehen. Und nachdem du also der Nachfolger in unserem Haus bist, fühle dich hier wohl und ruhe dich von der Reise aus und von den Kriegen, die du unterwegs gehabt hast.«
Mit dieser Geste der völligen Unterwerfung überließ das mächtigste Oberhaupt auf dem amerikanischen Kontinent alle seine Territorien einer kleiner Gruppe von Fremden, die gerade von der Küste heraufgestiegen waren. Der Herrscher der Azteken erklärte sich sogar bereit, seinen Palast zu verlassen und sich als Geisel in das Hauptquartier der Spanier zu begeben. Als nächstes ließen die Spanier während eines religiösen Festes die obersten Häuptlinge der Azteken massakrieren. Das führte schließlich zu einem Aufstand, und die Spanier waren gezwungen, die geerbte Stadt für kurze Zeit zu verlassen. Montezuma wurde getötet – getötet von seinen eigenen Leuten, sagten die Spanier. Erwürgt von den Spaniern, sagten Montezumas Leute.

Trotz dieses blutigen Intermezzos hatten die Spanier nun – sozusagen als Gastgeschenk – Mexiko erhalten. Sie nahmen das Geschenk an, und aus Mexiko wurde Nueva España. Cortez wurde der »Entdecker« dieses Reiches, und König Karl V. von Spanien fiel eine Nation in den Schoß, die einer anderen, sagenumwobenen Dynastie zugedacht war, die östlich des Atlantiks liegen sollte, einem alten Königshaus, dessen Identität nie geklärt wurde. Die Europäer lehnten es ab, die Existenz eines solchen anderen Herrschers anzuerkennen. Aber muß es unbedingt ein Europäer gewesen sein? Große, über das Meer führende Expeditionen erforschten von Afrika aus den offenen Atlantik, bevor irgendwelche Europäer auftauchten. Viele waren hellhäutige und bärtige Emigranten, die den Spaniern ähnelten.

Was eine Handvoll Spanier erlebte, die in Mittelamerika landeten und ein Reich erbten, ist um so bemerkenswerter, wenn wir bedenken, daß einer anderen kleinen Gruppe von Spaniern dasselbe widerfuhr, die auf die gleiche Weise im nördlichen Südamerika empfangen wurde.

Der enge Isthmus von Panama ermöglichte den Spaniern einen leichten Zugang vom Karibischen Meer zur Pazifikküste. Balboa hatte 1513, sechs Jahre bevor Cortez mexikanischen Boden betrat, diesen Weg zum Pazifik erkundet. Auf dem Isthmus hatten die Spanier von dem gewaltigen Inka-Reich im Süden gehört. Drei Expeditionen in den Jahren 1524, 1526 und 1530 die unwegsame Dschungelküste Kolumbiens und Nordecuadors hinunter führten Francisco Pizarro und seine Gefährten endlich zu der offenen Landschaft von Südecuador und Peru – zu dem Reich der Inkas, diesem riesigen Königtum, das sich über 3000 Kilometer die Küste entlang hinunterzog und das heutige Ecuador,

Peru und Bolivien umfaßte sowie beträchtliche Teile von Chile, Argentinien und Brasilien.

Pizarros erste Begegnung mit Menschen des Inka-Reiches fand auf dem Meer statt. Er war im offenen Meer vor der Nordküste von Ecuador unterwegs, als sein Lotsenschiff auf ein nach Norden fahrendes peruanisches Balsaholzfloß stieß, das fast so groß war wie eine spanische Karavelle und Kaufleute der Inkas an Bord hatte. Das große, mit Segeln ausgerüstete Floß kämpfte gegen die starke Niño-Strömung. Die Spanier kaperten das Floß und beschlagnahmten über 30 Tonnen wertvoller, für Panama bestimmte Handelsgüter. Drei peruanische Frauen und zwei junge Männer wurden zurückbehalten; sie sollten als Dolmetscher ausgebildet und später bei der endgültigen Landung an der Inka-Küste weiter südlich eingesetzt werden. Die übrigen wurden über Bord gestoßen. In den spanischen Aufzeichnungen über diese erste Begegnung mit einem Schiff der Inkas heißt es:

»Es hatte Masten und Rahen aus sehr edlem Holz und Baumwollsegel von der gleichen Form und Art wie auf unseren Schiffen. Es hatte eine sehr gute Takelage ... und einige Vertäuungssteine als Anker, die aussahen wie Mühlsteine.«

Als sich Pizarros Schiffe dem eigentlichen Küstenstrich des Inka-Reiches näherten, stießen sie auf eine größere Zahl dieser segelnden Flöße. Es genügt hier, sich zu vergegenwärtigen, daß einige von ihnen mit Waren beladen waren und andere dem Fischfang dienten. Es gab auch ganze Flotten von Balsaflößen, auf denen Inka-Truppen vom Festland zu den Inseln im Golf von Guayaquil gebracht wurden.

Die Nachricht von den Spaniern, die die Nordküste erforschten, verbreitete sich lange vor Pizarros Landung von den Küstengebieten bis hinauf ins Hochland zum obersten Kriegsherrn der Inkas. *Chasquis,* die geübten Staffelläufer des Inka-Reiches, eilten hinauf in die Anden, um dem Inka Huayna Capac die Nachricht zu bringen, daß weiße und bärtige *Viracochas* sich an der Küste auf den Weg gemacht hatten.

Viracocha war für den regierenden Inka und für alle anderen im gesamten Inka-Reich der Name für ein fremdes Volk, das in unvordenklicher Zeit aus einem überseeischen Land eingewandert war, um ihre Vorfahren zu regieren. In der Geschichte der Inkas, die jeder Erwachsene und jedes Kind aus der Schule kannte, waren Viracochas weiße und bärtige Männer, die über das Meer gekommen waren, angeführt von einem Priesterkönig, der als Vertreter der Sonne auf Erden verehrt wurde. Er war es, der die Zivilisation zu ihren Vorfahren, die damals noch Barbaren waren, gebracht hatte. In den Adern der herrschenden Klasse, so die Geschichte, floß das Blut Viracochas.

Die ankommenden Spanier sollten sehr bald dieselben Erfahrungen machen wie die kleine Schar ihrer Landsleute in Spanien. Was Quetzalcoatl für jeden Volksstamm in Mexiko war, das war Viracocha für alle Völker unter der Regierung der Inkas. Man erinnerte sich an ihn eindeutig als historische Person, als Mensch, der heilig war wie seine königlichen Inka-Nachfolger. Äußerlich hätte er sich von den ansässigen Volksstämmen, die er unterwarf, nur durch seine helle Haut und den Bartwuchs unterschieden. Die Spanier wußten inzwischen sehr genau, daß den Indianern Amerikas die Anlage des Bartwuchses fehlte.

Der alte Inka-Kaiser Huayna Capac befand sich in Ecuador und lag in Quito im Sterben, als ihn im Hochland die Nachricht von Pizarros erster Erkundungsfahrt die Küste hinunter erreichte. Der alte Inka hatte sich sofort sehr gefreut und war enttäuscht gewesen, als diese Viracochas umkehrten und nach Panama zurücksegelten. Pizarro war damals tatsächlich umgekehrt, und hatte die Rückfahrt nach Spanien angetreten.

Als der alte Inka starb, entfesselten seine beiden Söhne, Atahualpa und Huascar, einen offenen Bürgerkrieg und standen einander mit großen Armeen gegenüber. Atahualpa gelang es, seinen Halbbruder gefangenzunehmen und einzusperren. Um diese Zeit kehrte Pizarro mit seinen Inka-Dolmetschern aus Spanien zurück und überquerte wieder den Isthmus von Panama. Mit der bescheidenen Streitmacht von 180 bewaffneten Spaniern nahm er Kurs auf das Inka-Reich.

Während mehrere hunderttausend ausgebildete Inka-Soldaten in den Festungen im Bergland warteten, landete Pizarros kleine Schar 1531 unter Führung ihrer Dolmetscher an der Nordküste Perus. Sie marschierten landeinwärts und hinein ins Gebirge, durch unwegsame, einsame Schluchten, wo ein Hinterhalt der Inkas ihrem Vorrücken jederzeit ein Ende setzen konnte, ohne Möglichkeit des Rückzuges und abgeschnitten von Wasser und Proviant. Aber der Inka Atahualpa ließ die kleine Schar bärtiger Männer ungestört über die schwierigen Gebirgspässe ziehen und erwartete wohlwollend und gespannt die Ankunft der Viracochas. Während sich der Trupp hinaufkämpfte zum Hochplateau der Anden, durch endlose Schluchten und über zahllose Bergkämme, schickten Atahualpa und Pizarro Gesandte los, die sich treffen und Geschenke austauschen sollten. Die spanischen Berichte von dieser ersten, offiziellen Begegnung zeigt, daß sich der Gesandte der Inkas ehrfürchtig an Pizarros Abgesandten De Soto als einen »Viracocha«

wandte. Er teilte De Soto mit, daß es der letzte Befehl des alten Inka-Vaters Huayana Capac an sein Volk gewesen sei, den weißen Männern Ehre zu erweisen, wenn sie kamen. Mit dieser Versicherung konnte Pizarro getrost seine lange Expedition hinauf auf das Plateau der Anden fortsetzen. Ohne im mindesten behelligt zu werden, betrat die leicht zu vernichtende, kleine Schar von Fremdlingen das stark befestigte Herz des Inka-Reiches.

Der Inka Atahualpa befand sich auf seinem siegreichen Marsch von Quito in Ecuador nach Cuzco in Peru, doch er unterbrach seine militärische Aktion, um die wichtigen Besucher aus Übersee zu empfangen. Er ließ seine große Armee in einem Lager zurück, und begleitet von etwa 3000 bis 4000 Elitesoldaten erschien er in einer Sänfte, um die angeblichen Viracochas in der Inka-Stadt Cajamarca zu empfangen.

Pizarro war bestens unterrichtet über den unglaublichen Erfolg seines Landsmannes Cortez und dessen Empfang beim Kaiser der Azteken vor zwölf Jahren. Cortez hatte damals dem Herrscher der Azteken immerhin die Zeit gelassen, seine Begrüßungsrede zu halten und sein Reich den Besuchern freiwillig zu übergeben. Pizarro zeigte weniger Geduld. Der Kriegsherr der Inkas war kaum in seiner Sänfte auf dem Stadtplatz erschienen, da ließ ihm Pizarro von einem Priester eine Bibel geben, und der Inka wurde ermahnt, der Sonnenverehrung seiner Väter abzuschwören und sich zum Christentum zu bekehren. Der ratlose Inka drehte die Bibel zwischen den Händen und warf sie dann auf den Boden. Wofür er diesen Gegenstand gehalten hat, der ihm von dem Priester in die Hand gedrückt worden war, wird man nie erfahren. Pizarro trat nun persönlich nach vorne, packte den heiligen Inka und zog ihn aus seiner

königlichen Sänfte. Für seine Millionen von Untertanen war ein regierender Inka der göttliche Vertreter der Sonne auf Erden, ein Privileg, das ihm seine Vorväter durch den originalen »Viracocha« verliehen hatten. Jetzt wurde der Inka vor aller Augen degradiert und gedemütigt. In der nun folgenden Verwirrung begann die erregte Gruppe der Spanier wild in die Menge der versteinerten Inkas zu schießen und links und rechts zu töten, ohne daß sich Widerstand geregt hätte.
Die wirkliche Sonne schien währenddessen unbeeindruckt am Himmel. Sie schritt nicht ein, um ihrem menschlichen Stellvertreter zu helfen. Demütig flehte der gefangene Inka um sein Leben. Er versprach, ein ganzes Zimmer mit purem Gold zu füllen, höher als ein Mann reichen könne, wenn man ihm am Leben ließe. Ein solches Lösegeld wurde von Pizarro akzeptiert – und von dem Inka Atahualpa aufgebracht. Pizarro suchte nun nach einem Vorwand, um Atahualpa auf dem Scheiterhaufen verbrennen zu können. Dieses grausame Urteil wurde in den humaneren Tod durch den Strang verwandelt, nachdem der Inka bereit war, sich taufen zu lassen.
Die Ankömmlinge aus Übersee wurden über Nacht zu den neuen Besitzern eines weiteren alten, amerikanischen Königreichs. Die zweite der beiden großen Hochkulturen in der neuen Welt war plötzlich zusammengebrochen – war auf Gnade und Ungnade einer kleinen Schar falscher Viracochas ausgeliefert. Aber Pizarro hatte noch ein Hindernis zu bewältigen. Das riesige Inka-Reich war gerade durch die zwei rivalisierenden Brüder Atahualpa und Huascar geteilt worden. Nachdem er Atahualpa durch den Strang hingerichtet hatte, stand Pizarro nun die Konfrontation mit dem gesamten Heer des Inkas Huascar bevor.

Ironischerweise hatten die rivalisierenden Inka-Brüder beide zuerst gejubelt, als sie die Nachricht über die Ankunft der angeblichen Viracochas erhielten. Von dem Chronisten Sarmiento wissen wir, daß der Inka Atahualpa sich außerordentlich gefreut habe, als er die Nachricht von weißen Männern mit Bärten erhielt, die zu ihm unterwegs seien. Und aus den Berichten von Polo wissen wir, daß Huascars Armee, als sie später die Nachricht erhielt, bärtige Männer vom Meer hätten Atahualpa gefangengenommen, davon überzeugt war, diese Viracochas seien erschienen, um ihre Gebete zu erhören. Zu spät erkannten die beiden Parteien ihren Irrtum.

Von der Stadt Cajamarca aus setzte Pizarros Schar ihren Marsch Richtung Cuzco fort, die auf 3400 Meter Höhe in den Anden gelegene, befestige Hauptstadt der Inkas. Sie betraten und besetzten diese bedeutende Stadt ohne jeden Kampf. Erst als sich die Spanier hinter den festen Mauern der Hauptstadt eingenistet hatten, wurde den Menschen von Peru allmählich klar, daß sie einen Fehler gemacht hatten. Aber da saßen die Spanier bereits gut geschützt in der Inka-Festung. Francisco Pizarros Bruder Pedro beschreibt als Augenzeuge die folgende Belagerung:

»Die nun heranströmenden Inka-Truppen waren so zahlreich, daß sie das ganze Gebiet bedeckten, und am Tage sah es aus, als hätte man eine halbe League um die Stadt von Cuzco ein schwarzes Tuch gebreitet. In der Nacht brannten so viele Feuer, daß es nicht anders aussah als ein sehr klarer Himmel voller Sterne... Als alle von den Inkas gerufenen Truppen versammelt waren, wurde geschätzt und von den Indianern bestätigt, daß zweihunderttausend gekommen waren...«

Der Zusammenbruch der Gesellschaft und ein nationales Chaos beendeten die Inka-Belagerung ihrer eigenen, be-

setzten Hauptstadt von selbst. Eine der beeindruckendsten und bestens organisierten Hochkulturen löste sich auf und erholte sich nie wieder. Es folgten einige von Mord und Rivalität geprägte Jahre. Es herrschte Bürgerkrieg zwischen den Inka-Truppen. Es gab Kämpfe zwischen den legitimen Besitzern des Landes und den fremden Eindringlingen. Auch unter dem christlichen Konquistadoren fanden Massaker in den eigenen Reihen statt. Schließlich wurde sogar Pizarro selbst von einem rivalisierenden Spanier ermordet. Tötlich verwundet malte er mit seinem eigenen Blut ein Kreuz auf die Erde, küßte es und rief: »Jesus.«
Ein kulturell und wirtschaftlich blühendes Imperium, größer und mächtiger als jede andere europäische Nation dieser Zeit, hatte wieder einmal teuer bezahlt für einen Irrtum, der auf die eigene, historische Überlieferung zurückzuführen war. Geschichte war im Inka-Reich ebenso wie in Mexiko gleichbedeutend mit Religion. Die regierenden Priesterkönige wurden ebenso wie die Pharaos und die sumerischen Könige in der alten Welt für göttlich gehalten. Alle diese totalitären Herrscher auf beiden Seiten des Atlantiks wurden als Nachfolger der Sonne und deren menschlicher Vertreter auf Erden betrachtet. Die Abstammung und die Geschichte der Azteken und Inkas wurde sorgfältig bis zu den ersten eingewanderten Vorfahren aufbewahrt. In Mexiko war das Quetzalcoatl und in Peru Viracocha. Die Historiker des Inka-Reiches, bekannt als *amautas* und *quipucamayocs*, bewahrten diese Abstammung und vermittelten die Nationalgeschichte mit Hilfe von Figuren auf Holztafeln und Knoten in Schnüren. Richtige Schulen erzogen die Söhne der Adligen und die der Provinzbeamten im Gebrauch des *quipu*-Systems der geknoteten Schnüre. Jeder

Schüler, der mit einem einzigen Wort vom auswendig gelernten Text abwich, wurde bestraft.

Wie unter Sonnenanbetern üblich, die beanspruchen, von der Sonne abzustammen, wurden ihre Vorväter in um so stärkerem Maße verehrt, je höher sie in der Geschlechterfolge rangierten, die mit Viracocha begann, dem von der Sonne direkt kommenden Priesterkönig. In Peru begann die Geschichte des königlichen Geschlechts abrupt mit dem Auftauchen des ersten Viracocha, des Königs, der ihnen allen als der bedeutendste in Erinnerung blieb. Er hatte keine aus dem Land stammenden Ahnen wie die folgenden Inkas. Der erste Viracocha war von einer Reihe weißer und bärtiger Männer begleitet worden – *mitimas*, also Kolonisten –, die die ansässigen Frauen heirateten und den Menschen im Lande zu einer Zeit, als sie wie andere Volksstämme Wilde waren und noch in der das Inka-Reich umgebenden Wildnis hausten, die Zivilisation brachten.

In den der Eroberung folgenden Jahrzehnten wurden die Spanier stets als Viracochas angesehen. Sie wurden deshalb trotz ihres oft schlechten Benehmens mit einer Art von Verehrung behandelt. In einigen abgelegenen Teilen des früheren Inka-Reiches wird die Bezeichnung »Viracocha« immer noch für »Europäer« gebraucht. An der Ostküste des Titicacasees wurde ich häufig als Viracocha begrüßt. Alle spanischen Chronisten aus den Tagen der Eroberung stimmen darin überein, daß es die Ankunft über das Meer mit heller Haut und Bärten war, weshalb sie von den Menschen in Peru mit den einstigen Viracochas verwechselt wurden. Obwohl der peruanischen Urbevölkerung keine Bärte wachsen, haben sie ein Wort dafür, *sonkhasapa*, das sie sofort benutzten, als sie die Spanier erblickten.

Die Konquistadoren kümmerten sich wenig um die bestehenden Sagen von anderen, die vorher hier waren und die ansässigen Wilden lehrten, die Sonne zu verehren. Mit ihren Schwertern führten sie die Bibel und das Kreuz ein. Sie waren erstaunt über die technischen und künstlerischen Errungenschaften der Inka-Kultur, über ihre politische und militärische Ordnung, ihre Architektur, ihre Festungen, ihr Straßensystem, ihre Metallurgie, ihre Webkunst und den professionellen Ackerbau. Doch ihre Bewunderung ging nicht über diese materiellen Dinge hinaus. Trotz allem mußte ihre Geschichte nur erfunden sein, weil sie ihre Könige als Götzen verehrten.

Zum Glück brachten die spanischen Karavellen mit goldgierigen Kolonisten, die weiterhin über den Atlantik und den schmalen Isthmus von Panama strömten, auch viele abenteuerlustige Intellektuelle mit Einsicht und Verstand mit. Ihre Berichte beschäftigen sich alle ausführlich mit den alles dominierenden Erinnerungen der Inkas an Viracocha. Durch sie wurden uns die wichtigsten Zeugnisse der besiegten Peruaner erhalten, bevor die gelehrten *amautas* ausstarben.

Der Überlieferung der Inkas entsprechend waren die Viracochas, als sie zu ihren Vorfahren gekommen waren, friedliebende Leute. Sie hatten ihnen beigebracht, den Boden zu bestellen und Städte zu bauen und nicht zu morden und Böses zu tun. Bevor die Spanier durch ihr schlechtes Benehmen den Menschen des Landes klargemacht hatten, daß sie nicht die friedliebenden Sonnenanbeter der Vergangenheit waren, konnten sich die europäischen Besucher überall in Peru frei bewegen. Aus ihren eigenen Berichten wissen wir, daß sie allein oder in Gruppen unbehelligt das ganze Inka-Reich durchwandern konnten. Wo immer sie hinkamen, wurden sie als Viracochas begrüßt. Wörtlich übersetzt aus der Inka-Sprache Quechua bedeutet *vira-cocha* »Schaum auf dem Meer«. Warum dieser kunstvolle Name für die weißen Menschen? Das Rätselraten über die wahre Bedeutung dieses Ausdrucks begann schon in den Tagen der Eroberung. Einige der Konquistadoren meinten, die braunen Indianer hielten das deshalb für einen passenden Namen für die Spanier, weil sie übers Meer gekommen seien und eine weiße Haut hätten. Das könnte möglich sein. Aber der Name war von anderen geborgt, die angeblich schon früher und auf demselben Weg zu diesem Land gekommen waren.

Der Geschichte der Inkas entsprechend waren sie zu einer Zeit gekommen, als das Geschlecht der Inkas noch nicht an der Macht war. Der *erste* Inka, so wird erklärt, war von dem *letzten* der Viracochas als Herrscher eingesetzt worden, bevor diese auf demselben Weg zurückfuhren, den sie gekommen waren. Aber sie segelten erst ab, nachdem sie lange genug in Peru gelebt und die Volksstämme im ganzen Land, das sie beherrschten, zivilisiert hatten. Demnach gab es kein Inka-Königreich, als die Viracochas kamen und sich in der Nähe des Titicacasees niederließen, um die Eingeborenen anzuleiten, den Boden zu bestellen. Um ihnen den Terrassenanbau und die Bewässerung beizubringen. Um ihnen zu zeigen, wie man nach Recht und Gesetz in organisierten Gemeinschaften lebt, wie man in den Bergen Steine bricht und die Blöcke ordentlich zu Gebäuden zusammenfügt. Sie führten das Kunsthandwerk der Metallurgie ein und das Spinnen von Garn sowie das Weben von Baumwolle für Kleidung. Sie hatten aus Adobe-Blöcken die riesigen Pyramiden gebaut, die überall im Lande standen, hatten die riesigen Steinstatuen gemeißelt und aufgestellt, wo immer es

auf dem Hochland Steine gab, die man bearbeiten konnte. Sie bauten die ersten Schilfboote. Und sie hatten die Menschen eingeführt in die Anbetung der Sonne, von der, wie sie sagten, ihr großer Führer abstammte.
Der Inka Garcilasso, ein zeitgenössischer Chronist und selbst von königlichem Geblüt, erklärte den verwirrten Spaniern, warum sie als Viracochas bezeichnet wurden:
»Daher kam es, daß sie die ersten Spanier, die Peru betraten, Vera-cocha nannten, weil sie Bärte trugen und von Kopf bis Fuß bekleidet waren ... Aus diesen Gründen gaben die Indianer den Spaniern den Namen Vera-cocha und meinten damit, daß sie Söhne ihres Gottes Vera-cocha sind ...«
Viracocha sah aus wie die Spanier, war allerdings überhaupt nicht so wie sie gekleidet und auch nicht wie die Inkas selbst, die kurze, über dem Knie endende Kleider trugen. Der frühe Chronist Betanzos berichtet, wie der ursprüngliche Viracocha gekleidet war:
»Als ich die Indianer fragte, welche Gestalt dieser Viracocha hatte, als ihn ihre Vorfahren zu Gesicht bekamen, sagten sie, so weit sie wüßten, sei er ein großer Mann mit einem weißen Gewand gewesen, das ihm bis zu den Füßen reichte, und daß dieses Gewand einen Gürtel hatte und daß er sein Haar kurz trug mit einer Tonsur auf dem Kopf nach Art der Priester...«
Eine solche Bekleidung dürfte vor Kolumbus in Amerika wirklich nicht üblich gewesen zu sein. Die Konquistadoren fanden in der Tat Viracocha-Statuen, Skulpturen eines Mannes mit langem Bart, stets in einem mit Gürtel versehenen und bis zu den Knöcheln reichenden Gewand. Er trug Sandalen und um den Kopf hatte er einen Turban gewunden.
Alle Inka-Überlieferungen stimmen darin überein, daß sich Viracocha und seine weißen, bärtigen Gefährten, als sie

zum erstenmal in Peru waren, auf einer Insel im Titicacasee ansiedelten. Und schließlich setzten sie mit Flößen aus Schilf über aufs Festland, um sich an der Seeseite niederzulassen, die heute zu Bolivien gehört. Dort schlugen sie bei Tiahuanaco ihren Wohnsitz auf, wo sie riesige Steinblöcke brachen und daraus Bauwerke schufen, deren Überreste die Spanier sehr beeindruckte und die noch heute die Touristen in Erstaunen versetzen.

Der Chronist Sarmiento, der die gelehrten Inkas *quipucamayocs* befragte, bevor er seine *History of the Incas* schrieb, schildert Viracocha, wie er mit seinen Dienern an der Pazifikküste entlangfuhr. Sie »bewegten sich über das Wasser wie auf dem Land, ohne zu versinken. Denn sie erschienen wie Schaum auf dem Wasser und die Leute gaben ihnen den Namen ›Viracocha‹, was dasselbe heißt wie Gischt oder Schaum auf dem Meer.«

Vom Land aus sehen Floßfahrer tatsächlich aus, als würden sie ohne Probleme auf den Wellen herumlaufen. Denn die Balken des flachen Floßes, auf dem sie stehen, sieht man kaum.

Es war jedoch das Hochland, das die Konquistadoren und fast alle ihre Chronisten interessierte. Dort lebten die Inkas und dort befand sich das gesamte peruanische Gold. Die Küstengebiete waren einige Generationen vor Pizarros Ankunft von den Hochland-Inkas erobert worden und sämtliche Reichtümer der großen Kulturen, die vorher in all den bewässerten Flußtälern die verlassene Küste entlang existiert hatten, waren von den siegreichen Inkas geraubt – und hinauf ins Hochland gebracht worden. Das Flachland an der Küste und die Häfen waren in Armut geraten, die Fischer und Kaufleute mußten den Inkas dienen. Den spanischen Konquistadoren dürfte kaum bekannt gewesen sein, daß wahrscheinlich der Großteil des Goldes, den sie den Inkas wegnahmen, selbst von den Inkas gestohlen worden war, als sie ein oder zwei Jahrhunderte früher die ungeheuer reichen Königtümer an der Küste eroberten. Die Geschichte wiederholt sich. Die urspüngliche Geschichte Perus ist schwierig zu erzählen. So schwierig, daß nicht einmal die Inkas in der Lage waren, sie den spanischen Chronisten als das zu schildern, was wir heute allmählich mit Hilfe von archäologischen Ausgrabungen entdecken. Die Inkas im Hochland hatten ihre eigene Geschichte bemerkenswert detailliert bewahrt, bis zurück zum ersten Inka Manco Capac, der in Cuzco als Regent eingesetzt worden war, als der letzte Viracocha Peru verließ. Die Legende dieses weißen und bärtigen Kulturhelden, der übers Meer kam und wieder verschwand, haben die Inkas mit allen anderen Volksstämmen und Nationen des Landes gemein. Aber sie konnten den Spaniern nur sehr wenig über die Geschichte der Tieflandvölker vor den Inkas erzählen, die sie erst kürzlich erobert und ihrem mächtigen Reich einverleibt hatten. Sie wußten, daß der weiße und bärtige Kulturbringer hier ebenso gewesen war wie im Hochland, aber viel mehr wußten sie nicht. Pizarro und seine Männer kamen zu spät nach Peru, um Zeugen der ehemaligen Größe der Küstenkulturen zu werden, da sich die Königreiche im Tiefland während der Regierung der Inkas zu bescheidenen Feudalprovinzen verkleinert hatten. Auch die Inkas waren bei ihrem Eroberungszug zu spät herunter zur pazifischen Küste gekommen, um die Küstenkultur auf ihrem Höhepunkt zu erleben. Als die Armeen der Inkas hinunter in die Küstentäler stiegen, eroberten sie das reiche und mächtige Königreich Chimu. Aber die Chimu waren selbst ein kriegerisches Volk gewesen, die grausame Eroberungskriege die ganze Küste entlang geführt hatten, die der frühen und noch eindrucksvolleren Mochica-Hochkultur nur wenige Generationen, bevor sie sich den übermächtigen Inkas ergeben mußten, ein Ende bereitet hatten. Was die Inkas den Chimu raubten, hatten die Chimu den Mochica weggenommen. Als die Inkas hinunterkamen an die Pazifikküste, fanden sie von der blühenden Mochica-Dynastie mit ihrer verzweigten, politischen Verwaltung und dem Netz von Kult- und Kulturzentren nur noch bergähnliche Pyramiden und flußähnliche Bewässerungskanäle. Diese beeindruckenden Überreste einer schier übermenschlichen Aktivität waren, wie die Chimu den Inkas erzählten, ein Werk eines legendären Kulturbringers, den die Inkas als ihren Viracocha wiedererkannten.

Vieles, was die Spanier über die mündlich überlieferte Geschichte Perus aufgeschrieben haben, stammte deshalb von den Geschichtsschreibern der Inkas auf dem Hochland. Eine bezeichnende Ausnahme bildet der jesuitische Historiker und Chronist Anello Oliva. Er befragte die eingeborenen Peruaner sowohl um den Titicacasee herum wie unten an der Pazifikküste. Das, was Oliva von dem eroberten Volk an der Küste erfuhr, war ganz anders und weit realistischer als das, was die Inkas selbst über die wunderbare Herkunft ihres ersten, königlichen Inka Manco Capac erzählten. Von der Küstenbevölkerung erfuhr Oliva, daß die eingewanderten Gründer der späteren Inka-Dynastie ursprünglich die peruanische Küste heruntergesegelt kamen, von einem Ort weit im Norden, Oliva vermutet Venezuela. Diese Küstenschiffer siedelten sich zuerst für einige Generationen in der Gegend der Guyaquil Bay an, das sollte in der folgenden Inka-Zeit der nördlichste Zipfel des Inka-Reiches werden. Pater Oliva schrieb:

»Viele unternahmen Fahrten die Küste entlang, und manche erlitten Schiffbruch. Schließlich ließ sich eine Familie auf einer Insel namens Guayau in der Nähe der Küste von Ecuador nieder... Auf dieser Insel wurde Manco Capac geboren, und nach dem Tod seines Vaters Atau beschloß er, seinen Geburtsort zugunsten einer angenehmeren Gegend zu verlassen. Er brach also auf in einem Fahrzeug, das er hatte, nahm 200 seiner Leute mit und teilte sie in drei Gruppen auf. Zwei davon blieben für immer verschollen, aber er und seine Gefährten landeten in der Nähe von Ica an der peruanischen Küste und kämpften sich die Berge hinauf, bis sie schließlich die Ufer des Titicacasees erreichten.«

Diese Darstellung der Ankunft des ersten Inkas Manco Capac am heiligen Bergsee erscheint im Gegensatz zur Darstellung der Inkas nachvollziehbar. Dem Mythos der Inkas zufolge war der Inka Manco Capac von den Strahlen der Sonne auf einer Insel im Titicacasee geboren worden, ein Ort, der in den Augen der Leute im ganzen Land als heilig galt, weil hier der frühere Aufenthaltsort des Viracocha gewesen war.

Olivas Gewährsmänner an der Küste erzählten ihm jedoch, daß sich Manco Capac nach Erreichen der Ufer des heiligen Sees zwischenzeitlich von seinen Leuten getrennt und sie angewiesen habe, sich wie er in Höhlen zu verbergen. Nach einer Weile, so seine weitere Anweisung, sollten sie auftauchen und den abergläubischen Bergstämmen erzählen, daß sie gekommen seien, um nach dem Sohn der Sonne zu suchen. Die meisten von Manco Capacs Leuten überquerten heimlich den See, um sich auf der Titicacainsel zu verstecken, die danach als Insel der Sonne verehrt werden sollte. Als sie unter der erstaunten Bevölkerung auftauchten,

die sich ihnen anschloß, um gemeinsam auf dem Festland mit der Suche zu beginnen, erschien die strahlende Figur Manco Capacs als Sohn der Sonne, »mit Gold bedeckt, genauso glänzend wie sein Vater... Bei diesem Anblick kamen alle Stämme der Gegend, um das wunderbare Wesen zu sehen. Manco Capac empfing sie als seine Untertanen. Diese List liegt seinem Ansehen und der daraus folgenden Herrschaft über den Stamm der Inkas zugunde.«
Ein solcher Vorwurf des Betrugs war nicht einfach ein Zeichen von Eifersucht unter dem unterworfenen Küstenvolk. Nachdem die angeblich göttlichen Inkas hilflos von einer Handvoll Spanier vom Thron gestoßen worden waren, gaben auch Inkas königlicher Abstammung diesen Familienbetrug zu. Der Inka Garcilasso enthüllte ohne weiteres, daß sein Vorgänger diese Insel in dem Gebirgssee für sein erstes wunderbares Erscheinen ausgesucht habe. Er gibt zu, daß unter den Bergvölkern eine alte Legende von einer Überschwemmung bestand, die den größten Teil der Menschheit vernichtete, worauf eine Periode völliger Dunkelheit auf der Erde folgte. Als sich die Dunkelheit hob, waren die ersten Sonnenstrahlen auf der Insel im Titicacasee zu sehen. Außerdem: »Als der erste Inka Manco Capac sah, daß die Indianer den See und die Insel als heilig verehrten, zog er seinen Nutzen aus dieser Geschichte und erfand mit Hilfe seines Verstandes und seiner Klugheit eine zweite Geschichte, wonach er und seine Frau Kinder der Sonne waren. Ihr Vater habe sie auf jene Insel gesetzt, um die Menschen anzuleiten... Mit diesen und ähnlichen Geschichten erreichten es die Inkas, daß die Indianer sie für Kinder der Sonne hielten, und dieser Glaube wurde bestärkt durch die zahlreichen Geschenke, die sie dem Volk gaben.«

Manco Capac ist eindeutig der Name einer historischen Person, die durchgehend in den Genealogien der Inkas als Gründer des königlichen Geschlechts der Inka auftaucht. Sein Vorgänger Viracocha dagegen ist ebenso eindeutig die beschreibende Bezeichnung einer angebeteten hohen Persönlichkeit, die für so heilig gehalten wird, daß ihr wirklicher Name nicht ausgesprochen werden kann, der gleiche Fall wie bei den Azteken mit ihrem Quetzalcoatl. Viracocha wurde genauso wie Quezalgoatl der Familienname oder Titel des heiligen Stammbaumes, der mit einem übernatürlichen Sonnengott beginnt und sich fortsetzt durch das ganze Geschlecht der totalitären Priesterkönige. Alle Bezüge der Inkas auf Viracocha beschreiben ihn als einen Menschen, aber auch als heiligen Vertreter seines eigenen Gottes, der Sonne, auf Erden. Sein Gefolge von weißen und bärtigen Männern, die als Kolonisten mit ihm nach Peru kamen, wurden *Viracocha-runas* genannt, die »Viracocha-Leute« oder »Meerschaum-Leute«, aber im allgemeinen werden sie einfach Viracochas genannt.

Der Chronist Pachacuti-Yamqui, ebenfalls vom Geblüt der Inkas, sagt, diesem großen Kulturbringer in der Zeit vor den Inkas sei, als er zuerst bei den Stämmen um den Titicacasee in Gestalt eines Mannes mit Bart und langem Gewand erschien, von den Leuten viele Namen gegeben wurden. Pachacuti erwähnt neben Viracocha die Namen Ra, Pacha, Ccan und Tonapa. Andere Chronisten nennen außerdem Tici, Ticci und Illa-Tici als häufig wiederkehrende Namen für diesen umherstreifenden Helden im Hochland, während die Leute an der Küste ihn oft als Con bezeichneten. Um die kulturell so verschiedenen Volksstämme in ihrem ausgedehnten Königreich zufriedenzustellen und zu vereinen, kombinierten die Inkas manchmal diese Namen und fügten ihren eigenen Beinamen hinzu, indem sie den zusammengesetzten Namen Con-Tici-Viracocha bildeten. Der Inka-Experte P. A. Means faßt zusammen: »Es scheint erwiesen zu sein, daß in der Zeit vor den Inkas die Namen Con, Con-Tici, Illa-Tici und diverse ähnliche Bezeichnungen für den Schöpfer-Gott später manchmal dem Namen Viracocha vorangestellt wurden...«

Wer immer dieser angebetete Einwanderer der Vor-Inka-Zeit gewesen sein mag, er hat sich jedenfalls nicht so benommen wie die nachfolgenden Europäer. Der Chronist Cieza de Leon, der den Titicacasee und die eindrucksvollen Ruinen der Vor-Inka-Zeit in Tiahunaco und Vinaque unmittelbar nach der Eroberung besuchte, betont das ausdrücklich. Ihm wurde von den dort ansässigen Untertanen der Inkas berichtet, daß diese Ruinen Überreste von weißen und bärtigen Männern seien, die vor der Inka-Zeit hier gelebt hätten, und man beschrieb ihm recht genau die Wesensart dieses Viracocha.

»Und die Indianer, die mir das erzählten, hatten es von ihren Vorfahren gehört, die es auch aus den Liedern wußten, welche sie seit unvordenklicher Zeit gehabt hatten, daß... er den Menschen Regeln gab, wie sie leben sollten, und daß er liebevoll und mit viel Güte zu ihnen sprach und sie ermahnte, gut miteinander umzugehen und Nächstenliebe zu zeigen. An den meisten Orten nennen sie ihn Ticci-viracocha, doch in der Provinz Callao nennen sie ihn Tuapaca und an anderen Orten der Gegend Arunaua. An vielen Stellen wurden Tempel für ihn gebaut, in denen man Steinskulpturen aufstellte, die ihm glichen...«

Wir werden später sehen, daß einige dieser Skulpturen so sehr der europäischen Vorstellung eines mit Kutte bekleideten, bärtigen christlichen Heiligen glich, daß es einmal zu einer ernsthaften Verwechslung kam, als ein großes Standbild des Viracocha für einige Zeit sowohl von den Spaniern wie den Mestizen angebetet wurde, weil erstere ihn für den Hl. Bartolomäus hielten. Als der Irrtum entdeckt wurde, zertrümmerte man das Monument.

Fast 400 Jahre nach Ciezas Befragung der Stämme um den Titicacasee besuchte der Archäologe A. F. Bandelier die Titicacainsel und erfuhr dabei von einem alten Medizinmann, daß diese Insel vor sehr langer Zeit von Herren, *Caballeros*, bewohnt gewesen sei, die ihm, Bandelier, ähnlich gesehen hätten. Sie hätten mit einigen der eingeborenen Frauen verkehrt und deren Kinder wurden die *Inga-Ré*.

Wenn wir die von der Küste stammende Darstellung der Ankunft Manco Capacs für plausibler halten als den Inka-Mythos der Abstammung von der Sonne, dann kam der erste Inka, genauso wie die Viracochas und Pizarro, die Küste von Ecuador herunter. Wir haben gesehen, daß sogar der Inka Garcilasso vor den Spaniern den Betrug zugab, durch den sich seine Inka-Vorfahren den Thron erschwindelten und als übernatürliche Kinder der Sonne herrschen konnten. Trotzdem behaupteten sie weiterhin, daß ihre königlichen Ahnen gemischter Herkunft waren. Eingewanderte Leute mit hoher Kultur und äußerlich den Spaniern ähnlich seien erschienen und hätten sich mit den Stämmen, die seit unvordenklichen Zeiten in den Bergen lebten, vermischt. Diese hellen Einwanderer seien übers Meer gekommen und übers Meer wieder gegangen.

Die spanischen Chronisten stellten fest, daß Inkas von königlichem Geblüt häufig eine viel hellere Hautfarbe hatten als gewöhnliche Menschen. Pedro Pizarro, der persönlich an der Eroberung teilnahm, betonte diesen Punkt und unterschied zwischen der äußeren Erscheinung der Inkas und der ihrer Untertanen. Er beschrieb die von ihm so genannten Herren und Herrinnen des Landes im allgemeinen als groß und gutaussehend. Und die von ihm so genannte gemeine und niedrige Bevölkerung beschrieb er als von durchschnittlichem Äußeren, weder schön noch häßlich. Nach dieser allgemeinen Einschätzung fügte er hinzu: »Die Menschen in diesem Königreich Peru waren weiß, aber mit einem gelbbraunen Farbton, und die Herren und Herrinnen waren weißer als die Spanier. Ich sah in diesem Land eine Indianerfrau und ein Kind, die sich nicht von den Weißen und Blonden unterschieden. Es wurde gesagt, letztere seien die Kinder der heidnischen Götter.«

Die heidnischen Götter in Peru waren in der Tat Viracochas, die wie die Spanier aussahen.

Alle spanischen Chronisten widmeten sich ausführlich den Inka-Berichten über den eingewanderten Kulturbringer Viracocha, nur der Inka Garcilasso scheint sich auch für den einheimischen Zweig seiner Ahnen interessiert zu haben. In seinen *Commentaries of the Incas* schildert er, wie seine Verwandten eines Tages Gespräche über ihre königlichen Vorfahren führten. Er habe dabei den Ältesten von ihnen um eine Erklärung über die Herkunft des Königs gebeten:

»Sobald er meine Fragen gehört hatte, freute sich der Inka über die Gelegenheit, sie beantworten zu können; und ich, obwohl ich seine Geschichten schon viele Male gehört hatte, lauschte seien Worten nie so aufmerksam wie diesmal. Er wandte sich an mich und sagte: ›Neffe, ich möchte dir auf das, was du fragst, mit großer Freude antworten, und du sollst das, was ich zu sagen habe, in deinem Herzen bewahren… So wisse denn, daß in alten Zeiten diese ganze Gegend, die du hier siehst, mit Wäldern und dichtem Unterholz bedeckt war, und die Menschen lebten wie wilde

Tiere ohne Religion oder Regierung oder Stadt oder Häuser, ohne Bestellung des Bodens oder Bekleidung ihrer Körper, denn sie wußten weder Baumwolle noch Wolle zu weben, um Kleider zu machen. Sie lebten zu zweit oder zu dritt in Höhlen oder Felsspalten oder unterirdischen Grotten. Sie aßen die Kräuter auf den Feldern und Wurzeln oder Früchte wie wilde Tiere und auch Menschenfleisch. Sie bedeckten ihre Körper mit Blättern und Rinden der Bäume oder mit den Fellen von Tieren. Kurz gesagt, sie lebten wie Hirsche oder anderes Wild und auch in ihrem Verkehr mit den Frauen waren sie wie Tiere; denn sie wußten nichts vom Zusammenleben mit eigenen Frauen.‹«

Das ist die nüchterne Beschreibung des ansässigen Zweiges ihrer eigenen Vorfahren, wie sie die Inkas untereinander bewahrten und der Nachwelt weitergaben. Klare Worte. Frei von Märchen und Aberglauben. Diese realistische Beschreibung spiegelt die Tatsache wider, daß die Inkas ebenso wie die Azteken Anhänger des Ahnenkults waren und ein größeres Interesse für die Bewahrung ihrer eigenen Vergangenheit zeigten als jede europäsche Nation jener Zeit. Zu diesen eingeborenen Bewohnern des Landes sollen dann die Viracochas mit ihrem Wissen von einer höheren Kultur gekommen sein. Sie mischten sich mit der einheimischen Bevölkerung und gründeten eine Dynastie, die dann die lange Abstammungslinie der Inka-Herrscher wurde.

Was die Inkas den Spaniern erzählten, deckte sich genau mit dem, was die Azteken unabhängig davon früher erklärt hatten: Die Gründer ihrer beiden Reiche waren Einwanderer, die mit dem Keim der Zivilisation zu ihren Vorfahren gekommen waren. Durch sie war es ihnen gelungen, den Weg aus der Barbarei hin zu einer organisierten Gesellschaft zu gehen. Durch sie haben sie eine Lebensweise gefunden, die sich grundsätzlich von der unterscheidet, die immer noch bei den primitiven Stämmen im umliegenden Land vorherrscht. Wenn das stimmt, waren die Spanier im Kielwasser von anderen Weißen gesegelt, bärtig wie sie selbst. Quetzalcoatl war vor Cortez in Mexiko gelandet und Viracocha vor Pizarro in Peru.

Es fiel dem christlichen Kulturkreis in Europa schwer, das zu glauben. Zu glauben, daß Götzendiener, die die Anbetung der Sonne predigten, als Kulturbringer in der neuen Welt gewesen sein sollten, bevor die Konquistadoren mit dem Kreuz kamen. Wenn die Behauptungen der Azteken und Inkas der Wahrheit entsprach, dann waren die weißen Männer aus dem Europa des Spätmittelalters nur nach Mexiko und Peru gekommen, um das zu ernten, was weiße Männer der Antike einst gesät hatten.

Heute, wo die Nationen überall auf der Welt gelernt haben, mit Menschen zusammenzuleben, die anderen Glaubensrichtungen anhängen als der eigenen, fangen wir an, den Hochkulturen des alten Amerika eine höhere Wertschätzung und in einigen Fällen sogar Bewunderung entgegenzubringen. Es hat sich eindeutig gezeigt, daß die Hochkulturen der Azteken und der Inkas im großen und ganzen denen der übrigen Welt der damaligen Zeit ebenbürtig, wenn nicht überlegen waren. Wenn der Azteke Montezuma und der Inka Atahualpa mit all ihren kompetenten Schreibern und *quipu-camayocs* heute vor uns stehen könnten, hätten sie ein Recht, zu sprechen und gehört zu werden. Wir würden erklären müssen, warum wir ihre Darstellung der eigenen Geschichte bezweifelten. Wir würden beweisen müssen, daß niemand mit heller Haut und Bart vor uns in ihr Land gekommen sein konnte. Wir sind erstaunt, daß Nicht-Christen wie die Azteken und Inkas genauso Schulen hatten wie wir in Europa. Dabei wissen wir, daß sie vertraut waren mit Mathematik, Geometrie, Ingenieurkunst, Architektur, Hydraulik, Chirurgie und Astronomie. Über vier Jahrhunderte lang haben wir unsere Augen vor der Tatsache verschlossen, daß diese hoch zivilisierten Völker auch leidenschaftliche Historiker waren. Die Vergangenheit war ihnen genauso wichtig wie die Gegenwart. Sie lehrten ihre Kinder eine amerikanische Geschichte, die sich grundsätzlich von dem unterscheidet, was wir unseren Kindern über die Entdeckung von Amerika erzählen.

Können *wir unsere* Behauptungen beweisen? Können wir heute mit all unserem angesammelten Wissen ein einziges gültiges Argument vorbringen, daß ihr Glauben und ihre Überlieferung falsch waren?

Wer leugnet, daß die Geschichte der Azteken und Inkas einer deutlichen Überprüfung im Lichte neuester Erkenntnisse bedarf, sollte die folgenden Kapitel nicht lesen. Denn sie handeln genau davon.

Zu Fuß nach Amerika

Stellen wir erneut die Frage: Wer entdeckte Amerika? Die Amerikaner. Die Vorfahren der Völker, die Cortez und Pizarro willkommen hießen. Oder genauer: die Vorfahren der Völker, die Quetzalcoatl und Viracocha willkommen hießen, wenn wir den eingeborenen Amerikanern glauben wollen.
Die frühe amerikanische Geschichte, wie sie den Spaniern berichtet wurde, begann mit der Ankunft von Quetzalcoatl und Viracocha. Die Volksstämme, auf die diese beiden Kulturgründer an der Küste stießen, hatten keine eigene Geschichte. Sie waren einfach da. Durchstreiften die Wildnis auf der Suche nach Nahrung, wie es in der Geschichte der Azteken und Inkas heißt. Waren unbekannt, bis sie zu organisierten Gemeinschaften zusammengefaßt und von den aus dem Meer gestiegenen Ankömmlingen zur wahren Kultur geführt wurden.
Diese letzte Aussage eines nichtamerikanischen Ursprungs bestreiten wir. Wir stimmen jedoch darin überein, daß die ersten Amerikaner primitive Barbaren gewesen sein müssen, genauso, wie es die Azteken und Inkas sagen.
Da keine plausible, alternative Sicht angeführt werden kann, müssen wir davon ausgehen, daß die allgemein akzeptierte Auffassung zutrifft: Die ersten Amerikaner kamen zu Fuß aus Asien.

Diese ersten Amerikaner hatten keine Schrift und kein Interesse an der Geschichte ihrer Vorfahren. Ihren Nachkommen in ganz Amerika fehlte jede erinnerte Überlieferung des langen Zuges aus Asien. Sie vermochten den Geschichtsschreibern der Azteken und der Inkas nicht bei der Rekonstruktion der amerikanischen Geschichte vor der Ankunft von Quetzalcoatl und Viracocha behilflich zu sein.

Die ersten Seiten, die bei der Ankunft von Cortez und Pizarro in Amerika fehlten, sind von heutigen Anthropologen geschrieben worden. Die Männer und Frauen, die als erste Amerika betraten, stapften durch den Schnee. Sie kamen von einer gefrorenen Tundra und kannten noch keine Töpferei. Sie kannten auch keine Bepflanzung des Bodens mit Samenkörnern. Sie kämpften sich durch eisige Stürme und arktische Dunkelheit, wo es nicht viel zu entdecken gab, bis sie Amerika in der Gegend der Beringstraße erreichten. In Eiszeiten und strengen Wintern war Alaska mit Sibirien durch das Eis verbunden. Etwas weiter südlich, unterhalb der Inselkette der Aleuten, sind die alte und die neue Welt auf dem Pazifik durch die ständige Bewegung eines gemäßigten Flußes, dem Kuro-Schio-Strom von Japan, verbunden. Als man in Südostasien lernte, schwimmfähige Fahrzeuge zu bauen, war dieser Meeresfluß dazu geeignet, auf schnelle und bequeme Weise nach Amerika, wie wir es später benennen sollten, zu gelangen. Dieser unsichtbare Meeresaufzug konnte Fischer von den Philippinen unabsichtlich innerhalb weniger Wochen von tropischen Gewässern direkt zu den eisfreien Fjorden Britisch Columbias befördern. Egal ob über Land oder übers Meer ist Nordamerika auf der pazifischen Seite nichts als ein leicht abzutrennendes Anhängsel Asiens.

Wie die Anthropologen gezeigt haben, existierten noch keine höheren Primaten, als Amerika anfing, allmählich geologisch von Afrika abzutriften. Die höheren Primaten waren auch nicht fähig, diesen abtriftenden Kontinent einzuholen, indem sie durch arktischen Schnee stapften. Der Mensch schon. Und er machte es. Als er Alaska betrat, fand er unendliche neue Jagdgebiete vor. Kommende Generationen wanderten südwärts. Vergaßen den arktischen Überlebenskampf. Drangen vor zu den grünen Wäldern des heutigen Kanada und den weiten Ebenen der jetzigen Vereinigten Staaten. Neue Generationen gelangten in tropische Gebiete, wurden Dschungeljäger, folgten dem schmalen Isthmus von Mittelamerika und betraten Südamerika. Gebirge, Regenwälder, Wüsten, Pampas. Verlockt vom Unbekannten und geschoben von den Nachkommenden wurden die wandernden Pioniere von den eisigen Gewässern um Feuerland gestoppt, so nahe an der Antarktis verbreitete sich die Menschheit in voreuropäischer Zeit.

Als Kolumbus auf den Antillen landete, läutete er eine neue Epoche in der Geschichte der Menschheit ein. Doch nachdem der erste der Entdecker Amerikas seinen Fuß auf die neue Welt gesetzt hatte, verging für ihn und für die gesamte Menschheit zu dieser Zeit ein Tag wie der andere.

Es kommt unter Wissenschaftlern immer noch zu hitzigen Diskussionen über die Frage, wann der erste Mensch von Sibirien nach Alaska gegangen ist. Es werden zunehmend frühere Zeitepochen angenommen. Die konservativsten Meinungen sprechen von 20 000 v. Chr. während inzwischen 40 000 v. Chr. durchaus akzeptabel geworden ist. Manche plädieren sogar für noch früher. Wir wollen das dahingestellt sein lassen, niemand weiß es genau, aber es war sehr früh. So früh, daß sich in den Teilen Ostasiens, wo die ersten Amerikaner ihre Wanderung begonnen hatten, noch keine Zivilisation gebildet hatte.

Über diese vergessenen Pioniere werden wir nicht viel mehr erfahren, als wir schon wissen: Ihre Kulturstufe muß ebenso niedrig gewesen sein wie die primitiven Werkzeuge, die man von ihnen gefunden hat, typisch für die herumstreifenden Jäger dieser Zeit. Sie hatten eine endlose Tundra überwunden, ohne organisierte Gemeinschaft als Jäger und Sammler in Sippen. Ihre Architektur hatte sich auf behelfsmäßige Unterkünfte aus Tierfellen oder Schneeblöcken beschränkt. Sie trugen keine Samenkörner bei sich, trieben keinen Ackerbau, und der Polarhund war ihr einziges Haustier. Sie lebten von dem, was sie auf der gefrorenen Erde töten oder unter dem Eis fischen konnten. Ihr Eigentum war primitiv und äußerst dürftig: ein paar Werkzeuge sowie Schmuck aus Stein, Knochen, Horn, Zähnen und Muscheln. Töpferei war in den arktischen Gebieten nicht möglich und mußte in den südlicheren Breiten neu erfunden oder von Seefahrern, die mit dem Kuro-Schio-Strom kamen, nach Amerika gebracht werden.

Es folgte nun eine Generation nach der anderen, und die arktischen Wanderer drangen immer weiter in die klimatisch höchst unterschiedlichen Zonen von Nord- und Südamerika vor, was zwangsläufig zu einer Änderung der Lebensgewohnheiten führte. Die Unterkünfte, die sie vor beißender Kälte schützen sollten, wurden nun durch leichte Zelte, Höhlen oder Laubhütten ersetzt, zum Schutz vor der sengenden Sonne. An die Stelle der Fellbekleidung trat der Lendenschurz oder die Nacktheit. Die Jahrtausende vergingen, ständig kamen mehr Menschen auf denselben Wegen, und durch Heiraten, Isolation, unterschiedliche Umgebung und veränderte Bedürfnisse änderten sich auch die Kulturen der ursprünglichen Einwanderer, es entstand eine verwirrende Vielfalt verschiedener Typen, Sprachen und Kulturen. Das war es, was die Europäer vorfanden. Die Verschiedenheit unter den Volksstämmen Amerikas war größer als die unter den Nationen Europas. Der auffälligste Unterschied war der zwischen den zivilisierten Völkern der klar geordneten Königreiche und den primitiven Volksstämmen um sie herum. Sobald europäische Pioniere begannen, die riesigen Gebiete Nord- und Südamerikas außerhalb der Reiche der Azteken und Inkas zu erforschen, entdeckten sie überall verstreut Stämme oder Sippen, die sich auf der Stufe einer reinen Steinzeitkultur befanden. Etwa 90 Prozent des Gebietes der neuen Welt war noch von primitiven Gemeinschaften bewohnt, die wenig oder keinen Fortschritt hin zu einer höheren Kultur gemacht hatten, die meisten beschafften nach wie vor als umherstreifende Jäger auf den Steppen und in den Wäldern ihre tägliche Nahrung.

Nicht so in Mexiko und Peru. Warum? Die Azteken und Inkas nannten uns den Grund. Aber wir wollten ihn nicht glauben. Wir glauben ihnen allerdings, was der Inka Garcilasso als Sprecher seiner königlichen Familie berichtet hat, daß sie nämlich ursprünglich »wie wilde Tiere lebten, ohne Religion oder Regierung oder Stadt oder Häuser, ohne das Land zu bebauen oder sich Kleider anzuziehen ...« Wir weigern uns jedoch zu glauben, daß einige Viracochas vor uns kamen. Wir beharren darauf, daß diese Wilden die Inka-Hochkultur ganz allein aufgebaut haben. Niemand, so sagen wir, ist vor den Spaniern imstande gewesen, den langen Weg nach Peru zu finden, außer über die Arktis im Norden. Und dort gab es keine zivilisierten Menschen. Daraus folgt für uns, daß die Sonne von Mexiko und Peru den kulturellen Fortschritt in Gang brachte, den die Tundra verhinderte.

Sonne fördert das Blühen der Pflanzen, doch die meisten glauben gewöhnlich, daß sie auf die menschliche Energie und die Arbeitslust hemmend wirkt. Zu Recht oder Unrecht zeichnen wir Comics mit Mexikanern, die mit einem Sombrero im Schatten eines tropischen Baumes dösen. Aber die prähistorischen Mexikaner stellen wir uns als hyperaktiv vor, die ohne Rast und Ruh Städte und Tempel bauten, nur angespornt von der Sonne, die sie anbeteten. Theoretisch war es demnach die Sonne, die sie anregte zur Erfindung all der Kunstwerke und Handwerke einer organisierten Zivilisation, wohingegen die eingeborenen Amerikaner in den weniger sonnigen Klimazonen der Vereinigten Staaten primitiv blieben. Stellten die Europäer im Falle Amerikas das geographische Muster von Fleiß und Aktivität einfach auf den Kopf?

Wir scheinen es als gegeben hinzunehmen, daß das Klima auf einen Menschen zur Zeit vor Kolumbus die umgekehrte Wirkung hatte. Wir fragen uns nicht, warum sich bei Volksstämmen in den erfrischenden klimatischen Zonen im Norden von Mexiko und im Süden von Peru vor der Ankunft der Europäer keine Hochkultur entwickelte. Oder warum sich umgekehrt ein Band von ehemaligen Hochkulturen durch das tropische Dschungelgebiet Mittelamerikas zog, von Mexiko bis nach Peru. Und dort gingen Cortez und Pizarro an Land, nachdem sie auf den Spuren des Kolumbus das Meer überquert hatten. Mit Hilfe des immerzu fließenden Kanarischen Stromes. Welch einleuchtende Route für den Import von Inspiration ins tropische Amerika!

Die Spezies Mensch brauchte Tausende von Jahren, um sich vom tropischen Asien ins tropische Amerika auszubreiten.

Aber es dauerte nur einige Wochen, Schilfboote wie die Ra oder Karavellen wie die von Cortez und Pizarro, segelnde oder wider Willen treibende Seefahrer von Afrika ins tropische Amerika zu bringen.

Es scheint vernünftig, sich das noch mal vor Augen zu halten, wenn wir die Kulturen, die die Europäer im Golf von Mexiko fanden, mit denen vergleichen, die sie an der Atlantikküste etwas weiter nördlich fanden. Im feuchtschwülen Klima des mexikanischen Dschungels waren blühende Städte mit prächtigen Tempelbauten entstanden, ein Beispiel für außergewöhnliches Fachwissen in fortgeschrittenen Formen des Handwerks und der Kunst. An der Küste der jetzigen Vereinigten Staaten, wo Washington und eine Reihe der heute wirtschaftlich wichtigsten Städte liegen, lebten die eingeborenen Amerikaner in primitiven Laubhütten, die weniger kunstvoll gebaut waren als ein Elsternnest. Unabhängig vom Wetter, die Amerikaner in diesem Gebiet gaben sich damit zufrieden, was ihre Vorfahren der Wildnis abgerungen hatten, als sie sich einst hier niederließen. Sie hatten keine Geschichte eines Quetzalcoatl oder Viracocha, die ihnen beigebracht hätten, anders zu leben.

Es ist mehr erforderlich als nur tropische Hitze, um eine Hochkultur auszubrüten. Das Klima genügte nicht, um die nach wie vor in den tropischen Wäldern Brasiliens herumziehenden Dschungelstämme anzuregen, die arktischen Eskimos kulturell zu überholen. Im Unterschied zu ihren Nachbarn in Peru waren sie zufrieden mit einer Hängematte, mit Pfeil und Bogen, vielleicht einem Blasrohr und einem Lendenschurz.

Man möchte gerne, und manchmal mit gutem Grund, eine so weitgehende Ähnlichkeit unter den Menschen annehmen, daß dieselben klimatischen und natürlichen Bedingungen in zwei weit auseinanderliegenden Landstrichen genügen können, um verblüffende kulturelle Parallelen hervorzubringen. Anthropologen, die sich nicht persönlich an Ort und Stelle umgesehen hatten, benutzen diese Annahme, um die erstaunlichen kulturellen Übereinstimmungen zwischen Mexiko und Peru vor Kolumbus zu erklären. Wer sich jedoch mit diesen Gegenden selbst vertraut gemacht hat, wird wissen, wie völlig verschieden das Klima in diesen zwei Ländern ist. In Mexiko sind die ältesten Überreste einer Hochkultur die eines unbekannten Volkes, das wir »Olmeken« genannt haben. Sie bauten die erste Adobe-Pyramide und hinterließen direkt am Strand des schwülen und sumpfigen Golfes von Mexiko Abbilder von bärtigen Männern, vornehm gekleidet und in riesige Stelen gemeißelt. Die Gegend war so dicht zugewachsen mit Dschungelbäumen, daß man kaum den Himmel sah und die Sonnenstrahlen selten bis auf den Boden drangen. In Peru entwickelten sich die ersten Hochkulturen ebenfalls an der Küste, allerdings in ausgetrockneten, unfruchtbaren Tälern, die durch nackte Klippen und endlose Sanddünen voneinander getrennt waren. Da wuchs nichts in der sengenden Sonne, bis die kulturell fortgeschrittenen Pyramidenbauer sich dort niederließen und ein kompliziertes Bewässerungssystem mit Kanälen und Aquädukten schufen. Die natürlichen Bedingungen in Mexiko und Peru waren so unterschiedlich, daß das, was im einen Fall eine kulturelle Entwicklung gefördert hat, im anderen Fall hätte hemmend wirken müssen.

Kehren wir zurück zu den offenbar wackligen Doktrin von der Gleichheit der Menschen auf der ganzen Welt, wonach eine ähnliche natürliche Umgebung ein ähnliches Verhalten und eine ebensolche Entwicklung auslösen, müssen wir die Europäer gerechterweise in diese Betrachtung mit einbeziehen. Wir behaupten, daß sich, da die Menschheit überall gleich ist, die Menschen auf beiden Seite des Atlantiks unabhängig voneinander entwickelt haben. Die Inkas hätten ins Feld führen können, wenn die Konquistadoren es geschafft hatten, mit Segelschiffen Mexiko und Peru zu erreichen, warum waren dann nicht andere vor ihnen dazu imstande? Wir ziehen es allerdings vor, den Ureinwohnern Amerikas zu schmeicheln und ihnen zu sagen, daß sie uns so sehr gleichen, weshalb es ihnen möglich gewesen sei, ihre eigene Kultur und Zivilisation zu schaffen, nur damit sie uns nicht um die Ehre bringen, Amerika vom Meer aus entdeckt zu haben.

Die Inkas hätten sagen können, wir Peruaner sind wie ihr. Aber das trifft auch für alle unsere Nachbarn zu, die niemals zivilisiert wurden. Und wir wissen, warum es nicht dazu kam. Wißt ihr es auch?

Wir wissen es nicht. Jedenfalls nicht, solange wir die Erklärung der Inkas akzeptieren: Die anderen Stämme waren benachteiligt, ihre Gebiete lagen außerhalb der Königreiche, die die Viracochas bei ihrem Besuch gründeten.

Wir verschließen unsere Augen vor der Mehrheit der amerikanischen Ureinwohner, die nicht den Segen des kulturellen Fortschritts erfuhren und sich nicht an weiße und bärtige Männer erinnerten, die kamen und ihnen den Weg zur höheren Kultur zeigten. Wir tun so, als würden wir die enormen kulturellen Unterschiede in dem Amerika vor Kolumbus nicht sehen und klammern uns an die These von der Gleichheit.

Es bedeute eine Beleidigung unserer Mitmenschen im ursprünglichen Amerika, sagen wir, zu bezweifeln, daß einige von ihnen genau wie wir eigene Hochkulturen hervorgebracht hatten.

Aber hatten wir das eigentlich?

Wie können wir in Europa so großzügig sein, den Azteken und Inkas einen eigenständigen Weg zu Kultur und Zivilisation zuzugestehen, wenn wir dasselbe nicht für uns behaupten können? Waren die amerikanischen Ureinwohner etwa nicht von gleicher Art wie wir, sondern uns überlegen? Wir in Europa bekamen den Keimling für eine kulturelle Entwicklung von Asien und Afrika über Kreta. Haben die Völker im alten Mexiko die Schrift erfunden und das Papier, um darauf zu schreiben, und wir nicht? Alle europäischen Nationen müssen sich tief vor den Seefahrern aus Libanon und Ägypten verbeugen, die in der Antike Griechenland sowie unseren übrigen Kontinent zivilisierten. Diese alten Kulturbringer brachten uns auch den Glauben und das Kreuz, das Cortez dem Kaiser Montezuma aufzwang, und die Bibel, die Pizarro dem Inka Atahualpa in die Hand drückte.

Wissen wir denn nicht, daß die Griechen und Römer nur eine sehr primitive Kultur hatten, als die Sumerer in Mesopotamien und die Pharaonen in Ägypten mit Schilfbooten zu unbekannten Küsten segelten und eine Kulturstufe erreicht hatten, die bei uns kaum je erreicht wurde? Wir wissen sicher noch vom Schulunterricht, daß sich die Erfindung der Schrift von den Sumerern am Persischen Golf zu den Hetithern im Mittelmeerraum ausbreitete. Und daß die Hetither danach den Phöniziern beibrachten, Schiffe zu bauen und eine Schrift zu verwenden, die sie in Buchstaben verwandelt hatten und an die schreibunkundigen Nationen in Europa weitergaben. Das ist Allgemeinwissen. Nicht so allgemein bekannt ist dagegen, daß es hieroglyphische In-

schriften von den frühen Olmeken in Mexiko gibt, eingemeißelt in Reliefs auf steinernen Stelen, bevor sich irgendeine Art von Schrift vom Mittleren Osten nach Europa ausgebreitet hatte. Kurz, die Ureinwohner Amerikas konnten früher schreiben als die Ureinwohner Europas.
Wollen wir die ersten Bewohner Amerikas als gleichgestellt betrachten, müssen wir in Erwägung ziehen, daß die Azteken, genau wie die Spanier, die Idee und Kunst der Schrift von jemandem übernommen hatten. Jemand, der seinerseits diese Fähigkeit von frühen Reisenden bekommen hatte.
Der Kanarische Strom bewegte sich zusammen mit den östlichen Passatwinden in der Antike nicht anders als im Mittelalter. Diese nach Westen gerichtete Bewegung hängt mit der Erdrotation zusammen. Der Isthmus von Panama war in der Antike genauso schmal und leicht zu überqueren wie damals, als die Spanier ankamen und Pizarro feststellte, daß die erste günstige Stelle, um an Land zu gehen, die freie Nordküste von Peru war. Weder diese natürlichen Bedingungen noch das Denken und Handeln der Menschen hatten sich geändert. Sonnenanbeter aus dem Mittleren Osten segelten auf der Suche nach Zinn und Purpurschnecken bereits zu einer Zeit hinaus auf dem Atlantik, als die unbekannten Olmeken die ersten Pyramiden bauten und Stelen von bärtigen Männern am Ufer des Golfes von Mexiko aufstellten.
Wir wollen uns an unsere Behauptung halten, daß der Mensch auf gleiche natürliche Herausforderungen ähnlich reagiert. Weshalb sich Geschichte ständig wiederholt. Das sollte auch für die Vorgeschichte gelten.
Innerhalb einiger Jahrzehnte bauten sich Tausende von Spaniern zerbrechliche Schiffe, um im Kielwasser von Cortez und Pizarro zu segeln und danach ihren Pfaden hinauf ins

Hochland von Mexiko und Peru zu folgen. Sie kamen aus einer Richtung, aus der nach Angabe der ansässigen Amerikaner schon andere vor ihnen gekommen waren. Aus dem Osten über den Atlantik nach Mexiko. Aus dem Norden nach Peru an der Küste von Ecuador entlang. Die Kühnheit, Neugier und Geschicklichkeit des Menschen, sich auf See oder an Land zu bewegen, hatte sich in dem Zeitraum von 3000 v. Chr. bis 1500 n. Chr. den historischen und kulturellen Überresten zufolge nicht grundsätzlich verändert. Der physische, mentale und kulturelle Fortschritt hat in den letzten 5000 Jahren nicht proportional zur Zeit zugenommen.

Wenn Seefahrer vor Kolumbus den Atlantik überquert haben, warum kehrten sie dann nicht zurück und erzählten der Welt von ihrer Entdeckung? Und warum sind sie nicht auf den karibischen Inseln geblieben, statt weiterzufahren nach Mexiko und Peru, bevor sie begannen, Pyramiden und Städte zu bauen?

Vielleicht waren sie nicht so erpicht darauf wie Kolumbus, ihre Entdeckungen anderen mitzuteilen. Vielleicht hatten sie das Gefühl, eine Welt gefunden zu haben, die ihnen mehr Platz, mehr Sicherheit und materiellen Wohlstand bot als das Land, das sie verlassen hatten.

Die Spanier drangen ohne zu zögern von den durch Kolumbus erreichten Inseln aus weiter vor. Seine Landsleute segelten sofort weiter und entdeckten den Kontinent, bevor sie neue Nationen fanden. Hätten das nicht auch andere vor ihnen tun können?

Die Reisenden in der Antike hätten genau wie die Spanier die Festlandküsten von Mittelamerika und Venezuela mit Mangrovensümpfen und nahezu undurchdringlichen Regenwäldern finden und für ungeeignet für eine Landwirt-

schaft und eine dauernde Besiedlung halten können. Aber bei Panama verengte sich das Festland zu einer schmalen Brücke und direkt dahinter breitete sich ein neues, schiffbares Meer aus. Balboa überquerte diesen Isthmus und erreichte bereits 1513 den Pazifik, sechs Jahre bevor Cortez nach Mexiko gelangte. Balboa wurde von seinen Landsleuten geköpft, doch später begannen Andagoya und Pizarro auf der pazifischen Seite Boote zu bauen, und einige Jahrzehnte danach segelten die Spanier weiter Richtung Peru.
Die tropische Küste, der sie von Panama aus südwärts folgten, war anfangs genauso abschreckend wie auf der Atlantikseite. Steile Klippen und dichter, von undurchdringlichen Mangrovesümpfen unterbrochener Dschungel. Ein wildes Durcheinander aus Luftwurzeln und auf dem Wasser schwimmenden Stämmen blockierte jeden Zugang zum Festland. Erst als Pizarro vor der Küste von Ecuador auf die ersten segelnden Inka-Flöße traf, veränderte sich auf einmal die abstoßende Landschaft, und vor ihm lagen freundliche Buchten und vorgelagerte Inseln.
Das müßte die Gegend gewesen sein, wo den Küstenindianern Perus zufolge der erste Inka, Manco Capac, geboren wurde, als seine Sippe an der südamerikanischen Küste entlangfuhr. Und die Viracochas, die Kultur bringenden Vorläufer der Inka, waren in Manta an dieser ecuadorischen Küste an Bord gegangen, als sie das Inka-Reich für immer verließen. Dieser einladende Teil des südlichen Ecuador war, als Pizarro ankam, immer noch das nördlichste Gebiet des Inka-Reiches.
Wenn wir heutzutage Lateinamerika mit dem Auto, der Eisenbahn oder per Flugzeug bereisen, vergessen wir leicht, daß die spanischen Konquistadoren hier im wesentlichen dieselben unwirtlichen Küsten entlangsegelten und sich

durch dieselben Dschungelwälder und über dieselben Bergpässe quälen mußten wie die von ihnen besuchten Völker. Sie hatten keinerlei Vorteile, wenn sie sich mit ihren schwerfälligen Karavellen dicht am unbekannten Land entlang vorwärtstasteten und nach Möglichkeiten suchten, mit ihren europäischen Pferden in die Wildnis einzudringen. Sie waren benachteiligt, weil sie die vorhandenen Wege nicht kannten, nicht vertraut waren mit der Nahrungsbeschaffung und das Klima und die Natur nicht gewohnt waren. Wir halten es trotzdem für ganz normal, daß die Spanier imstande waren, innerhalb einer einzigen Generation ganz Lateinamerika kreuz und quer zu bereisen und bezweifeln gleichzeitig die Fähigkeit der eingeborenen Amerikaner, ihre nächsten Nachbarn vor dem Auftreten der Europäer zu besuchen. Die Mehrzahl der Anthropologen vertritt ernsthaft die Auffassung, daß die Azteken und Inkas nie etwas voneinander gehört hatten, bevor die Spanier kamen und der einen amerikanischen Nation von der anderen erzählten. In der Wissenschaft gibt es eine Richtung, die die Völkerstämme vor Kolumbus an Hand von Tonscherben identifiziert. Fleisch und Knochen verwesen, Krüge aber mögen zwar brechen, doch ihre Scherben überdauern und können nach Form und Farbe identifiziert werden. Vergessene amerikanische Stämme wurden oft nach den von ihnen hinterlassenen Tonscherben wiederentdeckt und benannt. Nasca White on Red, Black Chimu, San Nicolas Moulded und Queneto Polished Plain sind solche Beispiele. Und dann ordnen wir frühere Völker ein und gruppieren sie systematisch wie Tonscherben auf unseren Regalen. Der verwendete Lehm und die Form, die der obere Rand des Kruges hatte, werden sorgfältig festgehalten, und wenn wir in einem Tal eine Gefäßform finden, die nicht dorthin gehört, gehen wir sofort davon aus, daß hier eine irrtümliche Einordnung vorliegt, denn sonst bestünde ja die Möglichkeit, daß in prähistorischer Zeit irgendwelche Reisende ihr eigenes Gebiet verlassen hatten.

Die starre Haltung der isolationistischen Schule, die die Auffassung vertritt, alle amerikanischen Kulturen hätten sich in genau dem Gebiet entwickelt, in dem die Spanier sie vorfanden, verliert zunehmend an Glaubwürdigkeit. Bei einem sorgfältigen Studium der vorhandenen Fachliteratur aus diesem Jahrhundert wird ein beinahe religiöser Eifer deutlich, mit dem die Anthropologen des frühen 20. Jahrhunderts jeden Kollegen angreifen und einschüchtern, der mutig oder unvorsichtig genug ist, ihre unbewiesene Lehrmeinung mit dem Argument anzugreifen, die Amerikaner hätten auch schon in der Zeit vor Kolumbus Reisen unternommen und Handel getrieben. Die ursprüngliche Bevölkerung von Nord-, Mittel- und Südamerika bestand keineswegs nur aus Zinnsoldaten oder Keramikfiguren, die in erstarrter Haltung warteten, daß die Europäer kamen, sie zum Leben erweckten und in Bewegung setzten.

Die Ethnobotaniker gehörten zu den ersten Wissenschaftlern, die es wagten, der isolationistischen Auffassung entgegenzutreten. Sie brachten genetische Beweise für Handelsbeziehungen und die Verbreitung von Kulturpflanzen über weite Strecken und schleuderten sie wie Torpedos gegen die ethnographischen Barrikaden. Der amerikanische Forscher George Carter gehört zu denen, die sich vehement für ein neues Denken auf dem Gebiet der amerikanischen Anthropologie einsetzten. Nachdem er dieselben voreuropäischen, eßbaren Pflanzen in dem gesamten Bereich der Hochkultur vom Norden Mexikos bis hinunter in den Südteil von Peru fand, schrieb er:

»Die spanischen Unternehmungen in Amerika sind für uns vermutlich die besten Beispiele, die wir haben, um uns vorzustellen, was früher geschehen sein könnte. Es waren relativ wenige Spanier, und trotzdem erforschten sie in der Zeit von 1520–1540 praktisch die gesamte neue Welt von Kansas bis Argentinien. Das kann nicht allein an ihren Waffen gelegen haben. Cabeza de Vaca, der Schiffbruch erlitt, schaffte es, fast ohne Kleider von irgendwo an der Golfküste der Vereinigten Staaten aus quer durch den Kontinent zu laufen, vorbei an allen dort lebenden Stämmen bis zum Golf von Kalifornien und von dort weiter zu den spanischen Besitzungen in Mexiko.«

Dieser unglückliche Spanier und seine Gefährten verloren tatsächlich ihr gesamtes Eigentum in der Brandung vor der Küste vor Florida, und sie wanderten acht Jahre lang (1528–1536) unbewaffnet, abgerissen und barfuß von einem unbekannten amerikanischen Stamm zum nächsten, durch ganz Nordamerika, von einer Küste zur anderen. Natürlich hinterließen sie auf ihrem Weg keine sichtbaren Spuren, und sie verstreuten keine Tonscherben zum Beweis für die von ihnen zurückgelegte Strecke.

Fünf Jahre später durchquerte Orellana (1540–1541) ebenso unbehelligt ganz Südamerika von der Pazifikküste des Inka-Reiches quer über die Anden und hinunter zum Amazonas, dem er von der Quelle bis zum Atlantik folgte.

Den schmalen, mittelamerikanischen Isthmus, der die Gebiete der Azteken und der Inkas verband, hatten schon damals Spanier in kleinen Gruppen zu Fuß überquert, genauso wie andere Eingeborene, ohne von den Stämmen oder Nationen, die sie passierten, behelligt zu werden.

Dasselbe, was die Spanier antrieb, das Land zu erforschen, konnte auch die Azteken und Inkas in Bewegung gesetzt

haben. Armeen wären aufgehalten worden, nicht aber friedliche Gruppen mit Handelswaren und auf der Suche nach Rohstoffen.
Die Vorfahren all dieser Männer und Frauen in Amerika vor Kolumbus waren aus verschiedenen Gegenden gekommen. Sie sind rastlos herumgezogen wie Zigeuner. Getrieben von einem in ihnen sitzenden Streben nach Neuem oder manchmal auch von Habgier. Wenn sie Mauern um ihre Städte bauten, dann nur zur Verteidigung und nicht, um ihren Bewegungsdrang einzuschränken. Die Azteken und die Inkas konnten ebenso wie ihre zivilisierten Vorgänger diesen ungeheuren Reichtum an Gold, Silber, Edelsteinen und Muscheln nur durch Reisen und Handel erwerben. Ihre Händler und Verbindungsleute legten auf ihrer Suche nach Wissen und Reichtum in kurzer Zeit weite Strecken zurück. Was die Spanier in den Schatzkammern der Azteken- und Inka-Kaiser und was sie auf all den Feldern angebaut fanden, war das Ergebnis eines ausgedehnten Handels und Verkehrs. Meeresmuscheln aus weit entfernten Ländern hatte man oben im Hochland in verschwenderischer Fülle zu kunstvollen Schmuckstücken verarbeitet. Kunstgegenstände aus Bronze waren in Gebieten, in denen es weder Kupfer noch Zinn gab, allgemein üblich. Prachtvolle Federumhänge aus dem Gefieder von Dschungelvögeln wurden in Wüsten- oder Berggegenden hergestellt, wo keine solchen Vögel lebten. Riesige Monolithe und Bausteine wurden über weite Strecken zu Sumpfgebieten oder Sandwüsten transportiert, wo weit und breit keine Steine waren.
Die eingeborenen Amerikaner verhielten sich denen gegenüber, die friedlich ankamen, nie feindlich. Wie überall auf der Welt würden die Kaiser ihr Reich gegen jede Armee, die plündern und erobern will, verteidigen. Aber die Geschich-

te zeigt, daß kleinen Gruppen von Fremden, die in friedlicher Absicht kommen, meist mit Gastfreundschaft begegnet wird. Wir wissen aus unserer eigenen Geschichte, daß genau dies Kolumbus bei seinem ersten, friedlichen Besuch widerfuhr. Und später sowohl Cortez als auch Pizarro.
Und aus der Geschichte der Azteken und der Inkas in den Sumpfgebieten erfahren wir, daß es den wohlwollenden Lehrmeistern genauso erging, die mit Quetzalcoatl und Viracocha übers Meer kamen. Die Meeresströmungen, die großen Urwälder und der menschliche Geist sind drei ziemlich stabile Faktoren, die der Geschichte Gelegenheit gaben, sich zu wiederholen.
Was die ursprüngliche amerikanische Geschichte betrifft, so wiederholte sie sich, als weiße und bärtige Männer zu Beginn des 16. Jahrhunderts übers Meer kamen.

Weiße und bärtige Männer vom Meer

Wir sind uns darin einig, daß die Geschichte an einen Wendepunkt kam, als die Europäer Amerika erreichten. Für die Europäer begann die amerikanische Geschichte. Für die Amerikaner endete die amerikanische Geschichte. Der Definition nach sprechen wir von Geschichte dann, wenn die Ereignisse schriftlich festgehalten werden. Demnach ziehen wir Europäer voller Überzeugung den Schluß, daß Amerika keine Geschichte hatte, bis die Europäer kamen und die lateinischen Buchstaben mitbrachten.
Dieser Schluß beruht auf falschen Annahmen. Wir unterschlagen die Tatsache, daß die Azteken ihre eigene Darstellung der Landesgeschichte geschrieben hatten, ehe die Europäer ankamen. Ihre Geschichte endete buchstäblich, als die schriftlichen Aufzeichnungen ihrer Vorfahren in Flammen aufgingen. Um jede Erinnerung an die Vergangenheit zu vernichten, verbrannten die spanischen Geistlichen während der Eroberung die aus Papier bestehenden Handschriften der Azteken.
Der eingeborene mexikanische Chronist Ixtlilzochitl beschrieb einige der Bräuche, die bei den Azteken vor der Ankunft von Cortez gepflegt wurden:
»Jeder Stamm hatte seine Schreiber; einige schrieben Jahrbücher, in denen sie die Dinge in der Reihenfolge anordne-

Die Sonnenpyramide von Teotihuacan (erbaut um Christi Geburt, 65 m hoch, 220 m lang). Ansicht mit »Zitadelle«, einem von kleinen Pyramiden bekrönten Mauergeviert.

Maske des Quetzalcoatl, der gefiederten Schlange. Das Gesicht wird durch die Windungen einer Schlange gebildet. Eingelegt mit Türkis und Muscheln. London, British Museum.

Aztekisch, sog. Codex Borbonicus (Wahrsagebuch). Quetzalcoatl. Zeichnung nach einer Abbildung aus dem Codex Borbonicus (Paris).

Yucatan. Fries am nördlichen Gebäude des Nonnenvierecks. Ausschnitt: Der Federschlangengott Kukulcan. Spätklassische Maya-Epoche, 7./10. Jh. n. Chr.

Aztekische Plastik. Kopf des Quetzalcoatl, aus dem Rachen der gefiederten Schlange auftauchend. Grüne Jade. London, British Museum.

ten, wie sie während jedes Jahres abliefen, zusammen mit Tag, Monat und Jahr (ihr Tag hatte 13 Stunden, gemessen mit dem Sonnenwinkel); andere waren zuständig für den Stammbaum der Könige, der Adligen und der Standespersonen, sie führten genau Buch über die, die geboren wurden, und strichen gleichzeitig die Namen derer aus, die gestorben waren. Einige hatten sich um die aufgezeichneten Grenzen zu kümmern und um die Grenzsteine der Länder; andere waren für die Gesetzesbücher, die Riten und die dazugehörigen Zeremonien zuständig.«

Von demselben Chronisten erfahren wir, daß der König von Texcuco die ganze Geschichte des Volkes der Tolteken in einem Buch namens *Teoamoxtli*, dem »Göttlichen Buch« zusammengefaßt hatte, das Schöpfungslegenden enthält, dazu die Berichte von Wanderungen der Vorfahren aus ihrer ursprünglichen Heimat östlich des Atlantischen Ozeans, die Dynastie ihrer Könige sowie alle ihre gesellschaftlichen und religiösen Praktiken, ihre Künste und ihre Wissenschaften.

Ob den Spaniern bewußt war, was sie taten, oder nicht: Das war eines der zahllosen mexikanischen Bücher, die sie vernichteten. Die spanischen Chronisten erwähnen häufig die Existenz solcher Bücher aus Papier, auf die sie in dem großen Gebiet von Mexiko mit Yucatan und hinunter bis Guatemala, Honduras und Nicaragua stießen. Diese Bücher waren aus richtigem Papier gemacht, hergestellt durch Einweichen und Klopfen bestimmter Rinden, und die Seiten so gefaltet, daß daraus Bücher wurden, in die sie ihre Aufzeichnungen mit hieroglyphischen Zeichen in vielen Farben eintrugen. Statt von den Indianern zu lernen, das von ihnen Geschriebene zu lesen, verbrannten die siegreichen Eindringlinge ihre Bücher und erklärten ihren Besitzern, wie man die europäische Geschichte liest und schreibt.

Wir haben gesehen, daß es rühmenswerte Ausnahmen unter den Männern gab, die in Begleitung der Konquistadoren kamen. Über den Beginn der Eroberung notierte der Bischof von Chiapas, Bartolomé de las Casas, wichtige Beobachtungen über die Bräuche, die er im ursprünglichen Mexiko als Augenzeuge erlebte. Er berichtete, daß sich unter den gelehrten Männern Mexikos Chronisten und Historiker befanden, die alles wußten, was die früheren Könige betraf, ihre Abfolge, ihre Taten, die Gründung von Dörfern und Städten und all das, was zu ihrer Geschichte gehörte. Diese Chronisten, so sagte er, führten Buch über die Ereignisse, und wenn sie das auch nicht in Form der von uns benutzten Schriftsprache machten, hatten sie trotzdem ihre eigenen Schriftzeichen. Damit gestalteten sie »große Bücher mit einer solch genauen und feinen Kunstfertigkeit, daß wir sagen müssen, unsere Schriftstücke waren in keiner Weise vollkommener als ihre. Einige von diesen Büchern haben unsere Geistlichen zu Gesicht bekommen, und auch ich sah einen Teil von denen, die von den Mönchen verbrannt wurden, weil sie offenbar dachten, sie könnten die Indianer in Dingen, die die Religion betrafen, verletzen, denn zu dieser Zeit begannen sie gerade mit ihrer Bekehrung.«

Dem Bischof zufolge konnte man den Inhalt der von den Mönchen verbrannten Bücher in fünf Kategorien einteilen. Vier davon befaßten sich mit den Sitten und Gebräuchen, religiösen Riten und ähnlichen Themen. Die letzte Gruppe umfaßte Geschichtsbücher, in denen die Siege und Niederlagen in den Kriegen festgehalten wurden sowie Ursprung, Ahnenreihe und Taten der Könige und der wichtigsten Oberhäupter »bis hin zur Ankunft der Spanier«.

Indem sie die schriftlichen Aufzeichnungen der Eroberten vernichteten, ersetzten die Sieger die mexikanische Geschichte durch ihre eigene. Doch unter den Eindringlingen befanden sich viele gebildete Spanier, die versuchten, wenigstens einiges von der mündlich überlieferten Geschichte zu retten, die in heiligen Liedern und Zeremonien lebendig war. Durch ihre Berichte wissen wir vieles von den Höhepunkten der ursprünglichen amerikanischen Geschichte. Im 19. Jahrhundert begannen Historiker, die in verschiedenen Archiven und Bibliotheken aufbewahrten frühen spanischen Aufzeichnungen darüber zusammenzufassen. Unter den Pionieren, die diese Dokumente studierten, befand sich H. H. Bancroft. Er stellte fest:
»In sämtlichen Mythen, die sich auf die Gründer der verschiedenen amerikanischen Hochkulturen beziehen, werden bestimmte Personen mit gleichem Aussehen erwähnt. Alle sind weiß, bärtig und gewöhnlich mit langen Gewändern bekleidet...«
Kurz nach ihm beschloß D. G. Brinton, sich diesem speziellen Problem zu widmen, und das Ergebnis seiner Forschungen ist das Buch *American Hero-Myths*. Brinton bestätigt Bancrofts Beobachtung:
»Die eingeborenen Stämme hatten viele Mythen, doch ein Mythos erwies sich als so hervorstechend und kehrte mit verblüffend ähnlichen Merkmalen an weit auseinanderliegenden Orten wieder, daß er mich jahrelang beschäftigte und ich mich entschloß, ihn so zu präsentieren, wie er bei verschiedenen, sowohl geographisch wie kulturell voneinander entfernten Nationen auftaucht. Es geht in diesem Mythos um den Nationalhelden, den geheimnisvollen Kulturvermittler und Lehrmeister des Stammes, der oft zugleich mit der höchsten Gottheit und dem Schöpfer der

Welt identifiziert wurde... Er erschien persönlich bei den Vorfahren der Nation und brachte ihnen nützliche Künste bei, gab ihnen den Mais und andere eßbare Pflanzen, führte sie in die Geheimnisse ihrer religiösen Riten ein, machte ihnen Gesetze, damit sie ihre Gemeinschaft regieren konnten, und nachdem er sie so auf den Weg einer eigenen Entwicklung gebracht hatte, hat ihn nicht der Tod dahingerafft, sondern er verschwand irgendwie aus ihrem Blick. Von nun an bestand mehr oder weniger die Erwartung, daß er eines Tages wiederkehren würde... Egal wie die Erscheinung dieses Helden-Gottes geschildert wird, muß man merkwürdigerweise feststellen, daß es sich um eine Person der weißen Rasse handelt, einen Mann von heller Gesichtsfarbe, mit langem, wallenden Bart und dichter Haarmähne, gekleidet in weite, lockere Gewänder. Diese außergewöhnliche Tatsache läßt natürlich sofort den schlimmen Verdacht entstehen, daß diese Geschichten nach der Ankunft der Weißen an den amerikanischen Gestaden erfunden wurden, und die Historiker haben unter diesen Umständen fast alle in großer Einmütigkeit deren Echtheit bezweifelt. Doch eine sehr sorgfältige Überprüfung ihres Ursprungs widerlegt diesen Einwand. Es besteht kein Zweifel, daß diese Mythen und ihr Ideal eines Helden-Gottes in Amerika genauestens bekannt und weit verbreitet waren, lange bevor einer seiner Millionen von Bewohnern jemals einen weißen Mann zu Gesicht bekommen hatte.«

Weil Brinton sich nicht vorstellen kann, daß alle diese Stämme in der Zeit vor Kolumbus tatsächlich von Leuten mit solchen äußeren Merkmalen besucht worden sind, sucht er nach einer für ihn plausibleren Erklärung für die Geschichten über weiße und bärtige Männer.

»Sie haben das Mißtrauen der Historiker erregt und die Altertumsforscher in Erklärungsschwierigkeiten gebracht. Dabei ist die Deutung denkbar einfach. Der primitive Mythos von der Sonne, die gesunken war, aber wieder aufgehen würde, hatte im Laufe der Zeit seinen besonderen religiösen Sinn verloren und war teilweise dazu verwendet worden, auf vergangene, historische Ereignisse zu verweisen. Der Licht-Gott war mit dem göttlichen Kultur-Helden verschmolzen. ... Licht wurde personifiziert als die Verkörperung von Kultur und Wissen, von Weisheit und von Frieden und Wohlstand, was notwendig ist, damit Wissen gedeihen kann. Die helle Gesichtsfarbe dieser Helden ist nichts anderes als ein Hinweis auf das weiße Licht des Morgengrauens. Das üppige Haar und der Bart sind die Strahlen der Sonne, die um das runde Gesicht stehen. Die weiten und lockeren Gewänder versinnbildlichen das in Licht und Wind eingehüllte Firmament.«
Alle diese in der amerikanischen Geschichte so wichtigen Kulturhelden sind seit der Ankunft der Europäer vom Winde verweht. Weggeblasen wie Spukgestalten im Märchen. Die Sonnenlicht-Theorie mit dem Wind in den Bärten und den langen Gewändern erwies sich für die europäische Art des Denkens als so überzeugend, daß die geschriebene und mündliche Darstellung der Geschichte der Azteken und Inkas als erdichtete Fabeln betrachtet wurden.
Aber wie Gespenster aus der Unterwelt tauchten die weißen und bärtigen Männer wieder auf, als die Archäologen mit den Ausgrabungen anfingen. Sie buddelten im Dschungelboden und im Wüstensand von Mexiko bis Peru auf der Suche nach Evolutionsspuren, die zeigen konnten, wie es den aus Asien gekommenen Barbaren gelungen war, die Kulturen der Azteken und Inkas zu schaffen. Statt dessen

gruben sie zur allgemeinen Überraschung Statuen von bärtigen Männern in langen Gewändern aus sowie riesige Tafeln mit Reliefprofilen von Gesichtern, die aussehen wie Uncle Sam mit dem langen, wallenden Bart. Am meisten verbreitet waren die Statuen in dem sumpfigen Dschungelgebiet um den Golf von Mexiko, und die Archäologen datierten sie auf die frühe voraztekische Kultur. Sie wurden um 1200 v. Chr. von den sogenannten Olmeken geschaffen.
Waren diese gemeißelten Tafeln realistische Selbstportraits einiger unbekannter Steinmetze, die an der Golfküste gelandet waren, oder bildeten sie Menschen ab, die sie bei den bartlosen einheimischen Indianern gesehen hatten? Was immer die Antwort sein mag, so hatten die vor den Azteken lebenden Künstler diese Sorte Mensch in Stein gehauen, die in der Geschichte der Azteken und Inkas eine so wichtige Rolle spielten. Auch Tonscherben und Keramikvasen konnten uns etwas über bärtige Kulturhelden erzählen. Bärtige Männer in langen Gewändern erwiesen sich als ständig wiederholtes Motiv, das bei den prähistorischen Töpfern die ganze Strecke von Mexiko und durch Mittelamerika bis hinunter zur Pazifikküste und dem Inka-Reich beliebt war. Die schönen und sehr realistischen Bildgefäße bärtiger Viracochas in Peru sind auf die Mochica-Zeit datiert, die früheste Ausbreitung einer Hochkultur in Peru.
Die Bärte und Gewänder dieser Monumente und Figurinen sind zu realistisch, um Ausdruck eines künstlerischen Symbolismus von Sonne und Wind zu sein.
Die Zeitgenossen von Kolumbus waren weniger abgeneigt als Brinton, an die Wahrheit der einleuchtenden amerikanischen Heldenmythen zu glauben. Diejenigen von ihnen, die im Kielwasser der vier Fahrten des Kolumbus westwärts

fuhren, sahen keinen Grund, daran zu zweifeln, daß vor ihnen andere auf demselben Weg wie sie gekommen waren. Sie hatten all die bärtigen Männer in den Büchern aus Papier, die sie verbrannten, gesehen, hatten die Steinskulpturen gesehen, die sie zerstörten, sowie die in Gold gegossenen Abbildungen, die sie einschmolzen. Viele von den ersten Besuchern aus Europa nahmen an, daß im Altertum irgendein gütiger Kirchenvater in der im Mittleren Osten üblichen Tracht gekommen war, um die Seelen der heidnischen Indianer zu erlösen. Nicht anders als Simon, genannt Petrus, der, wie sie wußten, vom Heiligen Land aus nach Rom gesegelt war, um den Heiden in Europa den Frieden zu predigen. Quetzalcoatl glich in seiner Kutte und dem friedliebenden Auftreten so sehr diesem Heiligen, daß er keine eingebildete, von den Eingeborenen erfundene Figur sein konnte. Die Päpste waren ebenfalls menschliche Wesen und doch göttlich, weil der erste von ihnen als Stellvertreter seines eigenen Gottes nach Rom gereist war. Nicht anders verhielt es sich mit Quetzalcoatl. Quetzalcoatl bedeutet »Gefiederte Schlange« und war nicht sein richtiger Name, sondern ein heiliger Titel für eine ganze Dynastie von Priesterkönigen, die ihren Gott mit dem gleichen Namen auf Erden vertraten. Die Azteken unterschieden deutlich zwischen Quetzalcoatl dem Priesterkönig und Quetzalcoatl dem Gott. Ersterer war gewöhnlich als bärtiger Wanderer mit einem Stab in der Hand dargestellt. Letzerer als furchteinflößende gefiederte Schlange.
Die Ähnlichkeit, die zwischen Quetzalcoatl von Mexiko und Viracocha aus Peru bestand, war mehr als zufällig. Beide beanspruchten die Abstammung von der Sonne. Dasselbe traf für die Priesterkönige Asiens und Nordafrikas zu. Und in allen diesen Gebieten war der höchste Gott und sein

irdischer Herrscher symbolisch durch eine Kombination von drei spezifischen Tieren dargestellt: der Schlange, dem Adler und dem Löwen. In Amerika hatte der Puma den Platz des afroasiatischen Löwen inne. In Peru ersetzte der große Kondor den Adler. Gewöhnlich wurden zwei oder alle drei dieser Tiere in ein einziges Muster zusammengefaßt. Die gefiederte Schlange war das bevorzugte Symbol für Quetzalcoatl.

Brinton erkannte deutlich die Unterscheidung zwischen dem Gott und dem Menschen mit demselben Namen. Er zitiert eine frühe Schrift, in der Quetzalcoatl beschrieben wird als »erwachsener Mann von hoher Statur, weißhäutig und vollbärtig, barfuß und barhäuptig, bekleidet mit einem langen, weißen Kleid, übersät mit roten Kreuzen, und in der Hand trug er einen Stab«. Die ersten der Quetzalcoatls kamen in »Begleitung von Baumeistern, Malern, Astronomen und Handwerkern nach Anahuac, bauten Straßen, humanisierten die Menschen und zivilisierten sie, um dann zu verschwinden«.

Brinton brachte bei seiner Untersuchung heraus, daß bei der Ankunft der Spanier Quetzalcoatl von Texas bis zu den Grenzen von Yucatan bekannt war. Aber er betont, daß es nicht der geheimnisvolle Gott Quetzalcoatl war, bei dem die Gedanken der Mexikaner gerne verweilten, sondern sein erster menschlicher Hohepriester, der ihre Vorfahren regierte, als sie in der legendären Stadt Tula lebten.

Der mexikanische Chronist Tezozomoc überlieferte die Worte des Kaisers Montezuma, als ihm seine aztekischen Künstler Zeichnungen von den ersten bärtigen Spaniern zeigten, die an der Küste gelandet waren:

»Dies ist sicher der Quetzalcoatl, den wir erwarteten, der, der bei uns im alten Tula lebte. Er ist es ohne Zweifel, *Ce*

Acatl Inacuii, der Gott des Einen Schilfrohrs, der durchs Land reist.«

Die Azteken gaben zu, daß sie die Namen Tula und Quetzalcoatl von ihren kulturellen Vorgängern in Mexiko, den Tolteken, übernommen hatten, dieser nach ihren Angaben ersten Nation, die in ihrem Land zivilisiert wurde.

Die Tolteken selbst, wörtlich übersetzt das »Schilf-Volk«, behaupteten, als Einwanderer aus der legendären Stadt Tula gekommen zu sein, Tula oder Tollán, das bedeutet »Platz des Schilfes«. Um 900 v. Chr. plünderten und brandschatzten die eindringenden Tolteken die große Hochlandstadt Teotihuacan, deren Ruinen allen Touristen bekannt sind, die kommen, um sich die zwei gewaltigen Sonnen- und Mond-Pyramiden anzusehen. Eine riesige gefiederte Schlange als hohes sich auf- und abkrümmendes Relief zwischen wirklichkeitsgetreuen Schnecken und Muscheln bildet das Fundament dieser Pyramiden. Diese gefiederte Seeschlange zeigt auch heutigen Besuchern, daß die Tolteken, die vor den Azteken als Eroberer kamen und Teotihuacan einnahmen, nicht die ersten waren, die Quetzalcoatl verehrten. Aus den Überlieferungen der Tolteken ergibt sich, daß einst ihr König Mix-coatl, »Wolken-Schlange«, diese mächtige Pyramidenstadt Teotihuacan erobert hat und daß sein Sohn den Titel Quetzalcoatl seinem Namen beifügte. Er war es, der dann eine Reihe kleinerer mexikanischer Volksstämme unterschiedlichen ethnischen Ursprungs in einem großen Reich vereinte und die Menschen zwang, den Gott Quetzalcoatl anzubeten, dessen persönlicher Stellvertreter er sei, wie er sagte. Sein Einfluß breitete sich bis Yucatan aus, wo Zeugnisse seines Kultes in so wichtigen Maya-Städten wie Chitchen Itza und Mayapan auffindbar sind. Es war im 12. nachchristlichen Jahrhundert, als die

Azteken zusammen mit anderen Volksstämmen der Vorherrschaft der Tolteken im Herzen Mexikos ein Ende setzten. Sie zerstörten die damalige große Tolteken-Hauptstadt Teotihuacan. Und sie gründeten auf einer von Seen umgebenen Insel ihr eigenes königliches Zentrum, dort, wo sich heute die Stadt Mexiko befindet. So zeigt die Landesgeschichte in Mexiko wie in Peru, daß eine Reihe von Eroberungen stattgefunden hatten, bis die letzten der voreuropäischen Eroberer durch einen bloßen Irrtum von den spanischen Konquistadoren erobert wurden. Aber die Azteken bewahrten die überlieferte Geschichte des eingewanderten Priester-Königs Quetzalcoatl, der allen Volksstämmen des Landes, die sie beherrschten, die Kultur gebracht hatte. Bis sie sich demütig Cortez unterwarfen.
Wo befand sich die legendäre Stadt Tula? Tula lebte nicht nur in der Erinnerung der Tolteken und Azteken, sondern war auch den Mayas auf Yucatan und einigen zivilisierten Völkern bis hinunter nach Guatemala bekannt.
Heutige Wissenschaftler stimmen darin überein, daß die Überlieferungen über Tula, die sich so hartnäckig halten, einen historischen Hintergrund haben müssen. Man ist versucht gewesen, diese legendäre Stadt mit einigen Ruinen in der Nähe der heutigen Stadt Tula zu identifizieren, die von Touristen besucht wird, um die große Stufenpyramide mit riesigen Steinbildern und Säulen auf der Spitze zu bestaunen. Aber man hat herausgefunden, daß dieser Ort jünger ist als die verlassene Hauptstadt Teotihuacan; die Lokalisierung des ursprünglichen Tula bleibt also weiterhin unsicher. Einigen schriftlichen Aufzeichnungen entsprechend, die Kaiser Montezuma vor Cortez zitierte, lag das Tula, von dem der erste Quetzalcoatl kam, irgendwo östlich, auf der anderen Seite des Atlantiks. Es mag vielleicht nur ein merk-

würdiger Zufall sein, aber man sollte trotzdem bedenken, daß europäische Geographen in der Antike von einem weit entfernten Land in den entlegendsten Teilen des Atlantiks sprachen, das sie Ultima Tule nannten. Im Mittelalter, als christliche Norweger Island für das übrige Europa bekannt machten, wurde diese Insel im Atlantik in den frühesten Karten als »Tule« eingezeichnet.

Das Tule des eingewanderten Quetzalcoatl wird unbekannt bleiben müssen. Dafür bestätigen die Archäologen die Geschichte der Azteken, indem sie darauf hinweisen, daß weiße und bärtige Männer an Land gingen und an der Dschungelküste am Golf von Mexiko Statuen aufstellten, die sie selbst darstellten. Sie drangen vor bis hinauf ins Hochland und legten durch ihre in Stein gemeißelten Hieroglyphen Zeugnis davon ab, daß sie Lesen und Schreiben konnten.

Weder die Namen noch die Überlieferungen, die uns sagen könnten, wer sie waren, haben die Jahrtausende überlebt, die vergangen sind, seit sie die frühesten bekannten mexikanischen Kulturen gründeten. Sie leben nur in der Erinnerung der nachfolgenden Generationen als weiße und bärtige Männer weiter, deren Führer den Titel »Gefiederte Schlange« trug.

In Ermangelung eines besseren Namens haben die Archäologen ihren ersten Gedenkstein »Olmecs« genannt. Das älteste bisher idenifizierte Kulturzentrum der Olmeken liegt in nächster Nähe des Golfes von Mexiko in La Venta, einer morastigen, schilfbewachsenen Gegend. In den Schilfsümpfen nahe bei einem See steht eine verfallene Adobe-Pyramide, sie hat sich als die älteste von ganz Mexiko herausgestellt. Die Stelle war von amerikanischen Archäologen in diesem Jahrhundert wiederentdeckt worden. In diesem Sumpfgebiet gibt es keine Steine mit Ausnahme einiger riesiger Steinmonumente, die in weit entfernten Gegenden gebrochen und mit Flößen auf dem Fluß zur Kultstätte an der Küste befördert wurden. Diese meisterhaft mit dem Meißel bearbeiteten Monumente sind inzwischen entfernt und zu einem Park in Villahermosa gebracht worden, wo sie als Touristenattraktion gelten. Die Besucher sind erstaunt über das, was sie sehen. Einige der Skulpturen zeigen riesige, runde Köpfe mit typisch negroiden Merkmalen: große, wulstige Lippen und flache, breite Nasen. Oder hoch aufragende, flache Stelen, die mit scharfen Habichtsnasen, langen Bärten und lockeren, bis zu den Knöcheln reichenden Gewändern aussehen wie Semiten. Zwei dieser Typen beherrschten in alten Zeiten den nördlichen Teil von Afrika. Eine Ähnlichkeit mit den eingeborenen Dschungelstämmen, die die Schrift und die dortige Zivilisation erfunden haben sollen, besteht nicht.

La Venta ist ein natürlicher Platz, um an Land zu gehen und Schilf zu pflanzen. Vielleicht war das Schilf vor den Menschen da. Aber die dort wachsende Art hat von der Form und der Qualität her eine so verblüffende Ähnlichkeit mit afrikanischem Papyrus, daß angereiste Botaniker einige Exemplare mitnahmen, um sie zur ursprünglichen Pflanze zurückzukreuzen.

Wenn sich Tula, der »Platz des Schilfs«, irgendwo in Mexiko befand, gab es keine frühe Siedlung, auf die der Name besser gepaßt hätte. Und ganz sicher keine auf dem Hochland. Uns ist von Leuten, die noch in diesem Gebiet leben, erklärt worden, daß sie das Schilf *popotal* und auch *tule* nennen. Ob Quetzalcoatl, der Kulturheld von »Ein Schilfrohr« in Tula, an diesem Ort der Olmeken war, sei dahingestellt. Sicher ist jedoch, daß bärtige Männer in langen, für

Dschungelmärsche ungeeigneten Gewändern in Begleitung von Menschen hier gewesen sind, die eher aussehen, als seien sie in Afrika zu Hause.

Der ursprüngliche Quetzalcoatl wurde genau wie Viracocha in Peru mit der Sonnenanbetung in Verbindung gebracht. Seine Pyramide in Teotuhuacan war ebenso wie die peruanischen Pyramiden auf die Bewegung der Sonne hin ausgerichtet. Wie es auch die in der alten Welt sind. Aber seine Anbetung verkümmerte im Laufe der Zeit durch sich ändernde Kulturen. Wie Viracocha war er ursprünglich eine friedliebende, gütige Persönlichkeit, schwer mit den kriegerischen Aktivitäten und den Menschenopfern der Azteken in Verbindung zu bringen. Die große Veränderung der moralischen Ideale wird Quetzalcoatls endgültiger Niederlage und Vertreibung aus Mexiko zugeschrieben. Nach dem Gleichnis ist er, der Abkömmling der Sonne, von Tetzoatlipoca, dem Gott des Nachthimmels, vertrieben worden. Im ersten Jahrhundert der Tolteken-Herrschaft war die frühere und weniger kriegerische Teotihuacan-Kultur mit ihrer Priesterführung und einer friedlichen Verwaltung dominierend gewesen. Aber durch den Druck von kriegerischen Einwanderern kam bei einer gesellschaftlichen und religiösen Revolution eine militärische Herrscherclique, die den Quetzalcoatl-Priestern die Macht nahm. Dieser Untergang der Quetzalcoatl-Priester symbolisiert den Untergang der ursprünglichen theokratischen Dynastie. Die späteren Azteken betrachteten sich selbst als Krieger-Priester des Sonnengottes von Tula.

Als Quetzalcoatl oder der letzte seiner Dynastie von Mexiko wegging, reiste er nicht westwärts über den Himmel in das Abbild seines Vaters, die Sonne. Brinton stellte in frühen Handschriften zu seiner Überraschung fest, daß er sich zuerst in alle Himmelsrichtungen durch das Land bewegte, dann hinunterstieg zum Golf von Mexiko und sich auf dem Meer nach Osten wandte, genau in die Richtung, aus der er gekommen war: »Endlich kam er am Gestade des Meeres an, wo er sich ein Floß aus Schlangen baute, und als er sich daraufgesetzt hatte wie in ein Kanu, fuhr er hinaus aufs Meer.« Es hat fast den Anschein, als habe ihn der Kultur-Held Viracocha von Peru nachgeahmt, denn unter den heiligen Motiven, die auf die ältesten Mochica-Tongefäße an der Nordküste gemalt sind, finden wir ihn ebenfalls auf einem doppelköpfigen Schlangenfloß über das Meer fahren. Dieses poetische und künstlerische Symbol ist äußerst zutreffend. Bei meinem Versuch, das Gefühl zu beschreiben, das man hat, wenn man auf geschmeidigen Schilfbündeln auf den Wellen reitet, habe ich mehr als einmal zu dem Ausdruck gegriffen, daß man sich fühlt, als fahre man auf den Rücken sich krümmender See-Schlangen.

Östlich des von den Azteken bewohnten Mexiko öffnet sich der große Golf zum Atlantik. Der Golf von Mexiko ist teilweise durch die längliche, flache Halbinsel Yucatan geschützt, die wie ein Daumen aus dem Nordteil Mittelamerikas ragt. Sie ragt so weit nach vorne, daß ein großer Teil der Halbinsel östlich des Festlandes mit dem Zentrum von Mexiko liegt. Diese tropische Halbinsel war die Heimat der Mayas. Und wie wir gesehen haben, fanden sich in einigen Maya-Tempeln auf Yucatan Spuren eines Einflusses der Tolteken mit der Verehrung der Gefiederten Schlange. In dem Maya-Tempel der Krieger in Chitchen Itza fanden Archäologen wirklichkeitsgetreue Wandmalereien von weißen Männern mit langem, gelbem Haar, gefangen und gefesselt von dunkleren Menschen, als sie versuchten, am Ufer an Land zu gehen.

Da ist es nicht verwunderlich, daß die Erinnerung an weiße und bärtige Fremde, die kamen, um ihren Vorfahren eine Kultur zu bringen, bei den Mayas auf Yucatan genauso lebendig ist wie bei den Azteken des mexikanischen Hochlands.

Kolumbus verfehlte 1502 nur um wenige Meilen die Entdeckung der Halbinsel Yucatan, als er vor der Küste des Festlandes dem großen Maya-Kanu begegnete. Die Halbinsel wurde 1511 erstmals von Europäern gesichtet, als eine Handvoll Spanier in der Nähe von Jamaika Schiffbruch erlitt und später, nachdem sie zwei Wochen in einem kleinen Boot westwärts getrieben war, auf Maya-Gebiet strandete. Aber erst 1517 fiel der Reichtum des Maya-Volkes auf Yucatan den Europäern in die Hände. In diesem Jahr segelte Francisco Hernandez de Cordoba von Kuba aus nach Westen, um außerhalb des spanischen Territoriums Sklaven zu fangen. Er sichtete zuerst die Nordspitze von Yucatan und dann die Silhouette einer richtigen Stadt, die sich über den Horizont erhob. Das machte einen solchen Eindruck auf die Spanier, daß sie sich an Ägypten erinnerten und die Stadt »Groß-Kairo« nannten. Es kamen viele große, von Paddeln und Segeln angetriebene Kanus, um die fremden Besucher zu empfangen. Und als Cordoba an Land stieg, entdeckte er die ungeheuren Schätze, die das Volk der Mayas vor vielen Generationen von ihren fleißigen Vorfahren geerbt hatten.

In deutlichem Kontrast zu den Olmeken, die sich in dem sumpfigen Dschungelgebiet auf der anderen Seite des Golfes von Mexiko angesiedelt hatten, hatten sich die Vorfahren der Mayas auf dem trockenen Kalksteingebiet der Halbinsel eingerichtet, wo sie prächtige Pyramiden, astronomische Observatorien und kunstvoll geschmückte Ge-

bäude errichtet hatten. Im Vergleich dazu erschien den Männern, die auf Sklavenfang waren, Kairo eher klein.
Kein Volk hat jemals überzeugender seine Liebe zur Nationalgeschichte bewiesen als die Mayas mit ihren zahllosen, mit eingravierten Jahreszahlen versehenen Monumenten. Für die Mayas war die Zeit ein heiliger Begriff. Die Berichte der Vergangenheit bedeuten mehr für sie als für die damaligen Europäer. Ihr Kalendersystem war genauer als alles, was andere Völker der Welt auf diesem Gebiet erdacht hatten. Sie kannten ihre eigene Geschichte sehr gut. Sie erzählten den ankommenden Spaniern, daß vor ihnen andere Fremde übers Meer nach Yucatan gekommen seien. Ihre Halbinsel sei in sehr früher Zeit zweimal von Seefahrern besucht worden. Die historischen Berichte der Mayas verweisen auf zwei Ereignisse. Eine Ankunft aus dem Osten, die andere aus dem Westen.
Angesichts dieser Erwähnung von zwei Besuchen aus entgegengesetzten Richtungen konnte sich Brinton nicht so ohne weiteres in seine Lichtgott-Theorie flüchten:
»Die umfangreichste und älteste Einwanderung geschah aus dem Osten, über oder genauer: durch das Meer – denn die Götter hatten zwölf Wege durchs Wasser gebahnt – und wurde von dem mythischen Kulturbringer Itzamná angeführt. Die zweite Gruppe, zahlenmäßig geringer und zeitlich später, kam von Westen, und bei ihr befand sich Kukulcan. Das erste Ereignis wurde die ›Große Ankunft‹ genannt; das zweite die ›Kleine Ankunft‹... Dieser frühe Führer Itzamná wurde als Leitbild, Lehrmeister und Kulturbringer bezeichnet. Er war es, der alle ihre Flüsse und Landesteile mit Namen versah; er war ihr erster Priester und lehrte sie die richtigen Rituale, um den Göttern wohlgefällig zu sein und ihren Groll zu besänftigen... Es war

Itzamná, der als erster die Schriftzeichen oder Buchstaben erfand, mit denen die Mayas ihre zahlreichen Bücher schrieben, und die sie in solcher Menge in den Stein und das Holz ihrer Bauwerke einritzten. Er entwickelte auch ihren Kalender, der sogar vollkommener war als der der Mexikaner, obwohl er ihm im allgemeinen sehr ähnlich ist. So galt dieser Itzamná in seiner Funktion als Führer, Priester und Lehrer bei ihnen zweifellos als historische Persönlichkeit und wurde dementsprechend von verschiedenen Historikern bis in die jüngste Zeit erwähnt.«
Brinton räumt damit ein, daß Itzamná, der erste Kulturbringer, ein Mensch war. Er weist darauf hin, daß man ihn in einigen Berichten als bärtig bezeichnet. Wenn man zugibt, daß Itzamná, der Kulturbringer der historisch bewußten Mayas, ein Mensch war und mit der Kenntnis der Schrift aus dem Osten kam, ist es nicht mehr nötig, daran festzuhalten, daß die Volksstämme Amerikas eigenständig eine Schrift entwickelten. Östlich von Yucatan liegt der Atlantik und dahinter Afrika.
Die zwölf Wege durch den Atlantik, die die Götter für die »Große Ankunft« des Kulturbringers Itzamná gebahnt hatten, waren vielleicht ein Hinweis auf zwölf Schiffe, die das Meer durchfurcht haben.
Die »Kleinere Ankunft« war sogar noch menschlicher, nachdem sie aus dem Westen, entgegen der Sonne erfolgte. Brinton schreibt:
»Der zweite wichtige Heldenmythos der Mayas handelt von Kukulcan. Er hat überhaupt nichts mit dem von Itzamná zu tun und ist wahrscheinlich älter und von der Art her weniger national... Die Eingeborenen hätten bestätigt, so Las Casas, daß in alten Zeiten 20 Mann in dieses Land kamen, deren Anführer ›Cocolcan‹ genannt wurde... Sie trugen

flatternde Gewänder und an den Füßen Sandalen, sie hatten lange Bärte und waren barhäuptig. Sie forderten die Leute auf, zu bekennen und zu fasten...«

Während der friedlichen Regierung von Kukulcan gelangte die Nation der Mayas zu einer Blüte, man vergaß den Gebrauch der Waffen und genoß Fortschritt und Sicherheit. Kukulcan verbot genau wie Quetzalcoatl im Hochland von Mexiko Krieg, Plünderung und Gewalt. Es ist nicht schwer, festzustellen, daß sich Kukulcan und Quetzalcoatl nur linguistisch unterscheiden, aber auf denselben Kultur-Helden beziehen: Kukulcan ist einfach eine direkte Übersetzung von Quetzalcoatl in die Sprache der Mayas. *Kukul* ist das Maya-Wort für den Vogel, den die Azteken *quetzal* nennen, ein prächtiger Vogel aus der Familie der Trogon. Und *can* ist das Wort für »Schlange« in der Mayasprache, im Aztekischen *coatl*. Demnach sind *Quetzal-coatl* und *Kukul-can* beides heilige Bezeichnungen, die sich in zwei verschiedenen Sprachen östlich und westlich des Golfes von Mexiko gleichermaßen auf die Anbetung der »Gefiederten Schlange« beziehen.

Kukulcan alias Quetzalcoatl oder besser der Gott, den dieser Priesterkönig repräsentierte, wird in der Tempelkunst sowohl in Mexiko wie Yucatan symbolisch als grimmige Schlange mit Ohren oder Hörnern und mit einem Federkleid dargestellt. Nachdem die Stadt Tula, untrennbar mit der Queatzalcoatl-Überlieferung verbunden, auch in irgendeiner Weise etwas mit den Erinnerungen der Mayas zu tun hat, ist es verständlich, daß die Priester der zwei Nationen beide für ein und denselben nahmen.

In Mexiko bezog sich der heilige Name Quetzalcoatl auf eine ganze Dynastie von Priesterkönigen. Der erste von ihnen war von Osten her nach Mexiko gekommen, letzterer hatte Mexiko in einem Schlangenschiff ostwärts wieder verlassen, also in Richtung Yucatan. Die Verbindung zu ihm reißt aber nicht ab, wir können verfolgen, wie er in Yucatan auftaucht und wie Kukulcan bei der »Kleineren Ankunft« aus dem Westen ankommt. Kukulcan erschien demnach auf dem Gebiet der Mayas nicht als der ursprüngliche Kulturbringer, sondern als ein gütiger Erneuerer der geistigen und materiellen Segnungen, die Itzamná, der schon früher mit der Schrift aus dem Osten gekommen war, bereits nach Yucatan gebracht hatte.

Wenn Kukulcan nichts anderes war als der Maya-Name für den letzten Quetzalcoatl, wer war dann der frühere Itzamná der »Großen Ankunft«, mit dem die Geschichte der Mayas einsetzte?

Mit seinem frühen Erscheinen aus dem Osten, mit Schrift und Kalendersystem, mit seinem Anspruch, direkt vom Schöpfer und der Sonne abzustammen, war Itzamná so sehr mit dem bärtigen Gründer der ersten mexikanischen Dynastie verwandt, der ebenfalls mit seinen Gefährten über den Atlantik gekommen war, daß man meinen könnte, diese zwei amerikanischen Kultur-Helden seien zusammen mit demselben Floß gefahren. Vielleicht war Itzamná der Name für den ersten der Quetzalcoatl-Dynastie, so wie Kukulcan als der letzte dieses Geschlecht identifiziert wurde. Die Zeitspanne, die in Yucatan zwischen der »Großen Ankunft« aus dem Osten und der »Kleineren Ankunft« aus dem Westen verstrich, könnte durchaus mit der Zeitspanne übereinstimmen, die zwischen dem ersten und dem letzten Quetzalcoatl in Mexiko vergangen war. Wenn das so ist, könnte Kukulcan, die Gefiederte Schlange und Anführer der »Kleineren Ankunft«, nur einfach ein später Nachfahre von Itzamná oder einem seiner Gefährten bei der »Großen

Ankunft« gewesen sein, einer, der nach mehreren Generationen der Gefiederten Schlange auf dem mexikanischen Hochland nach Yucatan zurückgekehrt war.
Aber auch auf Yucatan endete die friedliche Herrschaft der Dynastie der Gefiederten Schlange. Diesmal nahm der Wohltäter seinen Wanderstab und verließ zu Fuß das Land. Wir können ihm mit Brinton als Führer folgen:
»Schließlich rückte für Kukulcan die Zeit näher, Abschied zu nehmen. Er versammelte seine Häuptlinge und verkündete ihnen seine Gesetze. Unter ihnen wählte er ein Mitglied der alten und wohlhabenden Familie der Cocoms zu seinem Nachfolger. Nachdem er seine Vorkehrungen getroffen hatte, soll er sich nach Westen auf den Weg gemacht haben, nach Mexiko oder zu einem anderen Ort Richtung Sonnenuntergang.«
Westlich von Yucatan und dem Territorium der Mayas stößt die Halbinsel in weitem Bogen direkt auf die Dschungelgebiete von Tabasco und das Hochland von Chiapas. Hier hielt sich bei der Ankunft der Spanier das Tzendal-Volk auf. Und hierhin muß Kukulcan alias Quetzalcoatl verschwunden sein, als er das Land der Mayas verließ. Brinton weist nach, daß die Überlieferungen der Tzendal um die Ankunft eines fremden Kultur-Helden kreisen, der in ihrer Sprache als Votan oder Uo-Tan in Erinnerung war. Die Votan-Überlieferung wurde ursprünglich von einem Tzendal-Eingeborenen in der Tzendal-Sprache erzählt, und die alte Handschrift entging der Vernichtung, weil sie damals vor drei Jahrhunderten dem weisen Nuñes de la Vega, Bischof von Chiapas, in die Hände fiel:
»Wenige unserer Heldenmythen haben Anlaß zu wilderen Spekulationen gegeben als die von Votan...«, schrieb Brinton. »In einer unbestimmbaren Vorzeit kam Votan aus dem

fernen Osten. Er war von Gott gesandt, um für die verschiedenen Menschenrassen die Welt, in der sie lebten, aufzuteilen und jeder eine eigene Sprache zu geben. Das Land, wohin er kam, hieß in etwa *ualum uotan*, das Land von Votan. Seine Botschaft galt besonders den Tzendals. Vor seiner Ankunft waren sie unwissende Barbaren und ohne feste Wohnungen. Er sammelte sie in Dörfern, brachte ihnen bei, den Mais und die Baumwolle anzubauen und erfand die hieroglyphischen Zeichen, die sie geschickt in die Wände ihrer Tempel einzuritzen lernten. Es wurde sogar gesagt, er habe ihnen ihre Geschichte geschrieben. Er führte Gesetze ein für ihr Staatswesen und gab ihnen ein geeignetes Zeremoniell für den religiösen Kult. Aus diesem Grunde wurde er auch ›Meister der heiligen Trommel‹ genannt, des Instruments, mit dem sie die Geweihten zu den religiösen Tänzen versammelten. Besonders erinnerten sie sich an ihn als den Erfinder des Kalenders. Sein Name bezeichnete den dritten der aus 20 Tagen bestehenden Woche und war das erste göttliche Zeichen, nach dem sie ihr Jahr ausrechneten, entsprechend dem Kan bei den Mayas. Als ein Städteerbauer galt er als Gründer von Palenque, Nachan, Huehuetlan – und eigentlich von allen alten Orten, deren Ursprung in Vergessenheit geriet ... Votan brachte aus seinem Geburtsort entweder, so die eine Angabe, Begleiter und Untertanen mit oder, so die andere Angabe, sie folgten ihm nach, diese im Mythos sogenannten *tzequil*, die Berockten, wegen ihrer langen und flatternden Gewänder, die sie trugen. Diese halfen ihm bei der Arbeit des Zivilisierens. Viermal kehrte er zurück in seine ursprüngliche Heimat, teilte, bevor er abreiste, das Land in vier Distrikte ein, die er dann seinen Begleitern unterstellte. Als schließlich der Augenblick seines endgültigen Abschieds gekommen war, durchschritt er nicht das Tal des Todes, wie es alle Sterblichen tun müssen, sondern schlüpfte durch eine Höhle in die Unterwelt und machte sich auf den Weg zu den ›Wurzeln des Himmels‹. Mit diesem merkwürdigen Ausspruch schließt der Eingeborenen-Mythos über ihn.«

Dann Brintons abschließendes Urteil: »Einer unveröffentlichten Arbeit von Fuentas zufolge war Votan einer von vier Brüdern, alle Vorfahren der südwestlichen Zweige des Maya-Geschlechts. Alle Züge dieses Volkshelden ähneln zu sehr denen von anderen Vertretern dieses Mythos, so daß es keinen Zweifel darüber geben kann, was wir von Votan halten sollen. Er und seine Begleiter mit den langen Kutten sind Personifikationen des östlichen Lichts und seiner Strahlen.«

Wir Europäer haben offenbar Schwierigkeiten damit, zu begreifen, daß die des Lesens und Schreibens kundigen Tzendals wie ihre genauso gebildeten Nachbarn, die Azteken und Mayas, auch nur einen vernünftigen Gedanken fassen konnten, bevor wir auftauchten und sie in unsere Geschichte mit aufnahmen. Wir legen aus der Zeit, aus der wir kommen, für sie ein Jahr Null fest, obwohl wir ihre gewaltigen Bauwerke sehen können wie die Palenque-Pyramide mit ihrer königlichen Grabkammer und den Kalenderinschriften, die auf genaueren astronomischen Berechnungen beruhen, als sie im mittelalterlichen Europa üblich waren.

Die Tzendals sahen Votan auf geheimnisvolle Weise in einer Höhle verschwinden, durch die er angeblich hinunter in die Unterwelt stieg, zu den Wurzeln des Himmels. Erneut von Brinton geleitet, müssen wir von dem luftigen Hochland der Tzendals in den Sierras von Chiapas gerade bis zu den Tieflandebenen an der Pazifikküste hinunterklettern. Hier

taucht nämlich der wandernde Held bei den Zoque-Stämmen wieder auf:
»Die Zoques, über deren Mythologie wir wenig oder nichts wissen, waren Nachbarn der Tzendals und verkehrten ständig mit ihnen. Wir besitzen nur undeutliche Spuren von der frühen Mythologie dieser Stämme, aber sie bewahrten einige Legenden, die zeigen, daß sie ebenfalls teilhatten an dem Glauben eines wohltätigen Kultur-Gottes, der bei ihren Nachbarn so weit verbreitet war. Dieser Mythos erzählt, daß ihr erster Vater, der auch ihr höchster Gott war, aus einer Höhle auf einem Berg ihres Landes auftauchte, um sie zu führen und zu leiten ... Sie glaubten nicht, daß er gestorben war, aber nach einer bestimmten Zeitspanne zog er sich mit all seinen Dienern und Gefangenen, beladen mit strahlend glitzerndem Gold, in die Höhle zurück und verschloß ihren Eingang. Nicht um dort zu bleiben, sondern um in anderen Teilen der Welt wieder zu erscheinen und anderen Nationen eine ähnliche Gunst zu erweisen. Der Name oder einer der Namen dieses Wohltäters war Condoy, aber was das bedeuten soll, entzieht sich meiner Kenntnis.«
Der Trick mit dem geheimnisvollen Auftauchen aus einer Höhle war, wie wir uns erinnern, genauso bei den frühen Einwanderern in Peru erfolgreich angewandt worden, die auf diese Weise die göttlichen Gründer der Inka-Dynastie wurden. Aber Peru ist noch ein ziemliches Stück entfernt. Eine Wanderung von dem Gebiet der Zoque und Tzendal nach Süden mußte zuerst zu einer Durchquerung von Guatemala führen. Zur Zeit der Eroberung war Guatemala die Heimat der Quiché, die mächtigste, aber auch kulturell am höchsten stehende aller Nationen in Mittelamerika. Die Quiché von Guatemala waren nicht allzu entfernte Verwandte der Mayas auf Yucatan, und die Kunst des Lesens

und Schreibens war zu diesem Volk wie zu allen Nationen, die daran grenzten, vorgedrungen.
Nachdem Cortez die Eroberung aller Stämme und Nationen Mexikos abgeschlossen hatte, hatte er von Guatemala gehört, einem reichen Land weiter südlich. Er schickte Pedro de Alvarado los, um diese Nation zu erobern. Als Alvarado 1524 versuchte, mit Gewalt in Guatemala einzudringen, stieß er auf den erbitterten Widerstand der Quiché-Könige, die sich verbündet hatten, um ihre blühenden Städte und die bebauten Felder zu schützen. Als sie sich schließlich vor den überlegenen Waffen ergeben mußten, boten sie Alvarado an, ihn friedlich in ihrer Hauptstadt Utatlán zu empfangen. Doch Alvarado ließ die Könige ergreifen und vor den Augen ihrer Untertanen hinrichten. Dann schrieb er an Cortez, seinen Vorgesetzten:
»Und weil ich merkte, daß sie überhaupt nicht bereit waren, Seiner Majestät zu dienen, und für das Wohl und den Frieden in diesem Land verbrannte ich sie und befahl, die Stadt anzuzünden und dem Erdboden gleichzumachen, die mir so gefährlich und stark erscheint und eher einem Haus von Dieben als von Menschen gleicht.«
Mit den Königen und ihrer Stadt wurden auch die Bücher der Quiché verbrannt. Ehe sie in Flammen aufgingen, wurden sie von Pater Avendaño y Loyola beschrieben als »Bücher aus der Rinde von Bäumen, geglättet und mit Kalk gebleicht, in die Figuren und Zeichen gemalt waren, die Prophezeiungen oder Vorhersagen der zukünftigen Ereignisse enthielten«. Sie maßen »ein Viertel einer Hand in der Länge und etwa fünf Finger in der Breite, waren aus der Rinde der Bäume hergestellt und gefaltet wie ein Schirm«.
Die spanischen Priester und Mönche, die nach Guatemala kamen, bemühten sich eifrig, den Quiché beizubringen, in

lateinischen Buchstaben zu schreiben, und waren erschrocken, mit welcher Schnelligkeit diese Eingeborenen von ihrer eigenen auf die europäische Schrift wechselten. Das Ergebnis war, daß die Quiché sofort anfingen, ihre verlorenen oder versteckten Bücher in der neuen und erlaubten Form zu schreiben. Viele der heiligen Texte hatten sie zweifellos noch gut im Gedächtnis. Der Chronist Fuentes y Gusmán betrachtete sich drei solcher Quiché-Handschriften, die später verlorengingen, und schrieb aus einer den ersten Absatz ab:

»Ich, Don Francisco Gómez, früher Ahzib Quiché, schreibe hier auf dieses Papier, wie unsere Väter und Großväter von der anderen Seite des Meeres, wo die Sonne aufgeht, gekommen waren.«

Was uns dieser Quiché weiter schreiben und erzählen wollte, ist nicht bekannt. Aber mit dieser einleitenden Feststellung ist es ihm gelungen, der Nachwelt ein schriftliches Zeugnis zu bewahren, wodurch die Behauptung der Europäer zurückgewiesen wird, daß sie die ersten waren, die Amerika erreichten, indem sie das Meer von Osten her überquerten. Eine solche Irrlehre war den neuen Herrschern von Guatemala so unerwünscht, daß sie 1550 sogar eine Verordnung erlassen wollten, wonach den Quiché verboten werden sollte, ihre alten nationalen Tänze aufzuführen, da dabei von der Volksmenge »ihre alte, heidnische Geschichte gesungen« werde.

Zum Glück entging eines dieser umgeschriebenen Geschichtsbücher der Quiché der Vernichtung und wurde für die Nachwelt bewahrt. Es ist das *Popol Vuh*, das »Buch des Volkes«, im Untertitel als das heilige Buch der alten Quiché-Mayas bezeichnet. Ein führender Maya-Spezialist, S. G. Morley, hat in der Einleitung zur englischen Übersetzung

diese Handschrift als das zweifellos hervorragendste Beispiel der eingeborenen amerikanischen Literatur bewertet, das die Jahrhunderte überdauert hat. Die Handschrift, die jetzt in der Bibliothek der San Carlos Universität in Guatemala City aufbewahrt wird, wurde in der Sprache der Quiché von einem der ersten einheimischen Schreiber verfaßt, um phonetisches Schreiben zu lernen. Er stellt fest, daß das ursprüngliche *Popol Vuh*, »das die Könige in der alten Zeit hatten«, verschwunden sei. Da wir das Schicksal dieser Könige kennen, können wir uns auch vorstellen, wie es verschwand. Der Autor beginnt seine Nacherzählung des alten Textes mit einer kurzen Einleitung:
»Dies ist der Anfang der alten Überlieferungen von diesem Ort, der Quiché genannt wird. Hier werden wir schreiben, und wir werden mit den alten Erzählungen anfangen, mit dem Beginn und dem Ursprung von all dem, was in der Stadt der Quiché von den Stämmen der Quiché-Nation getan wurde.«
Eine klare Tarnung stellt sein Versuch dar, die Geschichte der Heiden zu bewahren, indem er sie in christlichen Buchstaben aufschreibt. Er fährt fort:
»Dies werden wir nun im Rahmen der Gesetze Gottes und des Christentums schreiben; wir werden es ans Licht bringen, weil nun das *Popol Vuh,* wie es genannt ist, nicht mehr gesehen zu werden vermag, in welchem das Kommen von der anderen Seite des Meeres und die Schilderung unserer Verborgenheit klar zu erkennen war und unser Leben klar erkennbar war.«
Überall im *Popol Vuh* gibt es Hinweise auf das verlorene Vaterland der Ahnen, das seinen Platz stets auf der anderen Seite des Meeres hat und immer östlich von Guatemala lag. Als eine Mischung aus Mythos, Überlieferung und Ge-

schichte beginnt der Text mit der Auffassung der Quiché von der ersten Erschaffung durch den höchsten Gott Huracán, auch als »Herz des Himmels« bezeichnet. Die ersten Menschen, die erschaffen worden waren, beachteten ihren Gott nicht und sprachen nicht zu ihm, da ihr Fleisch aus Holz bestand. Er beschloß deshalb, sie zu vernichten: »Eine Überschwemmung wurde vom ›Herz des Himmels‹ geschickt; eine große Überschwemmung wurde geformt, die auf die Köpfe der hölzernen Kreaturen fiel ... Das geschah, um sie zu bestrafen, weil sie weder ihrer Mutter gedachten noch ihres Vaters, dem ›Herzen des Himmels‹, Huracán genannt. Und aus diesem Grunde verdunkelte sich das Antlitz der Erde, und ein schwarzer Regen begann bei Tage und bei Nacht zu fallen.«

Nach dieser Katastrophe war, so der Text der Quiché, das Antlitz der Erde für lange Zeit von Schatten und Zwielicht beherrscht. Der Himmel und die Erde existierten, aber die Gesichter von Sonne und Mond waren verdeckt. In dieser bedrückenden Dunkelheit brachen die Vorfahren der Quiché auf, um sich neue Wohnplätze zu suchen. Erst jetzt bekommen wir die Namen von menschlichen Königen, die, wie alle ihre Nachfolger, mit göttlicher Macht ausgestattet waren: »Und die Vorväter, die Schöpfer und Gestalter, die Tepeu und Gucumatz genannt wurden, sagten: ›Die Zeit der Morgendämmerung ist gekommen, laßt uns das Werk vollenden, und laßt diese, die uns nähren und erhalten, erscheinen, die Söhne der Edlen, die zivilisierten Vasallen; laßt auf dem Antlitz der Erde den Menschen erscheinen, die Menschheit.‹ So sprachen sie. Sie versammelten sich und berieten sich in der Dunkelheit und in der Nacht ... Es war, gerade bevor die Sonne, der Mond und die Sterne über den Schöpfern und Gestaltern erschienen.«

Waren Tepeu und Gucumatz nur zwei Namen für ein und denselben Kulturbringer? *Tepeu* bedeutet einfach »König«. Gucumatz ist dagegen zusammengesetzt aus dem Begriff *guc*, dem Quiché-Wort für die Federn des *quetzal*-Vogels, und *cumatz* ist ihr Wort für »Schlange«. So stoßen wir wieder einmal auf Erinnerungen an einen königlichen Ahnen, der als »Gefiederte Schlange« bezeichnet wird. Morley setzte ebenfalls diesen Kulturbringer der Quiché gleich mit dem Kukulcan der Maya und dem Quetzalcoatl der Azteken.

König Gucumatz oder Gucumatz und der König, wenn es zwei waren, waren nach der Katastrophe offensichtlich nicht allein, denn nach der Quiché-Handschrift herrschten sie über mehrere Stämme:

»Der Name eines jeden war anders, als sie sich dort im Osten vermehrten, und dort gab es viele Namen für das Volk: Tepeu, Olomán, Cohah, Quenech, Ahau, wie sie diese Menschen dort im Osten nannten, wo sie sich vermehrten.«

Und weiter:

»Viele Menschen wurden geschaffen, und in der Dunkelheit vermehrten sie sich. Weder die Sonne noch das Licht waren bereits geschaffen worden, als sie sich vermehrten. Alle lebten zusammen, sie existierten in großer Zahl und wanderten dort im Osten ... Dort waren sie dann in großer Zahl, die schwarzen Menschen und die weißen Menschen, Menschen vieler Sorten, Menschen vieler Sprachen, daß es wunderbar war, sie zu hören. Es gibt Generationen auf der Welt, es gibt Naturvölker, deren Gesichter wir nicht sehen, die keine Wohnstätten haben, die nur durch kleine und große Waldgebiete ziehen wie verrückte Menschen. So wird von den Menschen im Wald verächtlich gesprochen. Genauso sprachen sie dort, wo sie die Sonne aufgehen sahen.«

Aus dieser Handschrift geht hervor, daß diese Urahnen, als

sie die Sonne nach der Katastrophe endlich wieder aufgehen sahen, bereits die neue Welt erreicht hatten und sich unter den herumziehenden Waldmenschen befanden, von denen sie so verächtlich sprachen. Wie sie es geschafft hatten, übers Meer zu kommen, wird nicht berichtet. Der Erzähler der Quiché gibt zu:
»Es ist jedoch nicht ganz klar, wie sie das Meer überqueren; sie überquerten es zu dieser Seite, als wäre da kein Meer...« Die Quiché waren keine Seefahrernation, und der Verfasser äußert seinerseits die Vermutung, daß sich vielleicht die Fluten teilten und ihnen ermöglichten, auf dem Grund zu gehen, weil diese seefahrenden Einwanderer manchmal »Steine in einer Reihe« und auch »Sand unter dem Meer« genannt werden.
Einmal an der Küste des neuen Kontinents, wo sie fortan leben sollten, erhob der heilige Gucumatz alias Gefiederte Schlange seine Stimme zum höchsten Gott Huracán alias Herz des Himmels, welcher seine Gebete erhörte und ihn mit seinem Volk auf den nun folgenden Wanderungen über Land führte. Von all den Siedlungen und Städten, die sie fanden, schien nichts so bedeutend gewesen zu sein wie Tulán, die Stadt der Ahnen, eben jenes Tula der Tolteken, der Azteken und der Mayas, der legendäre Wohnort der Gefiederten Schlange und seines Geschlechts, bis sie vertrieben wurden.
»Dann kamen sie in Tulán an. Es war unmöglich, die Menschen zu zählen, die ankamen, es waren sehr viele, und sie wanderten auf ordentliche Weise.«
In Tulán stieg das Wandervolk zu großer Macht auf, und dort muß schließlich Tohil geboren worden sein, der direkte Urahne der drei Quiché-Stämme. Tohil sagte zu seinem Gefolge:

»›Dies ist nicht unsere Heimat; wir wollen sehen, wo wir uns niederlassen können‹... ›Sehr gut‹, sagten sie und nahmen Blut von ihren Ohren. Und sie weinten in ihren Liedern wegen ihrer Abreise aus Tulán; ihre Herzen trauerten, als sie Tulán verließen.«
Bis zu der Zeit, als die Europäer landeten, weinten die Quiché in ihren religiösen Gesängen über die Tragödie, die ihrem Volk dort in der prächtigen Stadt Tulán zustieß, und über die Verwandten, die sie zurücklassen mußten. Sie bewahrten im *Popol Vuh* die Namen eines jeden Nachfolgers und seiner Taten über Generationen hinweg bis zum letzten König, Conaché, Sohn von Ahpop und Enkel von Cocayim. Mit ihm endet das Geschichtsbuch der Quiché:
»Dieser Conaché starb in der Schlacht, die der Adelantado Don Pedro de Alvarado in dem Flachland um die Stadt Quetzaltenago schlug, die der Königlichen Krone gehört.«
Mit dieser demütigen Verbeugung vor dem neuen Kaiser im fernen Spanien endet die Geschichte der Quiché. Sie ist in lateinischer Schrift erhalten, aber von dem einzigen eingeborenen amerikanischen Schreiber verfaßt, dem es unter dem Deckmantel »Gesetz des Gottes und des Christentums« gelang, uns die ganze Geschichte der einen amerikanischen Nation zugänglich zu machen.
Nachdem der Quiché-Ahne Tohil von der Gefiederten Schlange alias Quetzalcoatl alias Kukulcan von Tulán abstammt, überrascht es nicht, daß die vertrauten bärtigen Männer auf den riesigen Steinstatuen wieder erscheinen, die in der Nähe der Stufenpyramiden und in dem offenen Tempelhof des alten Guatemala aufgestellt wurden.
Die Spuren wandernder Kulturverbreiter setzen sich von Guatemala aus ohne Unterbrechung südwärts über die immer schmaler werdende Landzunge nach Südamerika fort.

In Salvador wurden Keramikköpfe mit bärtigen Gesichtern ausgegraben. In Honduras und Nicaragua gab es weitere Papier-Bücher vor den Spaniern. Der frühe Chronist Gómara schrieb über die Indianer von Nicaragua, daß sie im Besitz von Büchern aus Papier und Pergament seien, »eine Hand breit und zwölf Hände lang, gefaltet wie ein Blasebalg und an beiden Seiten werden in Blau, Purpur und anderen Farben die denkwürdigen Ereignisse, die geschehen, bekannt gemacht.«
Nach Nicaragua verengt sich die Landzunge abrupt, und die beiden Meere stoßen beinahe zusammen. Der Atlantik und der Pazifische Ozean gewähren nur den Platz für die schmale Dschungelbrücke von Nord- nach Südamerika. Hier häuft sich die fruchtbare Erde von Costa Rica und Panama auf prähistorischen Gräbern, den Zeugnissen längst versunkener Kulturen. Der kunstvolle Schmuck aus Gold, die Meisterstücke von Keramikkunst, die geschmackvollen Steinskulpturen sind zu hochgeschätzten Sammlerobjekten geworden. In Panama sind auf den prähistorischen Megalithen von Coclé bärtige Männer abgebildet.
So weit unten wurde die Kunst des Schreibens bewahrt, bis die Europäer auftauchten. Die Cuna-Indianer von Panama ritzten eine Bilderschrift auf Tafeln. Sie hatten ebenfalls Stammeserinnerungen an einen Schöpfer-Gott, der die Welt mit Feuer, Dunkelheit und Überschwemmung wegen einer Sünde des Volkes, das er selbst geschaffen hatte, vernichtete. Nach der Überschwemmung kam eine große Persönlichkeit zu den Vorfahren der Cuna und lehrte sie, ihr elendes Leben zu verbessern. Ihr folgten eine Reihe von Schülern, die deren Lehren verbreiteten. Nach denen kamen nacheinander zehn große Schamanen, darunter eine Frau. Diese frühesten Erinnerungen reihen sich ein in Be-

richte über spätere Cuna-Häuptlinge und die Helden, die die Cuna in ihre letzten Kriege gegen die Spanier führten. Es war, wie wir uns erinnern, das Volk auf dem Isthmus von Panama, das den Spaniern von dem Meer auf der anderen Seite erzählte. Auf dieser anderen Seite, erzählten sie Pizarro, sei der Seeweg ins Inka-Reich offen.

Nach Südamerika wie die Viracochas

Der Isthmus von Panama ist der letzte und schmalste Teil der langen mittelamerikanischen Brücke von Nord- nach Südamerika. Bildhaft ausgedrückt könnte man von einer dünnen Nabelschnur sprechen, die an dem runden Bauch Kolumbien befestigt ist. Das erste menschliche Blut wurde von der neuen Welt an der Beringstraße aufgesaugt, und es floß über den großen nördlichen Kontinent und ungehindert durch einen Isthmus weiter, bis der Panamakanal Nord- und Südamerika trennte.
Der Rücken der nördlichen Anden, auf der Pazifik-Seite gesäumt von einem undurchdringlichen Flechtwerk von Mangrovensümpfen bis zur Küste, behindert das ungestörte Fließen des Blutes weiter nach unten. Aber auf der Seite des Atlantiks, direkt östlich von Panama, öffnen sich die Adern wieder mit dem großen Magdalena-Fluß und dessen Nebenfluß Cauca bis direkt hinein ins Herz Kolumbiens – hin zum größten megalithischen Kulturzentrum von San Augustin und darüber hinaus. Den ganzen Weg über das offene Andenplateau hinunter nach Peru und zum Titicacasee mit den Viracocha-Ruinen von Tiahuanaco. Riesige Statuen von Menschen, hinterlassen von unbekannten, prähistorischen Wanderern, verteilen sich in Abständen über die ganze Strecke der hohen Anden, von Kolumbien durch

Ecuador und Peru bis zum Titicacasee in Bolivien. Sie sind Zeugnisse dafür, daß diese Haupttrasse trotz aller natürlichen Hindernisse von den frühen Kulturverbreitern zu Fuß benutzt worden war.

Auf der pazifischen Seite des Isthmus haben wir gesehen, daß das Meer den freien Weg nach Süden bot. An dieser Küste war das Wasser ruhig, abgeschirmt von den ständig blasenden, östlichen Passatwinden, weshalb es die Spanier »Pazifischer Ozean« genannt haben. Friedlich war das Meer jedoch nur im Schatten der Anden. Weiter draußen kamen die Passatwinde aus dem Osten, nachdem sie über die hohen Kordillieren geschlüpft waren, wieder herunter aufs Meer und schoben die Oberflächenströmungen Richtung Westen, nach Polynesien und darüber hinaus.

Den aufgeschriebenen Erinnerungen der fortschrittlichsten Nationen Südamerikas nach zu urteilen, war das Vordringen der wohlwollenden Kulturbringer nicht dort zu Ende, wo Panama aufhört; sie setzten ihren Weg sowohl im pazifischen Küstengewässer als auch im Hochland der Anden nach Süden fort. In Kolumbien treten erneut lebendige Überlieferungen von weißen und bärtigen Wanderern zutage. Als die Spanier landeten, lebten die friedlichen und hoch zivilisierten Chibchas, auch als Muyscas bekannt, auf dem Hochplateau der nördlichen Anden. Dort hatten sie bessere Klimaverhältnisse und günstigere Lebensbedingungen als in den sumpfigen Urwaldgebieten von Panama und dem Tiefland von Kolumbien, wohin ihre Vorfahren einst gekommen sein mußten.

Unter den amerikanischen Hochkulturen, die bis zur Ankunft der Europäer überdauerten, standen nur diese Chibchas auf einer Stufe mit Mexiko, Yucatan, Guatemala und Peru. Es handelte sich um keine kriegerische Nation. Ihre wirtschaftliche Grundlage waren eine intensive Landwirtschaft und Handelsbeziehungen. Mit einer Bevölkerungszahl von über 500 000 Einwohnern waren die Chibcha in zwei Hauptstaaten und einige kleinere Einheiten gegliedert, von denen jede einen erbberechtigten Herrscher hatte. In den größeren Dörfern wurden Wochenmärkte abgehalten, um den Austausch von landwirtschaftlichen Produkten, Töpferwaren und Baumwolle zu erleichtern. Der Handel mit anderen Völkern verschaffte ihnen das Gold, das sie als Opfergabe an die Sonne brauchten und als Schmuck für die höheren Gesellschaftsklassen, die in Sänften getragen und mit großer Ehrerbietung behandelt wurden. Fasten war ein wichtiger Teil der religiösen Bräuche, besonders für Anwärter wichtiger, öffentlicher Ämter.

Diese Nation wurde 1536 von den Europäern »entdeckt«, als Gonzalo Jiménez de Quesada mit seinen spanischen Soldaten das kolumbianische Hochland erklomm. Die Encyclopedia Britannica schildert ihre Ankunft wie folgt:

»Als sie das Gebirgsplateau erreicht hatten, näherten sie sich Bacatá, dem Hauptsitz der Chibcha-Indianer. Der Widerstand der Stämme erwies sich als zwecklos, und Quesadas Männer versklavten rasch die Chibchans, brannten ihre Tempel nieder und schleppten ihr Gold weg.«

Den europäischen Siegern gelang es nicht, dieser unterworfenen Nation alles Gold wegzunehmen. Vieles davon war seit Generationen in Form von Grabbeigaben hochstehender Personen unter der Erde verschwunden. Außerdem hatte man Gold als Opfergabe für die Sonne in die Seen geworfen. Große Mengen waren in den folgenden Jahrhunderten ausgegraben worden und wanderten in die Schmelztiegel der europäischen Schatzjäger. Doch genügend von diesen alten Kunstschätzen haben die heutigen Kolumbia-

ner gerettet, um das berühmte Gold-Museum im heutigen Bogotá zu bestücken, das früher Bacatá hieß und Hauptstadt der Chibcha war. Ein Meisterstück dieser vor Kolumbus entstandenen Kunst, das man in diesem modernen Museum ausgestellt hat, ist ein Floß aus Gold, auf eine drehende Scheibe gestellt, damit der Betrachter es besser in allen Einzelheiten erkennen kann. Ein prächtig geschmückter Sonnenpriester wird an Bord dieses Floßes dargestellt, umgeben von seinem königlichen Gefolge. Dieses Beispiel einer religiösen Kunst bei den Chibcha-Indianern zeugt von höchster handwerklicher Geschicklichkeit auf dem Gebiet der Goldschmiedekunst, erzählt uns aber gleichzeitig etwas über die Art des Fahrzeugs, das der wandernde Kulturverbreiter auf seinen Reisen zu Wasser benutzte. Genau wie die Nationen von Mexiko und Mittelamerika haben die Chibcha ihre Erklärung für ihr hohes, kulturellen Niveau. Brinton zeigt, daß auch die Chibchas eine überlieferte Geschichte hatten, wie ihre Vorfahren in all diesen Künsten und Fertigkeiten unterrichtet worden waren:
»Die Kenntnis der verschiedenen Künste schrieben sie den Anweisungen eines weisen Fremden zu, der unter ihnen weilte, lange bevor die Spanier auftauchten. Er kam aus dem Osten, von den Ebenen Venezuelas oder dahinter... Sein Haar war lang, sein Bart fiel ihm bis zum Leib, und er trug lange, wallende Gewänder. Er besuchte alle Nationen auf dem Hochland, sprach jede in ihrem eigenen Dialekt an, lehrte sie, in Dörfern zu leben und gerechte Gesetze zu beachten. In der Nähe des Dorfes Coto befand sich eine Anhöhe, die besondere Verehrung genoß, denn auf ihrem höchsten Punkt pflegte er sich an die Menschen zu wenden, die sich am Fuße der Anhöhe versammelt hatten... Viele Jahre lang regierte er die Volksstämme mit Gerechtigkeit,

und dann verabschiedete er sich, begab sich zurück in den Osten, woher er gekommen war, wie einige Gewährsmänner sagen; andere behaupten, er sei in den Himmel aufgestiegen. Jedenfalls bestimmte er vor seiner Abreise einen Nachfolger als Herrscher und empfahl ihm, die Pfade der Gerechtigkeit nicht zu verlassen.«

Einer der vielen Namen dieses kolumbianischen Kulturhelden war *Chimizap-agua*, das bedeutet »Abgesandter aus dem Lande der Sonne«.

Bei einem so bezeichnenden Namen oder Titel wird uns klar, daß der bärtige Kultur-Held der Chibcha zur selben Familie wohltätiger, wandernder Missionare gehört wie die, die wir bereits als Lehrer der Wilden in Sachen Kultur im gesamten Gebiet südlich des Golfes von Mexiko kennengelernt haben. Da überrascht es nicht, daß die Eroberung von Kolumbien genauso leicht vonstatten ging wie bei den anderen Hochkulturen Amerikas. Brinton fügt hinzu:

»Andere Namen, die für diesen Helden-Gott verwendet wurden, waren Nemterequeteba, Bóchica und Zuhe oder Sua, der letzte Name fällt mit ihrem normalen Wort für Sonne zusammen. Den Berichten zufolge muß er eine helle Gesichtsfarbe gehabt haben, und als dann die Spanier landeten, hatte man sie für seine Abgesandten gehalten und sie *sua* oder *gagua* genannt, genauso wie in dem entsprechenden Mythos in Peru, wo sie als Viracochas angesprochen wurden.«

Östlich von Kolumbien liegt Venezuela. Den Überlieferungen der Chibcha zufolge war das die Richtung, aus der ihr erster wandernder Kultur-Held auftauchte, und manche sagen auch, er sei in die Richtung, aus der er gekommen war, wieder verschwunden. Es fällt nicht schwer, Sua oder Zuhe von Kolumbien mit Tzuma oder Zume aus Venezuela zu identifizieren, ein wandernder Lehrer, der bei den primitiven Stämmen des Landes hohe Achtung genoß, als die Europäer dort eintrafen. In Venezuela erinnerte man sich an ihn nicht als einen Wanderer, der sich bei den Vorfahren niedergelassen hatte. Bei ihnen war er nur ein Prediger auf der Durchreise. Auf Stammesüberlieferungen eines solchen reisenden Hohepriesters stößt man über weite Strecken in Venezuela und den angrenzenden Territorien, wie Brinton bei seiner Beschäftigung mit dem Heldenmythos feststellte: »Wo immer sich die weit verstreute Rasse der Tupi-Guarani ausbreitete – von der Mündung des Rio de la Plata und den endlosen Ebenen der Pampas bis nördlich zu den nördlichsten Inseln des Westindischen Archipels –, so stellten die ersten Entdeckungsreisenden fest, daß die Eingeborenen demütig ihr Wissen um die Kunst des Lebens einem verehrten und gütigen alten Mann zuschrieben, den sie ›Unsern Ahnen‹, Tamu oder Tume oder Zuma nannten... Der Legende nach kam dieser Pay Zume, wie er in Paraguay genannt wurde (Pay = Zauberer, Gottheit, Priester) vor längst vergangener Zeit aus dem Osten, von Sonnenaufgang her. Er lehrte die Menschen die Kunst des Jagens und des Ackerbaus, besonders die des Anbaus und der Zubereitung der Manioka-Pflanze, ihr hauptsächliches Gemüse. In der Nähe der Stadt Assumption befindet sich ein hoher Felsblock, um den er, wie der Mythos erzählt, die Menschen zu versammeln pflegte, wobei er selbst ganz oben stand und seine Anordnungen und Gesetze bekanntgab, genau wie es Quetzalcoatl von Gipfel des Berges Tzatzitepec aus getan hatte, dem ›Hügel des Rufens‹... Er lebte eine gewisse Zeitspanne mit seinem Volk und verließ es dann, ging nach Osten über das Meer zurück, wie von einigen erzählt wird. Andere meinen jedoch, er sei von seinen halsstarrigen und unwilligen

Zuhörern vertrieben worden, die seiner Ratschläge überdrüssig geworden waren.«

Es waren auch einige der karibischen Inseln von einem reisenden Lehrmeister besucht worden. Oder vielleicht waren die Erinnerungen an sein Wirken von einem der Inselstämme, den Arawaks, mitgebracht worden, als sie vom südamerikanischen Festland auf diese Inseln übersiedelten. Die Mythologie der Arawaks hat die Sonne und den Mond als Gottheit sowie einen Kulturbringer und frühe Menschen, die geheimnisvoll aus einer Höhle auftauchten. Offensichtlich kümmerte sich der leidenschaftliche Kulturbringer überall dort, wohin er oder seine ergebenen Anhänger durch einen Trick und etwas Ausdauer kamen, um die Sonnenanbetung und den kulturellen Fortschritt.

Bei der Ankunft der Spanier gab es in Südamerika, abgesehen vom Inka-Reich, keine anderen organisierten Nationen, die auf demselben kulturellen Niveau wie die Chibcha in Kolumbien standen. Aber die Entfernung von dem Gebiet der Chibcha zu dem der Inkas war nicht weit. Das heutige Kolumbien grenzt im Süden an das heutige Ecuador und Ecuador war ein Teil des Inka-Reiches. Der letzte große Inka, Huayna Capac, hielt sich im Hochland auf, in seinem herrschaftlichen Wohnsitz in Quito, als er die erste Nachricht von der Landung der Spanier an seiner Küste erhielt. Für ihn und die Völker seines ausgedehnten Reiches bis hinunter nach Bolivien und Chile bedeutete das, daß die Viracochas zurückkehrten. Der letzte der Viracochas war der Geschichte der Inkas zufolge mit seinen Begleitern im ecuadorischen Hafen Manta an Bord gegangen, als er das Land übers Meer verließ.

Wir haben gesehen, daß gemäß der Geschichte der Inkas und den von der Küstenbevölkerung bewahrten Überlieferungen nicht nur Viracocha, sondern auch der erste auf ihn folgende Inka, Manco Capac, als Seefahrer die Küste Ecuadors heruntergekommen war. Der Inka Manco Capac und die Schwester seiner Frau, Mama Ocllo, wurden auf der Insel Guayas im Golf von Guayaquil als die Kinder von König Atau geboren, einem reisenden Küstenschiffer aus dem Norden.

Der leichteste Weg für jeden, der von Panama aus nach Süden wollte, war der Seeweg die Küste entlang, wie ihn auch Pizarro und sein Gefolge gewählt haben. Es gibt aber außerdem, wie wir gesehen haben, einen Fußweg über das Hochland der Anden, von San Augustin in Kolumbien bis Tiahuanaco in Bolivien und noch weiter. Die geographischen Hindernisse bei einem Fußmarsch entlang der Küste bestehen aus Mangrovensümpfen und dem inneren Urwald von Ecuador und danach aus endlosen Strecken totaler Wüste, wie sie das Tiefland an der Küste von Peru für Tausende von Kilometern bis hinunter nach Chile prägt.

Kein Wunder also, daß die Überlieferungen aus Peru voller Hinweise auf Fremde sind, die auf dem Seeweg die Küste entlang in ihr Land kamen. Es scheinen auf dieser Route so viele Einwanderungen geschehen zu sein, wie es verschiedene kulturelle Einflüsse in den Küstentälern gegeben hatte. Moderne peruanische Archäologen stimmen darin überein, daß das prähistorische Bild von diesen Reisen dem einer Leiter ähnelt, mit zwei langen, parallel angeordneten Beinen, das eine an der Küste, das andere am Andenrücken entlang, und die quer dazu angebrachten Sprossen wären dann all die Flußtäler, die das Hochland mit der Küste verbinden.

In den ersten der Eroberung folgenden Jahren gelang es dem gelehrten Jesuiten Pater Miguel Balboa, einige der wichtigsten Teile der nationalen Geschichte der Chimu an der Nordküste Perus aufzuschreiben, als sie noch lebendig in Erinnerung war. Dieses Küstengebiet war erst wenige Generationen vor der Ankunft der Spanier durch die Inkas aus dem Hochland überfallen und unterworfen worden, die Erinnerung daran bei den Chimu also noch ganz frisch.

»Das Volk von Lambayeque sagt – und jedes Volk, das in der Nähe dieses Tales lebt, bestätigt das –, daß in einer so lange vergangenen Zeit, die gar nicht auszudrücken ist, vom nördlichen Teil dieses Peru auf einer Flotte von *Balsaflößen* ein Vater mehrerer Familien kam, ein Mann von großem Mut und tüchtigem Wesen mit Namen Naymlap; und bei sich hatte er viele Konkubinen, aber seine Hauptfrau soll Ceterni gewesen sein. In seiner Begleitung hatte er viele Menschen, die ihm als Oberhaupt und Führer folgten.«

Der Bericht enthält nicht nur die Namen des Anführers und seiner Frau, sondern auch solche der vierzig wichtigsten Häuptlinge, die sein Gefolge gebildet haben sollen. Unter ihnen der zeremonielle Muschelbläser, der königliche Federkleid-Macher und der Küchenchef. Die Gesellschaft stieg an der Mündung des Fasquillanga-Flusses von Bord und ging nur ein kurzes Stück landeinwärts, wo der erste Pyramiden-Tempel errichtet wurde. Sie brachten große Reichtümer und seltsame Dinge mit, wie sie noch nie jemand in dieser Gegend gesehen hatte. Besonders erwähnt wird eine grüne steinerne Skulptur, die in dem Tempel stand.

König Naymlap hatte einen erstgeborenen Sohn, Cium, der seinerseits acht Söhne hatte und über zahlreiche Familien herrschte. Cala, einer dieser Söhne, drang im selben großen Tal weiter ins Land vor und gründete die Stadt Tucume, die alle Spanier bei ihrer Ankunft wegen der Ruinen und einer großen Zahl gewaltiger Pyramiden beeindruckte.

Die Namen sämtlicher zwölf Könige, die in der Naymlap-Dynastie aufeinander folgten, waren noch in Erinnerung und wurden aufgeschrieben bis zum letzten, der Tempellec hieß. Dieser wollte die grüne Statue aus Naymlaps ursprünglichem Tempel Chot an einen anderen Ort bringen. Das führte nach Aussage seines Volkes zur schlimmsten Überschwemmung, die es je in dieser Gegend gegeben hatte, und zu einer nachfolgenden verhängnisvollen Trockenheit. Die Katastrophe endete mit einem Aufstand, bei dem der König an Händen und Füßen gefesselt dem offenen Meer überantwortet wurde.

Nach dieser Zeit folgte in dem Königtum Naymlap, das in viele unabhängige Republiken aufgeteilt war, eine unbekannte Zahl von Generationen. Schließlich tauchte ein mächtiger Tyrann namens Chimo Capac mit einer unbesiegbaren Armee auf. Er eroberte alle Täler, und nach ihm herrschten sein Sohn und sein Enkel, bis die Inkas als die nächsten peruanischen Eroberer aus dem Hochland kamen. Sie regierten das Küstengebiet vier bekannte Generationen lang mit ernannten, ansässigen Vasallen, bis die Spanier kamen.

Die unbekannte Zahl ernannter Regenten in der Zeit, die zwischen dem Ende der Naymlap-Dynastie und dem Beginn der Chimu-Regierung (der Ankunft von Chimo Capac) lag, macht es unmöglich, ein ungefähres Datum für die Ankunft der Flotte Naymlaps im Lambayeque-Tal zu nennen.

Die Erinnerung der auf dem Seeweg erfolgenden Ankunft des großen Königs Naymlap und seiner Königin Ceterni verblaßte niemals bei der nachfolgenden Urbevölkerung, die bis heute die weiten Küstenebenen von Lambayeque dominiert. Der Name des Königs wurde manchmal zu Namla verändert oder später zu Naylamp, aber an seiner

Ankunft auf dem Seeweg änderte sich nichts. Und der erste Tempel, den er baute, ist jedem in dem Tal als die riesige Adobe-Pyramide Chotuna bekannt, ein Stück vom Meer landeinwärts gelegen und auf halbem Wege zu dem Pyramidenkomplex von Tucume, dessen Grundstein sein Enkel Cala legte.

Es war diese dauerhafte Überlieferung über Naymlaps Flotte von seetüchtigen Balsaflößen, die mein Vertrauen in dieses gering geachtete, vorgeschichtliche Wasserfahrzeug stärkte, als ich beschloß, 1947 damit die Fahrt mit der Kon-Tiki zu wagen.

Obwohl die Erinnerung an Naymlaps Ankunft in dem Tal weiterlebte, waren nur wenige außerhalb von Peru bereit, in dieser seefahrenden Dynastie mehr als einen Mythos zu sehen. Doch im Jahre 1987 gelang es einem Grabräuber, ein Königsgrab zu entdecken, als er und seine Kumpane aus dem Dorf Sipán einen tiefen Schacht in eine bislang nicht geplünderte Pyramide im Lambayeque-Tal gruben. Ernil Bernal, der Sohn eines Bauern aus Sipán, sorgte dann für die größte Sensation des Jahrhunderts, als im Licht seiner Lampe goldene Masken, Brustpanzer, Kronen, Zepter und anderer Schmuck aufblitzte. Das Grab war in überreichlichem Maße gefüllt mit Gegenständen aus purem Gold, aus vergoldetem Kupfer und aus Silber. Augenzeugen berichten, daß er ausgerufen haben soll: »Das sind die Menschen vom Meer«, sobald er und seine *huaquero*-Freunde sahen, daß viele der goldenen Masken in den Pupillen ihrer Augen einen besonderen blauen und in diesem Tal ungekannten Stein eingesetzt hatten. Wie viele dieser Masken das Grab enthielt, werden wir nie erfahren, denn der unglückliche Räuber hatte sich kaum seinen Traum erfüllt und die königlichen Schätze zum Teil verkauft, zum Teil versteckt, als eine Kugel seinem Leben während einer Polizeirazzia in seiner Wohnung ein Ende setzte. Die erhaltenen königlichen Schätze aus dem 3. Jahrhundert v. Chr. wurden von dem inzwischen allgemein bekannten Dr. Walter Alva gerettet, dem es gelang, das zu konfiszieren, was übrig war, und es im Brüning-Museum von Lambayeque für die Nachwelt zu bewahren. Mindestens fünf dieser blauäugigen goldenen Masken waren in einem privaten Museum in Lima ausgestellt, wo ich später die Erlaubnis erhielt, sie zu studieren. Doch zuerst sah ich ein herrliches Exemplar in den Händen von Walter Alva. Diese Maske brachte mich zum zweiten Mal auf die Spur von Naymlap, als ich mit Walter nach Tucume ging, wo er mir die Ruinen der von Naylamps Enkel Cala gegründeten Pyramidenstadt zeigte.

Als ich einmal auf der Straße durch das öde Küstengebiet Perus nördlich von Lima unterwegs war, erfuhr ich von einer kürzlich erfolgten Plünderung einer Pyramide in Sipán. Damals hörte ich erstmals von Sipán, und man nannte mir den Namen eines damals unbekannten peruanischen Archäologen, der die Pyramide vor der völligen Ausplünderung bewahrt habe. Ich fand Walter Alva unten in einem tiefen Schacht und stellte entsetzt fest, daß sich die Grabräuber ihren Weg rücksichtslos durch Adobe-Blöcke und loses Füllmaterial voller Tonmännchen, die nach allen Richtungen zeigten, gebahnt hatten. Eine wacklige und schier endlose Leiter aus zusammengebundenem Bambus brachte mich hinunter zu dem Archäologen, der mir das leere Grab zeigte. Enge, von den Räubern gegrabene Tunnels, gingen nach allen Richtungen und endeten blind, weil sie in ihrer Arbeit gestört worden waren.

Weder das Gold noch die glänzenden Meisterstücke der frühen Inka-Kunst, die mir Alva an jenem Tag im Jahre

1987 zeigte, beeindruckten mich. Was mich interessierte, war die Einlegearbeit in den Augen und dem Mund der goldenen Masken. Die mandelförmigen Augen waren mit Silber eingelegt, doch die Pupillen bestanden aus blauem Lapislazuli. Das Silber konnte irgendwo aus dem entfernten Gebirge stammen, aber Lapislazuli gibt es in ganz Amerika nur an einer einzigen Stelle: weit unten an der chilenischen Küste. Die löwenartigen Zähne der Maske bestanden aus Spondylus-Muscheln. Und diese tropische Molluske kann in den kalten Gewässern des Humboldt-Stromes nicht existieren. Sie konnte nur von Panama oder Ecuador kommen. Spondylus war das wichtigste Handelsgut, das vor der Kolonialzeit von den peruanischen Balsafloßhändlern aus Panama und Ecuador mitgebracht wurde. Der Goldschmied, der später als »Herr von Sipán« bezeichnet wurde, hatte somit einen Zugang zu Rohstoffen gehabt, die nur auf dem Seeweg gekommen sein können. Die Spondylus-Muschel war gewiß nicht durch die Urwälder Ecuadors nach Süden gebracht worden. Lapislazuli war gewiß nicht über Tausende von Kilometer Küstenwüste aus Zentralchile geholt worden. Hier hatte man einen stichhaltigen Beweis, daß die blauäugigen Herrscher von Sipán ein Geschlecht echter Seefahrer waren, vertraut mit der gesamten Westküste Südamerikas von Norden nach Süden.
So befolgte ich Walter Alvas Rat und wandte mich an die peruanische Regierung, um eine Erlaubnis zu bekommen, in den unberührten Pyramiden von Tucume Ausgrabungen durchführen zu dürfen. Im Laufe meiner späteren Arbeit in Tucume wurde ich auf etwas aufmerksam, was die Forschung bisher übersehen hatte. Die blauäugigen, goldenen Masken des »Herrn von Sipán«, die vom Entwurf her alle gleich aussahen und sich nur in der Größe unterschieden,

hatten ein früheres Modell aus der viel älteren Vicus-Kultur als Vorbild. Ein herrliches Schmuckstück aus Gold und Silber, ausgestellt im Goldmuseum von Lima, unterscheidet sich von den Masken von Sipán allein dadurch, daß es kleiner ist. Das rechte Auge einer menschlichen Maske ist mit bläulich-grünem Türkis eingelegt. Eine Verbindung zwischen den alten Künstlern der Vicus-Kultur und dem Lambayeque-Tal kann nicht bestritten werden. Doch Vicus liegt viel weiter nördlich, so weit im Norden, daß dort die öde Küstenlandschaft bereits mit Ecuador verschmilzt. Und die Vicus-Kultur wird von den Archäologen als älter angesehen, älter als die Sipán-Kultur. Älter als die Mochica-Periode. Eine vorläufige Datierung nimmt ca. 500 v. Chr. an. Diese Entdeckungen werden durch die Landesgeschichte bestätigt, in der es heißt, daß eine kulturelle Bewegung von der Küste Ecuadors in das nördliche Peru stattgefunden habe.

Die Bewohner von Tucume betrachteten es als weitere Bestätigung ihrer Überlieferung, als unser Team unter Leitung des ortsansässigen peruanischen Archäologen Alfredo Narvaez eine besondere Entdeckung machte. Es wurden die Mauern eines Tucume-Tempels freigelegt, die mit hohen Reliefs geschmückt waren. Das Hauptmotiv zeigt zwei große Schilfboote, bemannt mit Vogel-Menschen und umgeben von einem künstlerischen Meeresmotiv mit brechenden Wellen, Fischen und schwimmenden Meeresvögeln.

Demnach ist es nicht mehr möglich, die Angaben aller Völker in Lambayeque zu bezweifeln, daß in ihrem Tal Einwanderer, die vom Meer gekommen waren, Pyramiden gebaut haben.

Es gibt jedoch auch verschiedene andere Überlieferungen und auch Mythen von Völkern, die zur Nordküste von Peru kamen. Einige davon beziehen sich auf die gleiche Persönlichkeit, wenn auch mit verschiedenen Namen. Vorgenommene Nachforschungen in den Dörfern um Tucume zeigten, daß der ursprüngliche Name des eingewanderten Königs Nam La war, ein poetischer Ausdruck der Mochica-Sprache, der »Vogel des Meeres« bedeutet.

Weiter südlich die Küste hinunter, in dem Chicama-Tal mit den berühmten Sonnen- und Mondpyramiden der Chimu, hält sich die Überlieferung von einem anderen König namens Tacaynamu, der übers Meer kam und alle seine Haupteigenschaften mit Naymlap von Lambayeque teilt. Peruanische Archäologen haben in einer Pyramide im Chicama-Tal Grabstätten von Einwanderern aus Lambayeque freigelegt, deren Wände mit Schilfbooten in gemalten Reliefs bedeckt waren.

Pater Balboas Zeitgenosse, der frühe Chronist Zárate, fand einen entstellten Chimu-Mythos, der zu Ereignissen gehört, die vermutlich sogar noch vor der Ankunft von König Naymlap und seiner Balsafloß-Flotte liegen. Diesem Bericht entsprechend war zuerst eine als Con bekannte, höchste Gottheit gekommen, und zwar von Norden her. Sie wurde der Schöpfer genannt, Sohn der Sonne und des Mondes, denn sie konnte nach Belieben Wege verlängern oder verkürzen und Berge erheben oder verflachen. Sie gab den Menschen neu gezüchtete Pflanzen und Früchte zu essen, aber nachdem ihr die Indianer auf der Ebene Schwierigkeiten bereitet hatten, rächte sie sich, indem sie eine Trockenheit schickte, die die Felder austrocknen und die aus dem Hochland kommenden Flüsse bis auf ein wenig Trinkwasser versiegen ließ. Schließlich war Pachacama, ein anderer mächtiger Mann, der ebenfalls den Anspruch erhob, Schöpfer und Sohn der Sonne zu sein, aus dem Süden gekommen.

Er war stärker und bei seinem Erscheinen flüchtete Con aus dem Küstengebiet und ließ das Volk, das er geschaffen hatte, ohne Führer und Beschützer zurück.
Es ist leicht, diesen Pachacama, der aus dem Süden kam, als Pacha-Cama, den Sonnengott der Nazca-Volkes, zu identifizieren, der in der Tat ihre große Zivilisation an der Südküste von Peru aufgebaut hatte. Bevor diese ebenfalls von den Inkas des Hochlandes erobert wurde, hatten die Priesterkönige der Nazca eine sehr mächtige Nation geschaffen, die unter dem Schutz ihres Sonnengottes und königlichen Stammvaters Pacha-Camac in den Krieg zog und ihm große Stufenpyramiden an der Süd- und Mittelküste Perus weihte. Obwohl die beiden großen Küstenkulturen vor der Inka-Zeit, die Chimu im Norden und die Nazca im Süden, ohne Zweifel miteinander in Verbindung standen, zeigt ihre religiöse Kunst eine Unterschiedlichkeit, die weit über den Gegensatz von Geschmack und Stil hinausreicht, und es erscheint ohne weiteres einsichtig, daß ein Machtkampf zwischen ihnen stattgefunden haben muß, bevor sich beide den Armeen der Inkas fügen mußten.
Vor über 100 Jahren untersuchte der österreichische Wissenschaftler J. J. Tscudi die Con-Mythen, die im Gebiet der Chimu von verschiedenen frühen Chronisten zusammengestellt wurden, und fand heraus, daß der siegreiche Pachacama einige Male als Sohn des Con genannt wird. Man erinnerte sich demnach an Con als jemanden, der von seinen eigenen Nachkommen geschlagen und vertrieben worden war. Und:
»Wieder war einer anderen Überlieferung zufolge Con nicht allein angekommen, sondern mit Gefährten. Nachdem er den Menschen Gesetze gegeben und sie unterwiesen hatte, wurde er vermutlich unzufrieden, weil sie ihm nicht ge-

horchten, weshalb er aufbrach und an der Küste entlang in die Provinz Manta gelangte. Dann breitete er seinen Mantel auf dem Meer aus, setzte sich mit seinen Gefährten darauf und verschwand. Diese Version des Con-Mythos bezieht sich keineswegs auf Con allein, sondern ist, wie man sehen wird, eine Verschmelzung mit dem Viracocha-Mythos. Ursprünglich war man der Auffassung, Con habe nichts mit Viracocha zu tun.«
Wir haben jedoch gesehen, daß die Inkas, als sie hinunter zur Küste zogen, von Con hörten und erkannten, daß er derselbe war wie ihr Viracocha alias Tiki von Tiahuanaco, weshalb sie den zusammengesetzten Namen Kon-Tiki-Viracocha bildeten, um alle ethnischen Gruppen in ihrem Reich zufriedenzustellen.
Die Mythen, die schriftlichen und mündlichen Überlieferungen sowie die Kunst Perus vor der Kolonialisierung ist voller Hinweise auf seefahrende Helden, die mit ihren Schiffen kamen, um die Volksstämme an der Küste und auch im Hochland durch List oder brutale Gewalt zu erobern.
Diese ursprüngliche peruanische Geschichte sollten wir uns vergegenwärtigen, wenn wir ein halbes Jahrtausend später die goldgierigen Abenteurer beurteilen, die mit Pizarro landeten. Die Spanier waren weder besser noch schlechter als die kriegerischen Inkas, die sie durch unbeabsichtigten Betrug eroberten, obwohl sie gerne den Vorteil nutzten, fälschlicherweise für Abkömmlinge anderer weißer und bärtiger Männer gehalten zu werden, die vor ihnen genau diesen Nationen Wohltaten gebracht hatten.
Die Geschichte der Inkas hat nur sehr spärliche Hinweise auf die Kulturen, die dem von ihnen geschaffenen oder besser zusammengeschlossenen Riesenreich vorausgingen. Die

peruanische Archäologie hat eine Überfülle an Beweisen, daß diese frühen Kulturen die Inkas an Größe und bezüglich ihrer künstlerischen und technischen Fähigkeiten übertrafen. Einige von ihnen hatten einen klaren religiösen und wahrscheinlich auch politischen Einfluß, der vom südlichen Hochland bis zur Nordküste reichte.

Nur einer der frühen Chronisten, Pater Blas Valera, beschäftigte sich mit den Stammbäumen der peruanischen Könige, die vor den zwölf Inka-Generationen regierten. Seine peruanische Mutter zog ihn am Hof des Inka in Cajamarca auf, und der bekannte moderne Historiker C.R. Markham betont, daß Blas Valera sein ganzes Leben dem Studium der Geschichte der Inkas widmete. Sein Abstammungsregister verdient es deshalb, ernst genommen zu werden. Von den *amautas* und den *quipu-camayocs*, die als Gedächtnisstütze ein kompliziertes Knotensystem benutzten, bekam er eine Liste mit Namen von Königen aus 90 Generationen, die vor dem ersten Inka auf dem Hochland herrschten.

Der Bericht über all diese Könige vor den Inkas bestand nicht nur aus einer Aufzählung von Namen und Nachfolgern, zu jedem König werden außerdem die wichtigsten Ereignisse erwähnt, die in seine Regierungszeit fielen. Es ist besonders bemerkenswert, daß während der Regierung von Titu Yupanqui Pachacuti V, dem 62. König auf der Liste der Monarchen vor den Inka-Königen, von einer größeren nationalen Katastrophe berichtet wird. Bis dahin kannten die Leute eine Art von Schriftsystem, das anders war als die Knoten der Inka:

»Und weil in dieser Zeit große Armeen von sehr wilden Völkern kamen, sowohl über die Anden als auch aus Brasilien und Tierra Firme, hatten sie große Kriege, in denen sie

ihre Buchstaben verloren, die bis dahin überdauert hatten... Damit war die Herrschaft der peruanischen Monarchie beendet. Sie erholte sich 400 Jahre lang nicht mehr, und die Kenntnis der Buchstaben war verloren.«
Die Kriege mit ständiger Ablösung vorangegangener Dynastien spiegeln sich deutlich in der Archäologie Perus, die zeigt, daß verschiedene und zugleich in gegenseitiger Beziehung stehende Hochkulturen einander sowohl unten an der Küste wie oben im Hochland mehrmals abgelöst haben. Lange Zeiten des Friedens und Wohlstandes wurden in den 90 Generationen von Viracocha-Regierungen, die den zwölf Generationen der Inkas vorangingen, mehr als einmal von grausamen Schlachten und Vertreibungen unterbrochen. Jeder neue König beanspruchte seine Herkunft von der Sonne, ob es nun der Nazca-Herrscher Pacha-Camac war, der die Küste hinaufzog, um seinen eigenen »Vater« zu verjagen, oder ob es der Inka war, der vom Hochland herunterkam und die gesamte Küste eroberte. Um in dieses Chaos von miteinander wetteifernden Sonnengöttern eine Ordnung zu bringen, war der Inka so klug, die ersten von ihnen zu einer eingewanderten Persönlichkeit zusammenzufassen. Die Inkas erkannten, daß ihr Sonnengott, der als »Schaum auf dem Meer« von der Küste heraufgekommen war und sich in seiner megalithischen Stadt Tiahuanaco niedergelassen hatte, der gleiche wandernde Sonnen-König war, der in allen von ihnen eroberten Ländern verehrt wurde.
Neunzig Generationen Viracocha-Herrschaft in Peru vor den Inkas haben deutliche Spuren hinterlassen, die beweisen, daß die Inka-Mythen auf konkreten Fakten beruhen. Es klingt eher nach Märchen als nach nüchterner Geschichte, wenn die Inkas den Spaniern erzählten, daß die Viracochas vor ihrer Zeit imstande gewesen seien, Entfernungen zu

verkürzen und die Landschaft zu verändern, indem sie Flüsse durch die Wüste leiteten und Berge auf die Ebenen setzten. Abstände wurden früher in Reisezeit gemessen. Und die Tausende von Kilometern Straße, zum Teil gepflastert oder mit Steinen eingefaßt und sorgfältig gepflegt, die vor der Zeit der Inkas von den Ingenieuren Tiahuanacos gebaut wurden, verkürzten natürlich die Reisezeiten auf ein Bruchteil dessen, was nötig war, wenn man sich als Wanderer durch Steinwüsten und weglose Sanddünen kämpfen mußte.

Von Tiahuanaco aus führte ein umfangreiches Straßennetz zu allen Teilen des alten Königreiches. Die meisten dieser Straßen hatten die Inkas übernommen und möglicherweise verlängert. Als die Spanier kamen, verliefen diese Straßen nördlich von Tiahuanaco nach Cuzco in Peru und Quito in Ecuador, mit einer Abzweigung hinunter zur Nordküste, an der Tucume liegt. Eine andere Straße verlief von Tiahuanaca in südlicher Richtung nach Nordwest-Argentinien, mit einer Verlängerung hinunter zur Nordküste von Chile. Andere Straßen führten ostwärts ins Amazonasbecken und westwärts hinunter ins Gebiet der Nazca an der peruanischen Südküste.

Es dürfte wohl nicht übertrieben sein, wenn die Inkas behaupteten, an der Küste sei Con fähig gewesen, auf dem flachen Land Berge zu schaffen. Die Völker vor den Inkas haben allein an der Nordküste Hunderte solcher bergähnlicher Gebilde hinterlassen. Die Pyramiden von Tucume wurden tatsächlich von den Reisenden auf der panamerikanischen Hauptroute irrtümlicherweise für Berge gehalten, bis mich Walter Alva 1987 dorthin brachte und die Welt von der erstaunlichen Tatsache erfuhr, daß diese Berge von Menschen gemacht waren. Errichtet aus Millionen von mit

der Hand gebrochenen Adobe-Blöcken. Obwohl die dort ansässigen Menschen die Berggebilde als ein Werk ihrer heidnischen Vergangenheit fürchteten, haben Tausende von dort vorbeikommenden Touristen sie aus der Entfernung für eine Ansammlung hoher Hügel gehalten. Viele sind auf Pferden dazwischen durchgeritten und hatten das Gefühl, in tiefen Canyons aus verwittertem Sandstein zu reiten. Eine der Pyramiden ist über 450 Meter lang, über 40 Meter hoch, mit einer 100 Meter breiten Plattform am höchsten Punkt. Wahrscheinlich das größte Adobe-Bauwerk der Welt.
Als die Inkas in der Chimu-Zeit zu den bewohnten Küstentälern hinunterzogen, müssen sie erstaunt gewesen sein von all diesen riesigen Stufenpyramiden, die meisten bereits vom Wind und dem gelegentlichen Küstenregen verwittert. Heutige Besucher sind fasziniert von der unglaublichen Perfektion der vor den Inkas tätigen Architekten in Moche, wenn sie die Sonnenpyramide besteigen, die 41 Meter hoch ist bei einer Grundfläche von 227 mal 136 Meter. Aus diesem künstlichen Hügel, sorgsam zusammengesetzt aus Millionen von Adobe-Blöcken, förderten die Ausgrabungen zwei Tongefäße zutage, auf denen Viracocha abgebildet ist: ein mit langem Gewand und Turban bekleideter Mann mit einem bis zum Leib reichenden Bart.
Pyramiden von solch imponierender Größe sind im Hochland eine Ausnahme. Doch eine, Akapana genannt, überragt das aus Megalith gebaute Tiahuanaco und wurde, so die Überlieferung, von Viracocha und seinen bärtigen Männern errichtet. Genau genommen handelt es sich um einen natürlichen Hügel, der in der Zeit vor den Inkas in eine gewaltige Stufenpyramide umgewandelt wurde. An allen Seiten wurden Terrassen angelegt, die man sorgfältig mit genau passenden Blöcken verkleidet hat. Die Verwitterung

begann, als man die meisten dieser Blöcke für den Bau der in der Nähe vorbeiführenden Eisenbahnlinie entfernte, aber in jüngster Zeit ist es bolivianischen Archälogen gelungen, große, unter der Erosion verborgene und gut erhaltene Teile freizulegen.

Die beeindruckende Terrassierung der Berghänge in Peru zum Zwecke der Bewässerung begann vor der Inka-Herrschaft. Das wirklich kolossale Aquädukt aus Adobe-Steinen, das hoch aufragend direkt über das Chicama-Tal geführt wurde, muß die eingeborenen Peruaner ziemlich verblüfft haben, als die Viracochas dort, wo vorher nur Wüstensand war, aus einem entfernten Fluß Wasser auf die ausgedehnten Felder mit Baumwolle, Mais und süßen Kartoffeln rieseln ließen. Und das 30 Kilometer lange und sechs Meter breite Kanalsystem der Vor-Inka-Zeit, das am Fuß der Anden beginnt und an den Tucume-Pyramiden vorbei bis zum Meer reicht, wurde für die Bauern und Fischer in Lambayeque zum schiffbaren Fluß. Nun war es möglich, mit zwei Schilfbooten mittlerer Größe, die in verschiedenen Richtungen aneinander vorbeifahren konnten, Handel zwischen Inland und Küste zu treiben.

Die lange Liste der Viracocha-Herrscher endete, als der erste Inka zwölf Generationen vor Ankunft der Spanier als Kaiser eingesetzt wurde. Die Abreise von Kon-Tiki-Viracocha aus Tiahuanaco war ein bedeutsames Ereignis in der Geschichte Perus und sollte die endgültige Abreise von weißen und bärtigen Kultur-Helden vom amerikanischen Kontinent sein.

Die frühen Chronisten Sarmiento und Betanzos schildern detailliert diesen endgültigen Auszug der Viracochas. Der herrschende Sonnen-König in Tiahuanaco soll seine segensreiche Missionsarbeit bis zu dem Tag, an dem er sein Reich

verließ, betrieben haben. In der Überlieferung heißt es, daß er, als alle auf Tiahuanaco verzichtet hatten, seine untergeordneten Viracochas auf verschiedenen Routen fortschickte. Einer seiner Schüler wurde nach Norden durch das Hochland zu den höchsten Kordillieren der Anden geschickt. Ein anderer sollte dieselbe Richtung einschlagen, aber in niedrigerer Höhe und mit Aussicht auf das Tiefland am Pazifik. Er selbst begab sich zwischen den beiden Routen seiner Diener in den Norden Richtung Cuzco.
In der Provinz Cacha auf der Straße nach Cuzco wurde er von den Cana-Indianern bedroht, die ihm schwer bewaffnet entgegentraten. Als sie ihn jedoch als Viracocha erkannten und er ihnen erklärte, daß er ihr Schöpfer sei, ließen sie die Waffen sinken und warfen sich vor ihm in den Staub. Als er sie wieder verließ, setzte er seine Reise nach Cuzco fort, und die Cana-Indianer bauten ihm an der Stelle, wo er zu ihnen gesprochen hatte, einen großen Tempel und errichteten darin eine ihm gleichende, über vier Meter hohe bärtige Statue, in der die Spanier später ihren Heiligen St. Bartolomäus sahen. Vom Gebiet der Cana aus setzte der Viracocha seinen Weg fort. Darüber berichtet Betanzos:
»...und als er einen Ort erreichte, der jetzt Tambo de Urcos genannt wird und sechs Leagues von Cuzco entfernt liegt, bestieg er einen hohen Berg, setzte sich auf seinem Gipfel nieder, und es wird erzählt, daß er die eingeborenen Indianer, die jetzt dort leben, angewiesen habe, sich auf dem Berghang einzufinden. Und weil der Viracocha dort gesessen hatte, wurde ihm an dieser Stelle eine kostbare und prächtige *huaca* errichtet, in der diejenigen – nachdem Viracocha dort gesessen hatte –, die diese *huaca* bauten, eine Bank aus Gold anbrachten, und die Statue, die den Viracocha darstellen sollte, wurde auf diese Bank gesetzt. Als

später die Spanier nach der Eroberung der Stadt Cuzco die Beute teilten, wurde diese Bank mit 18 000 Pesos angesetzt. Und von dort setzte der Viracocha seinen Weg fort, schuf Menschen, wie bereits beschrieben, bis er nach Cuzco kam. Bei seiner Ankunft, so wird erzählt, schuf er einen Häuptling, den er Alcaviza nannte, und außerdem nannte er diesen Ort Cuzco. Und nachdem er Anweisungen gegeben hatte, wie sie die *orejones* (Lang-Ohren) herstellen sollten, wenn er nicht mehr unter ihnen weilte, setzte er, ständig mit seinen Werken beschäftigt, seine Reise fort. Und als er in der Provinz von Puerto Viejo (das Manta im heutigen Ecuador) ankam, schloß er sich an diesem Ort seinen Leuten an, die er in der von mir vorher geschilderten Art vorausgeschickt hatte. Sie versammelten sich, und zusammen mit ihnen begab er sich auf das Meer, wobei erzählt wird, daß er und seine Leute auf dem Wasser gingen, gerade so, als würden sie auf dem Land spazieren. Ich hätte nach dem, was diese Indianer mir mitgeteilt haben, noch viel mehr über Viracocha schreiben können, aber um nicht weitschweifig zu erscheinen und um ernstes Heidentum und Unmenschlichkeit zu vermeiden, habe ich das nicht aufgenommen.«

Und hier nun dieselbe Abreise in den Worten von Sarmiento:

»Viracocha setzte seine Reise fort, vollbrachte seine Wunder und unterwies seine Geschöpfe. So erreichte er die Gegend, die auf der Höhe des Äquators liegt, wo jetzt Puerto Viejo und Manta sind. Hier schloß er sich seinen Dienern an. In der Absicht, das Land Peru zu verlassen, hielt er eine Rede an diejenigen, die er geschaffen hatte, und teilte ihnen Dinge mit, die geschehen würden. Er erklärte ihnen, daß Menschen kommen und behaupten würden, Viracocha und ihr

Schöpfer zu sein und daß sie ihnen nicht glauben sollten, denn er würde rechtzeitig vor seinem Kommen Boten schicken, um sie zu schützen und zu unterweisen. Nachdem er das gesagt hatte, begab er sich mit seinen zwei Dienern zum Meer und ging einfach über das Wasser, als sei es festes Land, ohne zu versinken. Ihnen erschien es, als sei Schaum auf dem Wasser, und das Volk gab ihnen deshalb den Namen Viracocha, was dasselbe ist wie Fett oder Schaum auf dem Meer.«

Die Amerikaner hatten ihre eigene Geschichte, ehe wir ihnen die unsere brachten. Sie wurde in Bücher aus Papier und auf Holztafeln geschrieben, wurde in Stein gemeißelt und in einem raffinierten System von Knotenschnüren überliefert. Sie wurde bei rituellen Tänzen gesungen und den ankommenden Spaniern von schriftgelehrten und weisen Männern des Landes erzählt. Durch die ganze Geschichte der amerikanischen Kulturvölker zieht sich ein roter Faden: Der Prozeß ihrer Kultivierung verlief nicht als eine langsame, örtlich begrenzte Evolution, sondern war bedingt durch einen einwandernden Zweig ihrer Vorfahren, die die Kultur zu den ursprünglichen Volksstämmen des Landes gebracht hatten, als sie kamen. Die Einwanderer unterschieden sich von denen, die vor ihnen da waren, durch ein höheres kulturelles Niveau, eine helle Gesichtsfarbe und die Anlage zum Bartwuchs. Diese einwandernden Kulturbringer waren von dem Augenblick, an dem sie sich an der Küste niederließen, Amerikaner, ebensosehr wie die vor ihnen zu Fuß in die neue Welt gelangten Menschen. Kein anderes Ereignis in der amerikanischen Geschichte vor der Eroberung nimmt einen wichtigeren Platz in den Überlieferungen der Volksstämme und Hochkulturen ein als die Wanderungen und Unterweisungen dieser Kulturbringer.

Sie veränderten alles in den Gebieten, in denen sie sich niederließen. Sie kamen über den Atlantik nach Amerika, um auf Yucatan und in Mexiko mit ihrer Tätigkeit zu beginnen. Sie kamen zurück von Mexiko und Yucatan und begaben sich in die Gebiete der Tzendal-, Zoque- und Quiché-Indianer und hinterließen den Namen der »Gefiederten Schlange« fast wie eine Visitenkarte bis hinunter nach Guatemala. Ihre Fährte bleibt, wenn auch weniger klar, durch ganz Mittelamerika sichtbar und erweist sich ab Kolumbien und hinunter durch Ecuador, Peru und Bolivien wieder als sehr deutlich.

Diese wichtigen Besucher kamen über den Atlantik, verschwanden aber über den Pazifik. Während der langen Zeitspanne, in denen ihre Nachfolger und Schüler von gemischtem Blut in den verschiedenen Gebieten regierten, blühten die Hochkulturen in der neuen Welt. Sie hinterließen ihre beeindruckende Architektur, ihre Sitten und Gebräuche, ihre religiösen Überzeugungen, ihre eigene Geschichte und einen Teil ihres eigenen Blutes in all den Territorien, in denen sie tätig waren. Und dann verließen sie der amerikanischen Überlieferung zufolge Amerika auf der anderen Seite. Sie kamen aus dem Osten und verschwanden übers Meer nach Westen. Das Land bereisten sie in allen Richtungen. Nur wenn sie das offene Meer überquerten, folgten diese Sonnenanbeter der Spur der Sonne. Der letzte Viracocha machte das mit voller Absicht. Nachdem er den ersten Inka auf den Thron gesetzt hatte, reiste er nordwärts über Cuzco und Cajamarca nach Manta an der Küste Ecuadors, bevor er sich mit seinen Gefährten aufs Meer begab. Manta liegt genau auf der Höhe des Äquators. Für die Polynesier ist der Äquator »Die Hauptstraße des Sonnengottes«.

Als sich die weißen und bärtigen Männer mit der Sonne auf den Pazifik begaben, hatten sie das größte Meer der Welt vor sich. Sie betraten eine sich westwärts bewegende Wassermasse, die auf Äquatorhöhe den halben Erdball umspannt. Das einzige Land auf ihrem Weg würde die Gruppe der hohen und niedrigen Inseln von Polynesien sein und danach einige wenige, weit verstreute Atolle in Mikronesien. Bei ihrer ursprünglichen Ankunft an der Atlantikküste, die später zum Inka-Reich werden sollte, begannen die ersten Versuche, amerikanische Geschichte aufzuschreiben und festzuhalten. Ihr großer Beitrag beim Aufbau der ersten Kulturen in Amerika endete mit ihrem Abreisen über den Pazifischen Ozean. Die nächsten weißen und bärtigen Männer, die kamen, waren die Spanier. Wir kritisieren diejenigen von ihnen, die die mexikanischen Papier-Bücher verbrannten und den eroberten Völkern sagten, ihre Geschichte sei Ketzerei. Und wir loben die Intellektuellen unter ihnen, die in Zeiten der Eroberung und der Goldgier vorausschauend genug waren, all das für die Nachwelt zu bewahren, was wir über die schriftliche und mündliche Geschichte Amerikas vor dem Zusammenbruch der bestehenden Reiche wissen. Doch wir stellen uns auf die Seite der einstigen Vandalen, wenn wir wie sie denken, daß man die ursprüngliche amerikanische Geschichte und die dazugehörige Religion als heidnische Ketzerei und Erfindung ignorieren sollte.

Die größte Epoche in der frühen Kulturgeschichte Amerikas kam zu einem Ende, als Viracocha, von seinem eigenen Volk Tici genannt, den Hafen von Manta auf einer Reise ohne Wiederkehr verließ. Und die vielen Völker nach ihm benutzten den Weg des Fortschritts, auf den er sie gebracht hatte, für militärische Triumphe. Vor ihm lagen vereinzelte ozeanische Inseln, nicht anders zugänglich als mit dem Wind, der Strömung und treibenden Wasserfahrzeugen.

Wir wissen heute durch empirische Versuche mit den zwei bekannten Wasserfahrzeugen aus der Vor-Inka-Zeit, daß diese dazu taugten, bis Polynesien zu schwimmen. Das Balsafloß *Kon-Tiki* brachte uns zu dem Tuamotu-Archipel, und das zerbrechliche Schilfboot *Uru* schwamm mit Muños und seinen Gefährten bis zu den gebirgigen Marquesas-Inseln.

Wie die wandernden Lehrmeister aus Tiahuanaco übernahmen wir ihre Rolle als »Meer-Schaum-Menschen«, in der sie von der amerikanischen Bühne verschwanden, und beenden die Kapitel über die amerikanische Geschichte, von dem dieses Buch handelt. Wer Detektivgeschichten haßt, deren Handlung gespickt ist mit vielen schwierigen Namen, sollte sich den Rest des Buches sparen. Denn hier kommen sehr viele Namen von Göttern und Halbgöttern und heiligen Stätten in Peru vor, die sich bei dem Volk wiederholen, das seinen Weg zu der entfernten Inselgruppe Polynesien fand, einer Welt, weit entfernt von Amerika, wenn wir einen Blick auf die Karte werfen. Und wer es für verlorene Zeit hält, nach ursprünglichen amerikanischen Einflüssen am äußersten Rand der Welt zu suchen, sollte ebenfalls an dieser Stelle das Buch zuklappen. Denn genau davon handeln die letzten Kapitel.

DER POLYNESISCHE ANHANG

Tiki segelt in die Mythologie Polynesiens

Wenn die Sonne, nachdem sie Südamerika hinter sich hat, untergeht, bescheint sie kein Land mehr bis Polynesien. Alle unter dem Namen Polynesien zusammengefaßten Inseln liegen unmittelbar westlich des ehemaligen Inka-Reiches, mit Ausnahme von Hawaii, das westlich von Mexiko liegt.

Eine bescheidene Brandung bricht sich an den schroffen, kahlen Klippen und zerläuft am endlosen, seichten Ufer von Peru, der einzigen Stelle des Pazifiks, die für die flachen Balsaholzflöße besser geeignet ist als für Schiffe mit Rumpf und Kiel.

Der Pazifik beginnt gewissermaßen auf amerikanischer Seite und mit ziemlich ruhiger See. Je weiter westlich die Wellen mit dem Wind und der Strömung getrieben werden, um so heftiger werden sie. Einige donnern gegen die sich ihnen in den Weg stellenden Riff-Formationen von Polynesien und den Inseln danach. Andere setzen ihren Weg ungehindert bis zu den Küsten Asiens fort.

Der Pazifische Ozean zieht sich 180 Grad um den Globus und bedeckt die Hälfte der Erdoberfläche. Zwanzig Prozent sind von anderen Ozeanen bedeckt. Nur dreißig Prozent macht das Land aus.

Jede bewohnte Insel auf diesem riesigen Weltmeer war bereits entdeckt und von Stämmen mit Steinzeit-Kultur bevölkert, als die Europäer anfingen, mit ihren Schiffen den Pazifik zu befahren. Sie nahmen für sich in Anspruch, die Entdecker der Inseln zu sein, weil sie auf diesem Teil des Planeten mit der schriftlich festgehaltenen Geschichte begannen. Und die schriftlichen Berichte der Europäer zeigen, daß sie jede Insel im Pazifik von Amerika aus entdeckt haben. Diese Entdeckungen wurden erst möglich, nachdem Kolumbus den Seeweg nach Amerika geöffnet hatte und Balboa den Pazifischen Ozean »entdeckt« hatte, als ihm die Indianer am Isthmus von Panama den Übergang über den schmalen Landstreifen zeigten, der die Weltmeere zu beiden Seiten von Amerika trennt.

Nur neun Jahre waren nach der Ankunft des Kolumbus auf Kuba vergangen, als Balboa die pazifische Küste fand. Und zehn Jahre später umrundete Magellan die Südspitze von Amerika und landete auf Guam in Mikronesien, die den Philippinen und dem asiatischen Festland am nächsten gelegene Insel. Europa betrachtet ihn ebenfalls als Entdecker der Philippinen, obwohl aus schriftlichen chinesischen Quellen klar hervorgeht, daß bereits über 500 Jahre vor Kolumbus eine rege Handelsverbindung zwischen China und den Philippinen bestanden hatte. Als Balboa und Magellan den Spaniern und den Portugiesen den Weg in den Pazifischen Raum zeigten, war Marco Polo auf der Fahrt nach China die asiatische Küste entlang an den Philippinen vorbeigesegelt, und es war noch von niemandem auch nur eine ozeanische Insel im riesigen pazifischen Raum von dieser Seite her entdeckt worden. Alle Bemühungen der ersten

Portugiesen, die auf den Philippinen Kolonien gegründet hatten und zurück nach Amerika segeln wollten, scheiterten an widrigen Winden und Strömungsverhältnissen, wodurch es Segelschiffen nicht möglich war, von Asien aus auf den offenen Pazifik zu gelangen. Um zurück nach Amerika zu kommen, segelten sie nach Westen um die ganze Welt und erreichten Amerika vom Atlantik her. Erst 1565 gelang es Urdaneta, die einzig mögliche Route für die Segelschiffe dieser Zeit vom Philippinischen Meer nach Mexiko und Peru zu entdecken, indem er dem kräftigen Japan-Strom nordwärts folgte in die hohen Breiten zwischen Hawaii und den Aleuten und so Amerika über den äußersten Nordpazifik erreichte.

Bis zur Zeit von Kapitän Cook war für die europäischen Segelschiffe des Spätmittelalters Amerika das einzige Einfallstor in den Pazifischen Raum. Aber kaum hatte Kolumbus die Europäer nach Amerika gebracht, da schwärmten sie hinaus auf den Pazifik und entdeckten drei unterschiedliche Inselgebiete, die von drei verschiedenen Volksgruppen bewohnt waren: das Amerika am nächsten liegende Polynesien, das Australien am nächsten liegende Melanesien und das Asien am nächsten liegende Mikronesien. Bei seiner Weltumsegelung wählte Magellan seinen Kurs um Chile herum, und seine Fahrt endete in Mikronesien, wo er Guam entdeckte, nicht weit von der längst eingerichteten portugiesischen Kolonie auf den Philippinen. Nach ihm segelten die zwei Mendaña-Expeditionen von Peru aus und gelangten zuerst nach Melanesien und dann nach Polynesien.

Die polynesische Inselwelt liegt innerhalb eines Dreiecks, das jedes bewohnbare Fleckchen Land im Ostpazifik umschließt, von Hawaii im Norden und Neuseeland im Süden bis zur Osterinsel im Osten, die Südamerika am nächsten liegt. Die Osterinsel ist der einsamste Fleck auf unserer Erde, auf halbem Weg zwischen Südamerika und der ersten Inselgruppe Polynesiens.

Die erste Mendaña-Expedition segelte geradewegs durch dieses polynesische Dreieck, ohne Land zu sichten, und stieß 1567 auf den Salomon-Inseln von Melanesien auf einen dunklen, negroiden Volksstamm. Im Jahre 1595 startete Mendaña erneut von Peru aus und fand die erste polynesische Insel, als er auf Fatu-Hiva in der Marquesas-Gruppe landete.

Seine beiden Reisen startete Mendaña auf ausdrücklichen Befehl des spanischen Vizekönigs von Peru aus, um bestimmte Inseln im Pazifik, die den Inkas bekannt waren, zu erkunden. Als Führer und Ratgeber hatte er beim ersten Mal den berühmten Chronisten Pedro Sarmiento de Gamboa an Bord, der aus der Geschichte der Inkas wußte, daß der Inka Tupac Yuapanqui vor der Ankunft der Spanier von der Küste Nordperus aus mit einer großen Flotte von Balsaholzflößen weggesegelt war. Der Inka war mit seiner Flotte neun Monate unterwegs gewesen, um Inseln zu finden, von denen ihm die seefahrenden Kaufleute erzählt hatten und die in der Richtung liegen sollten, in die die ersten Viracochas vor der Inka-Zeit verschwunden waren. Der Inka Tupac hatte zwei solche Inseln besucht und war mit schwarzhäutigen Insulanern in sein Reich zurückgekehrt.

Auf ihrer ersten Reise trafen die Teilnehmer der Mendaña-Expedition ebenfalls solche schwarzhäutigen Menschen, als sie auf einer Insel in Melanesien landeten. Auf ihrer zweiten Expedition besuchten sie die Marquesas-Inselgruppe, wo sie zu ihrer Überraschung den eher hellhäutigen Polynesiern begegneten, darunter einige sehr europäisch aussehende Individuen. Vor diesen Spaniern waren die Polyne-

sier nicht mit Europäern in Berührung gekommen. Admiral Mendaña ging mit seiner Frau Isabel an Land, um einer Messe des Expeditionsvikars beizuwohnen. Quiros schrieb ins Logbuch:
»Eine sehr schöne Eingeborene mit so rotem Haar saß bei Doña Isabel, daß Doña Isabel ihr gerne ein paar Locken abgeschnitten hätte, aber als sie merkte, daß die Eingeborene das nicht mochte, ließ sie es sein...«
Die Teilnehmer der Mendaña-Expedition, die von dem kürzlich eroberten Inka-Reich gekommen waren, behaupteten, die Farbe der meisten Insulaner, die sie gesehen hatten, sei genauso wie bei den Eingeborenen Perus gewesen, doch es hätte einige mit viel weißerer Haut gegeben. Auf den Marquesas-Inseln fanden sie die Menschen mit der hellsten Haut auf Fatu-Hiva, der von ihnen zuerst besuchten Insel. Hier sprachen sie sogar von »weißen« Eingeborenen mit »wunderbarstem Lockenhaar, das bei manchen sehr hell« war. Ein Junge hatte ein Gesicht »wie das eines Engels... nicht hell, sondern weiß«.
Woher konnten Menschen wie das schöne rothaarige Mädchen und der weiße Junge gekommen sein? Westlich der Marquesas-Inseln befindet sich kein Land bis zu den entfernten Archipelen mit den dunklen Melanesiern, danach kommt Asien. Östlich der Marquesas-Inseln ist kein Land außer der Nordküste von Peru, wo die Menschen im Durchschnitt den Polynesiern ähnelten, und von Rothaarigen war in der Geschichte nie die Rede. In der Zeit vor den Inkas wurde jedoch, wenn wir die nationalen Legenden des historischen Peru nicht übergehen wollen, genau diese Küste häufig von Floßreisenden besucht, die so sehr den Europäern ähnelten, daß die Inkas dachten, es handle sich um die Rückkehr dieser Floßreisenden, als die Spanier kamen.

Genau östlich der Marquesas-Gruppe war nämlich einmal das maritime Königreich der Naymlap-Dynastie mit den blauäugigen Herrschern von Vicus und Sipán, die mit denselben Balsaholzflößen, wie sie an den Wänden ihrer Tucume-Pyramiden abgebildet waren, wegen Spondylus-Muscheln nach Panama segelten und wegen Lapislazuli nach Chile. Der panperuanischen Geschichte zufolge kamen in den Jahrhunderten vor Kolumbus mehr als einmal hellhäutige Viracochas von bekannten Häfen die ganze Küste entlang. Die mächtige Flut des Humboldt-Stromes verläßt diese Küste mit großer Stärke und trifft erst wieder bei Fatu-Hiva in der Marquesas-Gruppe auf Land. Der letzte Viracocha, der an dieser Küste zu seiner Reise ohne Wiederkehr aufbrach, war unter den Seinen, die ihm bei seiner Abreise im Hochland folgten, unter dem Namen Tiki bekannt.

Es war zufällig auf Fatu-Hiva, der ersten von den Hunderten polynesischer Inseln, die nach und nach von den Europäern entdeckt wurden, wo mich 1937 ein Schoner aus Tahiti absetzte, damit ich ein Jahr lang wie ein Polynesier leben konnte, abgeschnitten von der übrigen Welt. Frisch von der Universität in Oslo und bestens belesen über alles, was es über die Ethnologie der pazifischen Inseln in Kroepelins polynesischer Bibliothek derselben Stadt gab, war ich als Zoologe gekommen, um die Verbreitung der Tiere zu erforschen. Wie waren Fauna und Flora auf diese ozeanischen Inseln gelangt? Die Marquesas-Gruppe war einst durch vulkanische Eruption vom Meeresgrund aus dem Meer gestiegen, kahl und unfruchtbar. Einige Arten konnten mit dem Wind und der Strömung gekommen sein. Andere müssen von Menschen mit Wasserfahrzeugen gebracht worden sein. Ich wußte, daß einige der Pflanzen, die vor der Ankunft der Europäer auf diesen Inseln wuchsen, für die Botaniker ein genetisches Problem darstellten: die süße Kartoffel, der Kürbis, die Maniok-Pflanze, die Papaya, die Ananas, die Zwergtomate, die Baumwolle und das Totora-Schilf waren Beispiele von ausgeprägt südamerikanischen Arten, die in voreuropäischen Zeiten von Menschen nach Polynesien eingeführt worden sein mußten. Aber von wem?

In akademischen Kreisen vertrat man einmütig die Auffassung, daß die Inkas und alle ihre Nachfolger in Peru Landratten waren, die weder ein Boot noch den Mut hatten, das Meer zu befahren. Waren vielleicht einige unbekannte Schiffe von Asien aus um die halbe Erde gesegelt, haben Polynesien und Südamerika erreicht und sind dann wieder viertausend Meilen zurückgesegelt, um den Polynesiern südamerikanische süße Kartoffeln mit dem peruanischen Namen *Kumara* zu bringen?

Wie alle anderen Studenten mit dem Spezialfach Polynesien wußte auch ich 1937 ziemlich wenig von der Geschichte der Inkas. Daß die Küstenbewohner Perus Schiffe hatten, mit denen sie ohne weiteres Polynesien erreichen konnten, wußte ich schon gar nicht. Ich hatte niemals von einem Menschen-Gott Tiki gehört, der den ersten Inka auf den Thron gesetzt und sein Königreich »wie Schaum auf dem Meer« verlassen hatte. Und hätte ich etwas über den panperuanischen Halbgott und seine Unternehmungen gelesen, ich hätte es sicher wie alle anderen auch ins Reich der Mythen und Fabeln verbannt.

Aber während ich unter den Polynesiern auf Fatu-Hiva wie einer der ihren lebte, bekam ich eine andere Meinung über sie, die wir nur deshalb als »primitiv« ansehen, weil sie nicht unsere Flucht vor der Natur mitgemacht haben. Bis sie von uns beeinflußt wurden, waren sie stolz auf ihre Herkunft und ihre Vorfahren. Sie gingen sogar so weit, die Könige ihrer Vorfahren als legendäre Halbgötter zu verehren. Wir dagegen denken nur, daß unsere Vorfahren den Affen einige Generationen näher waren. Und wir bewundern unsere Fähigkeit, das Einfache kompliziert zu machen und die Natur zu bekämpfen. Manchmal aber würde es uns gut tun, denen zuzuhören, die wir so gerne belehren, um wieder etwas von dem, was wir verloren haben, neu zu lernen.

Es war eine sternklare Nacht an einem kleinen Lagerfeuer an der Ostküste von Fatu-Hiva, als ein alter Mann neben mir hockte und auf polynesische Weise zu singen begann. Mit heiserer Stimme und einer monoton-rhythmischen Melodie sang er die Geschichte der Schöpfung. Sang von Tiki, der sowohl ein Häuptling wie ein Gott war. Tiki sei es gewesen, der seine Vorfahren auf diese Insel gebracht hatte. Davor lebten sie in einem großen Land jenseits des Meeres. Vor uns, das wußte ich, gab es kein anderes Land als das weit entfernte Südamerika.

Ich war über den Namen dieses seefahrenden Menschen-Gottes verdutzt, aber nicht überrascht. Ich hatte den Namen Tiki unzählige Male gehört. Jede Abbildung auf den Marquesas-Inseln, ob groß oder klein, ob aus Stein oder Holz, wird ein *tiki* genannt. Und ich hatte J. Izetts Untersuchung der polynesischen Überlieferungen gelesen, wo er schreibt: »Tiki ist der Name eines Gottes oder Halbgottes, den alle Volksstämme auf den polyesischen Inseln kennen. Die einen meinen, daß Tiki die ursprüngliche Erschaffung des Menschen zuzuschreiben sei, während andere betonen – und das nicht weniger überzeugend –, daß Tiki keine höhere Position beanspruchte als die des ersten, erschaffenen Menschen.«

Dieser Tiki ließ mich nicht mehr los. Der schwedische Völkerkundler Stolpe hatte gezeigt, daß im polynesischen Raum Tiki der Prototyp einer Gruppe heiliger Wesen war, einstige Könige, die man nach dem Tod zu Göttern einer niedrigen Rangstufe befördert hatte. Wenn man sich auf all diesen weit auseinanderliegenden Inseln an Tiki erinnerte, muß er den ursprünglichen polynesischen Vorfahren bekannt gewesen sein, ehe sie verstreut wurden.

Verfolgte man Tikis Spur durch das große polynesische Dreieck, erwies sich klar, daß charakteristische Dialekte Zeit gehabt haben müssen, sich zu entwickeln, nachdem sich die Stämme zerstreuten. Auf manchen Inseln wie beispielsweise Tahiti, war er zu Ti'i geworden, auf Hawaii zu Ki'i und auf Tonga zu Kisi, aber während diese phonetischen Veränderungen mit bestimmten Regeln des Dialekts zu tun hatten, blieb der Kulturheld unverändert derselbe.

Der erwähnte Fachmann für Polynesien, Sir Peter Buck, fand auf Mangareva und anderen ostpolynesischen Inseln eine Verschmelzung zwischen dem Schöpfer-Gott und dem Menschen durch »einen Eindringling namens Tiki«. Er zeigt, daß die Erinnerung an diesen Eindringling nach Westen bis zur westlichsten Ecke des polynesischen Dreiecks gelangte:

»Tiki wurde als ein ganz bestimmtes Individuum betrachtet, das als solches in verschiedenen Teilen des polynesischen Raumes, einschließlich der Gesellschaftsinseln (Ti'i) und Hawaii (Ki'i) als der erste Mensch galt. Die Hartnäckigkeit, mit der sich diese Auffassung bei den Maori-Stämmen hielt, zeigt sich daran, daß sie sich von Zentral-Polynesien bis nach Neuseeland verbreitete.«

In Zentral-Polynesien erinnert man sich an Tiki ebenso wie auf den Marquesas als einen Siedler. Und so fand der frühe

Missionar W. Ellis heraus, daß Tiki oder Ti'i der erste König gewesen sein muß, der aus »der Welt des Lichts« nach Tahiti gekommen war. Er sei der erste Vater der Menschheit gewesen, selbst auf übernatürliche Weise geboren als ein Sohn oder Enkel der Sonne und des Mondes. Nachdem Ellis das vor 150 Jahren von den Bewohnern der Gesellschaftsinseln erfahren hatte, bemerkte er, daß »die Legende vom Ursprung der Inkas einige Ähnlickeit zu der von Ti'i aufweist, der ebenfalls von der Sonne abstammte«.

Niemand beachtete diesen Fingerzeig des frühen Missionars. Studenten der polynesischen Mythologie suchten vergeblich drüben im weit entfernten Asien weiter nach dem ursprünglichen Tiki. In ganz Polynesien erinnert man sich an Tiki sowohl als Erschaffer wie als ersten erschaffenen Menschen, und nur auf den Marquesas-Inseln galt er als der erste einheimische Siedler. Dort wird manchmal von ihm als *Tiki Puaika-nui* gesprochen, das heißt »Tiki mit den langen Ohren«.

Wir erinnern uns an die überlieferte Geschichte der Inkas, in der es heißt, daß der vor den Inkas regierende Sonnen-König Tici aus Tiahuanaco der Inka-Dynastie befahl, *orejones* zu werden, »Langohren«, bevor er die Nordküste seines peruanischen Reiches verließ. Aber weil die Polynesien-Spezialisten Südamerika nicht in Betracht zogen und die Anthropologen Polynesien ignorierten, sah niemand eine Verbindung zwischen Tiki mit den großen Ohren, der von der Nordküste Perus in See stach, und Tiki mit den großen Ohren, der von genau derselben Küste zu den Marquesas-Inseln gelangte.

Riesige steinerne Statuen unbekannten Ursprungs – aber alle Tiki genannt –, findet man im Überfluß in den mit Urwald bedeckten Tälern der Marquesas-Inseln. Sie zeigen alle eine verblüffende Ähnlichkeit mit den aus der Vor-Inka-Zeit stammenden steinernen Statuen in Kolumbien, Ecuador und Nordperu. Hände auf dem Bauch und Körper, Beine und Kopf von gleicher Größe. Steinstatuen finden sich sonst in ganz Ozeanien keine, sieht man von der ungeheuren Sammlung auf den Osterinseln ab, die zusammen mit der Marquesas-Gruppe zu den äußersten, Südamerika zugewandten polynesischen Vorposten gehören. Tiki, der Mensch, Tiki, der übers Meer fahrende Halbgott, und Tiki, das Monument, bedeuteten den Bewohnern auf den Marquesas-Inseln so viel, daß ich, als ich unter ihnen lebte, davon beeinflußt wurde. Die Brandung, die an die Ostküste von Fatu-Hiva donnerte, wo der alte Mann saß und sang, und die flaumigen Passatwind-Wolken, die schnell, aber geräuschlos über unseren Köpfen dahintrieben, kamen direkt von Südamerika. War Tiki auf demselben Weg gekommen? Mein Interesse verlagerte sich von den Tieren auf die Menschen. Ich war durch meine Studien in Kroepelins polynesischer Bibliothek mit der Ethnologie der Insel vertraut. Ich wußte, daß man im polynesischen Raum noch keine Archäologie betrieben hatte. Und daß es keine zwei Völkerkundler gab, die dieselbe Theorie über den Ursprung Polynesiens vertreten hätten. Sie suchten in Indonesien, in Indien und bis hinter nach Mesopotamien und Ägypten nach den geheimnisvollen Halbgöttern, die all den weit verstreuten Inseln Polynesiens gemeinsam waren.

Zurückgekehrt von einem Jahr der Forschung und der praktischen Erfahrung in der Marquesas-Gruppe richtete ich zum ersten Mal mein Interesse auf Südamerika. Die Fachleute warnten mich, hielten das für Zeitverschwendung. In Ozeanien sei kein amerikanischer Einfluß denkbar, weil die dazu erforderlichen seetüchtigen Fahrzeuge fehlten.

Nur mein Hintergrund als Zoologe überzeugte mich davon, daß hier ein Irrtum vorlag. Die Süßkartoffel konnte nicht alleine auf die Marquesas-Inseln geschwommen sein. Aber Tiki hätte sie auf seinem Weg von Peru mitbringen können. Ich forschte in Südamerika nach Tiki und fand ihn als einen Auswanderer, dessen Existenz die ganze Geschichte des mächtigen Inka-Volkes zugrunde lag. Die Überlieferung von Tiki, dem Priesterkönig aus Tiahuanaco, hatte sich nicht nur in Polynesien verbreitet. Ich hatte in Peru alle seine Verwandten in der polynesischen Mythologie ausfindig gemacht, als ich beschloß, das Floß *Kon-Tiki* zu bauen, das uns 1947 nach Raroia in Polynesien brachte. Direkt in Tikis Kielwasser folgte mir später Kitin Muños, als er mit dem aus Totora-Schilf gebauten Floß *Uru* 1988 von Peru zu den Marquesas segelte.

Der Name *Uru* war gut gewählt für dieses Floß. Uru gehört zu den Namen in der polynesischen Mythologie, die am meisten mit Tiki in Verbindung gebracht wurden. Dieser Name, der in einigen polynesischen Dialekten Ulu ausgesprochen wird, muß von einem gemeinsamen polynesischen Ursprungsland zu den weit verstreuten Inseln gelangt sein, nachdem er in den Legenden des ganzen polynesischen Dreiecks bekannt ist. J. J. Phillipps schreibt in bezug auf Neuseeland:

»In den anthropogenen Mythen der Maori besteht eine enge Verbindung zwischen Tiki und dem Ursprung des Menschen. Einige Fachleute halten ihn für das Kind von Rangi (Himmel), und manchmal wird er als Vater von Uru bezeichnet.«

Als sie den Beziehungen zwischen den legendären Kulturhelden Tiki und Uru auf den weit auseinanderliegenden Inseln Neuseeland, Hawaii und Tahiti nachspürten, fanden

der Maori-Ethnologe Peter Buck und der Hawaii-Genealoge A. Fornander heraus, daß beide in allen drei Gebieten bekannt sind, obwohl keiner der beiden auf Hawaii gewesen sein soll. Buck zufolge war Tiki in einem weit entfernten Land geboren, und zwar »in der achten Ära, die den Tag ankündigte und die lange Zeitspanne totaler Finsternis beendete«. Er sei ebenso der Vater von Uru wie auch der erste König gewesen, der nach Norden segelte, um Hawaii zu besiedeln. Fornander entwirft die mythologischen Bezüge: »Die Legenden auf Tahiti behaupten, daß ein *Tii* der erste Ahne der Häuptlinge Tahitis auf tahitischer Erde war... Die Legenden auf Hawaii dagegen behaupten, daß dieser *Tii* oder *Kii* – der letzte der dreizehn von *Wakea* (Licht), der irgendwo anders in der Hawaii-Gruppe lebte – der Vater von *Nanaulu* war, mit dem die hawaiische Aristokratie auf hawaiischer Erde ihren Anfang nahm, während sein Bruder *Ulu* im Süden blieb ...«
Nach der polynesischen Überlieferung zu urteilen, sieht es so aus, als ob der panpolynesische Stammvater Tiki niemals weiter gekommen ist als bis zu den Marquesas-Inseln und Tahiti, wogegen sich sein Ruf und seine Nachkommen von dort aus in alle Ecken des polynesischen Dreiecks verbreitet haben. Wir mögen uns trotzdem fragen, ob es nur einen einzigen königlichen Stammvater namens Tiki gab oder ob damit wie im alten Peru eine Dynastie von Menschen-Göttern mit diesem Namen benannt wurde. Der Name begegnet uns manchmal mit verschiedenen Suffixen wie in Tiki-tirohia, Tiki-ahua, Tiki-matua, Tiki-nui, Tiki-roa oder auch in Verbindung mit dem Namen Maui, einem legendären Fischer, der – allegorisch gemeint – die Inseln aus dem Meer gezogen hat. Maui-tiki-tiki wiederum, der mit Uru in Verbindung gebracht wird, hatte sich auf dem offenen Meer

aufgehalten, um zu fischen, als sich sein Zauberhaken an einem Felsen verfing und nie gesehene Inseln zum Vorschein kamen.

Die Bewohner der Tokelau-Inseln erzählten, daß ihre Inseln von Tiki-Tiki und Taranga aus dem Meer gefischt worden seien. Aber fast überall in Polynesien lautet der volle Name des Insel-Fischers Maui-tiki-tiki und auf Neuseeland Maui-tiki-tiki-a-Taranga, das heißt Maui-tiki-tiki von Taranga. Es bestehen tatsächlich viele Bezüge auf Taranga als Tikis Vater oder Mutter, wogegen Uru als sein Sohn gilt. Das Geschlecht Tarangas ist etwas unklar. Buck fand es verwirrend, daß in den Mythen auf Samoa Taranga als Maui-ti'iti'is »Vater« erscheint, während die Mythen auf Neuseeland Taranga als Maui-tiki-tikis »Mutter« bezeichnen. Der hawaiische Genealoge Fornander weist erneut auf die enge Verbindung zwischen den Namen Tiki und Taranga hin und zeigt, daß Maui-tiki-tiki einer Überlieferung zufolge, die sich auf allen Inselgruppen in leicht unterschiedlichen Versionen findet, der jüngste Sohn der Familie Taranga war.«

Folgen wir dem Leitfaden, wonach Taranga und Uru mit dem Schöpfer-Gott Tiki in dessen ursprünglicher Heimat lebten, haben wir keine Schwierigkeiten, die beiden zu lokalisieren. Taranga und Uru waren die Namen von zwei bedeutenden Stämmen, die die Gegend um Tiahuanaco bewohnten. *Taranga* ist eigentlich der Name eines der ältesten Stämme an den Ufern des Titicacasees, und viele Plätze in dieser Nachbarschaft werden immer noch nach Taranga benannt. *Uru* ist ein anderer alter Volksstamm, der in derselben Gegend lebte, in der sich Tiki während seiner Zeit in Peru aufhielt.

Die Namen Taranga und Uru waren in der Gegend um Tiahuanaco ebensosehr mit dem Schöpfer-Gott Tiki verbunden wie überall in Polynesien. Die Uru-Indianer behaupteten, daß einer ihrer Vorväter unter den megalithischen Bauwerken von Tiahuanaco begraben worden sei, als Tiki, der Sohn der Sonne, die heilige Stadt baute. Heute leben nur noch wenige Uru-Familien am Ausfluß des Rio Desaguadero am Seeufer nahe von Tiahuanaco, die meisten leben mit ihren Schilfbooten auf Schilfinseln direkt im See. In früheren Zeiten waren die Uru das vorherrschende Volk in dieser Region und sollen das gesamte Gebiet bis zur Pazifikküste bewohnt haben. Der schwedische Völkerkundler G. Montell schrieb über dieses nun beinahe ausgestorbene Volk:

»Mit dieser primitiven Kultur der alten Fischer-Völker in der Arica-Region verbindet man gewöhnlich die Urus, einen Stamm, dessen Nachkommen immer noch am Rio Desaguadero leben. Diese Indianer bilden die kläglichen Überreste einer Bevölkerung, die früher weit verbreitet war. Uhle sieht in ihnen die Nachkommen der ursprünglichen Bewohner des bolivianischen Hochlandes. Uhle hat Ortsnamen untersucht und kam zu dem Schluß, daß die Urus einmal auch das Küstenland bewohnt haben bis hinunter nach Cotaguita und dem oberen Teil des Rio Loa-Tales und sich im Norden bis zum Titicacasee und im Nordwesten bis Nazca ausgedehnt hatten. Nach Meinung von Boman besetzten sie den gesamten Südteil des peruanischen Küstenlandes, was gar nicht so unwahrscheinlich ist.«

Die Polynesier reden, wie wir uns erinnern, an allen Ecken und Enden ihrer Inselwelt von Uru. Dabei ist er für sie manchmal ein mythischer Held und manchmal ein bedeutendes Volk, das im Ursprungsland ihrer Vorfahren lebte. Der Neuseeland-Spezialist E. Best wies auf »zwei höchst interessante, mit dem Ursprung der Maori verbundene Na-

men hin, nämlich Uru und Irihia. Die Eingeborenen an der Ostküste der Nord-Insel Neuseelands haben folgende Überlieferung aus ihrer ursprünglichen Heimat bewahrt: In längst vergangenen Zeiten weilten die Vorfahren der Maori in den Ländern von Uru und Irihia, zwei verschiedenen Regionen in einem offenbar ausgedehnten Land.« Und: »Die Polynesier auf Hawaii haben eine Überlieferung von einem Land oder einer Region bewahrt, die Ulu-nui (Groß Ulu) genannt wurde und an die alte Heimat ihrer Vorfahren grenzte. In unserem Neuseeland-Dialekt würde dieser Name Uru-nui (Großer Uru) ausgesprochen.«
E. Best und noch andere haben vermutet, daß Uru mit Ur in Mesopotamien zusammenhängt und Irihia in der Aussprache der Maori Indien meint. Wir haben Uru aber in dem Polynesien östlich am nächsten liegenden Land ausfindig gemacht, in dem Gebiet zwischen Titicacasee und Pazifikküste. Es ist auch nicht erforderlich, bis Indien zu laufen, um das Land Irihia aufzuspüren. In Mittel-Peru war »Iraya« einer der heiligen Namen für Tii, und sowohl geographisch wie phonetisch liegt *Iraya* viel näher an *Irihia* als *Indien*.
Auch der Heimathafen von Tiki und seinen göttlichen Verwandten wird in polynesischen Legenden erwähnt. Der Halbgott Maui-tiki-tiki, der die weit verstreuten polynesischen Inseln an seinem Haken aus dem Wasser zog, versuchte, sie bei Hilo an Land zu bringen, als seine Leine riß, und da blieben sie eben, wo sie waren. In seinen Untersuchungen der polynesischen Legenden schrieb Fornander: »Die *Maui*-Legenden, die *Maui*-Familie der vier Brüder mit Vater oder Mutter A-Kalana, *Karana* oder *Taranga* … findet man auf allen Inselgruppen in leicht veränderten Versionen. Die Legende von *Maui-kiikii* oder *Maui-tiki-tiki*, dem Jüngsten der Familie, der zum Fischen hinausgefahren

war und, nachdem er die verschiedenen Hawaii-Inseln an seinen Haken bekommen hatte, den Versuch unternahm, sie bei *Hilo* an Land zu ziehen und sie mit Hawaii zusammenzufügen, findet man fast identisch auf Neuseeland.«

Ein wichtiger Hafen an der Ostküste von Hawaii wurde nach diesem legendären Hafen »Hilo« benannt, aber der Fischer stand wohl kaum auf der Insel, die er vom Meeresgrund heraufholen wollte. Außerdem erklärt das nicht, warum es diese Legende auch bei den Maori aus Neuseeland gibt.

Wir müssen uns wieder in das frühere Uru-Gebiet begeben. Ilo, auf alten Karten Hilo geschrieben, ist der Haupthafen an der Südküste von Peru und liegt direkt unterhalb von Tiahuanaca. Eine von den Inkas angelegte Straße führt vom Titicacasee geradewegs zu diesem alten Hafen und war in so gutem Zustand, daß die Spanier sie benutzten, um das Gold vom Hochland hinunter zur Küste zu transportieren. Bei kürzlich vorgenommenen archäologischen Ausgrabungen wurde festgestellt, daß Ilo in der Vor-Inka-Zeit ein wichtiger Hafen war, mit vielen Überresten aus der Tiahuanaco-Kultur. Als ich vor kurzem Ilo besuchte, wurde ich zufällig Zeuge, wie die Straßenarbeiter einen prähistorischen Müllhaufen unter der heutigen Stadt zutage förderten, mit Werkzeugen aus der Tiahuanaco-Periode einschließlich Teilen von steinernen Fischhaken und ganze Grabmodelle von Balsaholzflößen mit dem Doppelblatt-Paddel.

Als Frezier vor beinahe 300 Jahren von diesem uralten Seehafen nebst Umgebung eine Karte zeichnete, schrieb er den Namen des Hafens genauso wie den dortigen Fluß, nämlich »Hilo«. Der Hilo-Fluß, der von der Wasserscheide im Gebirge westlich des Titicacasees kommt, teilt seine Quellen mit dem Fluß Mauri, der über den Rio Desaguadero bei

Tiahuanaco in den See fließt. Zwei alte Dörfer, Mauri und Tambo Mauri, befinden sich in eben diesem früheren Uru-Land. Und die Straße von Tiahuanaco aus der Vor-Inka-Zeit läuft auf ihrer Trasse hinunter nach Hilo durch das Dorf Mauri.

Kehren wir wieder zurück zur legendären Geschichte Polynesiens, dann war möglicherweise der Fischer Maui, der jüngste Sohn der Taranga-Familie, früher als Mauri bekannt, der Buchstabe »r« ist, wie in Polynesien üblich, mit der Zeit verschwunden. »Mauri« war jedenfalls in vielen Teilen Polynesiens der Begriff für menschlichen Geist. Und wenn sich polynesische Seefahrer hinausbegaben aufs Meer, nahmen sie einen glücksbringenden Talisman mit, der *Mauri* hieß.

Im Uru-Gebiet um Ilo war die höchste Personifikation der Sonne als *Pacha-cama* bekannt, »Die Sonne der Erde«, und dieser *Cama* war es, der seinen Vater *Con* von der Nordküste vertrieb. *Kame* bedeutet in bestimmten Arawak-Sprachen in Chile »Sonne«. Es ist bemerkenswert, daß in der aztekischen Mythologie Camax(tli) der Sonnenvater von Quetzalcoatl war.

Kehren wir vom Festland auf die Inseln zurück, stellen wir fest, daß *Kama* oder *Tama* je nach Dialekt auch in Teilen von Polynesien alternative Namen für die Sonne waren. Für die Morioris auf den Chatham-Inseln war *Mauri* das Leben und der Atem von *Tama*, dem größten Kind der Sonne. Und eine Strophe in einem alten Maori-Lied lautet: »Die Sonne sinkt herab auf Tamas Pfad über den wechselnden Himmel.« Der Maori-Spezialist Best stellt für Neuseeland fest, daß der persönliche Name für die Sonne, *Tama-nui te Ra*, »Der Große Tama von der Sonne«, früher bei den Maori allgemein gebräuchlich war.

Im übrigen war *Ra* im gesamten polynesischen Raum das Wort für »Sonne«. E. Tregear berichtet von einem Mythos, in dem erzählt wird, wie Maui einmal Ra, die Sonne, mit einer Schlinge gefangen hatte und mit einer verzauberten Waffe auf die Gottheit eindrosch. Der Text fährt fort: »Da schrie die Sonne: ›Warum schlägst du mich? O Mensch! Weißt du, was du tust? Warum willst du *Tama-nui te Ra* töten?‹ So erfuhren wir den zweiten Namen. Die Sonne war also offenbar als *Ra* bekannt, später als der *große Tama, Ra*.«

Ein sehr interessantes Stück Überlieferung von den Maori auf Neuseeland wird von Best berichtet. Das Bedeutende daran ist, daß darin ganz klar die Richtung genannt wird, in der die einwandernden Vorfahren segelten:

»Wir haben gesehen, daß Tama-nui te Ra eine personifizierte Form der Sonne ist. Ein altes Sprichwort war: ›Wenn Tama-nui te Ra aufsteht, werden die Himmel hell.‹ Als die Vorfahren der Maori ihre Heimat Irihia verließen, um über dem Meer ein neues Zuhause zu suchen, sagte ihr Anführer: ›*Me whai tetou i a Tama-nui te Ra*‹ (›Laßt uns der Sonne folgen‹) …«

Dieser alte Maori-Spruch ist von zweifacher Bedeutung, wenn wir uns der Frage zuwenden, wie sich der panpolynesische Begriff *Ra* für die Sonne mit den ursprünglichen Einwanderern auf alle Inseln und Atolle im polynesischen Dreieck verbreitet hat. Die Tatsache, daß die Maori den Namen Ra direkt für einen früheren Sonnengott benutzten, hat viele verwirrt und sie eine Verbindung zum weit entfernten Mittleren Osten vermuten lassen, nachdem bekanntlich der Sonnengott im alten Ägypten Ra hieß. Mythologen mit wenig Ahnung von den Problemen der Seefahrt haben Reisen um den halben Erdball angenommen, vom Roten Meer über Indien, Indonesien und Melanesien, obwohl es nicht die geringste Spur eines Ra zwischen den Antipoden gibt. Wenden wir uns jedoch wieder dem nahe gelegenen Peru zu, stellen wir fest, daß einer der zusammengesetzten Namen, den die Inkas für den Sonnengott Tiki benutzten, Viracocha-Ra-Pacha lautete. Wir erkennen den ersten und den letzten der drei Namen als das Inkawort »See-Schaum« und das Uruwort »Sonnengott« (Pacha-Cama). Es bleibt Ra als einer der vielen alternativen Namen oder Titel für den Sonnengott im alten Peru. Von Peru aus sollen die Vorfahren der Maori der Sonne gefolgt sein, um nach Neuseeland zu gelangen. Und wer die Verbindungslinie bis nach Ägypten zum eigentlichen Ursprung des Sonnengotts Ra ziehen will, sollte beachten, daß eine Reise vor dem Wind von Afrika nach Panama und weiter zu den ostpazifischen Inseln wesentlich kürzer ist als eine Reise auf der schwierigen Route über Indien. Von Nordafrika nach Barbados haben wir mit dem nach ägyptischen Vorbild gebauten Schiff *Ra II* nur 57 Tage gebraucht, die Reise von Peru nach Polynesien mit *Kon-Tiki*, dem Balsafloß der Inkas, dauerte weitere 101 Tage.

Ra, Tiki und der Halbgott Maui, der die Inseln aus dem Meer fischte, sind in der polynesischen Mythologie eng miteinander verwoben. K. Luomala berichtete, daß der Inselfischer auf den Gesellschaftsinseln mit vollem Namen *Maui-ti'i-ti'i-o-te-Ra* heißt oder »Maui-tiki-tiki-von-der-Sonne«. Sie fügte hinzu, daß Mauis Vater *Hihi-Ra* war oder »Strahlt-von-der-Sonne«. E. S. C. Handy schrieb in seiner Monographie über polynesische Religion:

»Man sagt, daß die Sonne in Neuseeland als ein Gott namens Ra verehrt wird, doch dieser Gottheit wurde offenbar wenig Ehrfurcht entgegengebracht. In Mangaia spielte der

Sonnengott dieselbe Rolle wie auf Neuseeland, und dasselbe trifft für La aus Samoa, auch Tangaloa La genannt, zu. Nur auf den Gesellschaftsinseln scheint es für Ra oder Raa einen echten Kult zu geben. Dort wandte man sich mit Gebeten an ihn, Tempel wurden ihm zu Ehren gebaut, und als Kriegsgott genoß er ein beachtliches Prestige.«

Mit den am peruanischen Hochland und an der Südküste üblichen heiligen Namen für den Sonnenkönig der Vor-Inka-Zeit, Tiki, Irihia, Ra und Cama, die sich weiter nach Polynesien verbreiteten, und seinem Namen Con oder Kon an der Nordküste, wo er auf Durchreise war, scheint auf den ersten Blick etwas verschleiert zu werden. Der Chimu-Sonnengott Con weist jedoch einen klaren Bezug zu dem Maya-Begriff *kin* für Sonne auf und hängt mit dem Maya-Wort *can* für die die Sonnenstrahlen symbolisierende Schlange zusammen. Can seinerseits taucht wieder in ihrem Namen für den Sonnengott Kukulcan, die Gefiederte Schlange, auf. »Kanil« war außerdem der bekannte Name für Itzamná, den Sonnengott und eigentlichen Gründer der Maya-Kultur. In Guatemala erscheint Kukul-can wieder als der himmlische Kulturbringer Hura-can. In Peru bedeutet *kana* »brennen« und *kana-kana* ist in der Aymara-Sprache des heutigen Tiahuanaco das Wort für »scheinen«.

Hier haben wir nun eine Verbindung nach Polynesien, die von F. W. Christian als Kuriosität vermerkt wurde, ohne weiteren Kommentar:

»Maori *kanakana*: hell sein. Dieses Wort gibt es praktisch überall in Polynesien. ... Im Peruanischen finden wir Aymara *kanakana*: scheinend, strahlend. Inka: *cana, kana,* entflammen; *kancha*: das Licht; *kon*: Feuer, die Sonne.«

Im gesamten Bereich der amerikanischen Hochkulturen und auf den polynesischen Inseln bestehen somit morphologische Verwandtschaften zwischen den Wörtern für Sonne, Licht und Feuer, verbunden mit kon, kan, kana und kana-kana. Und Kana gehört vermutlich zu den wichtigsten Namen für die höchste Gottheit im polynesischen Raum. Auf Hawaii erscheint er als Kana-loa, Kana-der-Große. Dort besteht eine enge Verknüpfung zwischen Kana-loa und dem Gott Kane.

M. W. Beckwith zeigt, daß Kane einer von vielen Namen für ein und dieselbe Gottheit ist, die die Polynesier aus dem großen Land der Väter auf die Inseln geführt hat. Sie gibt eine lange und detaillierte Überlieferung des Geschehens wieder, die in diesem Kontext wichtig genug ist, um in voller Länge wiederholt zu werden:

Kana-loa hatte einen jüngeren Bruder, Kane-apua, der als großer Priester dem Sonnengott Kane, nach dem er benannt worden war, diente. Sowohl Kana-loa wie Kane-apua waren eigentlich Menschen, wurden aber »Götter genannt, weil das Volk sie wegen der zahlreichen von ihnen vollbrachten Wunder für Götter hielt«. Kane-apua war zusätzlich zu seinem Amt als Hohepriester noch König oder Häuptling und wanderte mit seinem Stab durch das Land der Väter, um Wunder zu tun. Der Sonnengott Kane wollte jedoch nicht, daß sein Priesterkönig Kane-apua immer in jenem Land bliebe, und deshalb beschloß der Priesterkönig auszuwandern. Der Sonnengott »wünschte, daß sein Volksstamm in jenes Land ziehe, das Kane ihm gab«. So befahl er seinem Hohepriester Kane-apua, sein Volk auf der Wanderung zusammen mit seinem älteren Bruder Kana-loa zu führen. Dabei kamen die beiden Brüder mit ihrem Volk in ein Gebiet im Land ihrer Väter namens *Kona*. Von dem dortigen Häuptling, der sehr böse war, wurden sie tyrannisiert. Kane-apua beriet sich mit seinem Gott, und der sagte

ihm, er solle sein Volk wegführen. Der große Priesterkönig sammelte nun sein Volk und sagte, es sei der Befehl ihres Gottes, wegzuziehen in ein anderes Land. Aber der böse Häuptling von Kona beschimpfte ihn nur und forderte ihn auf, zu beweisen, daß der Befehl der Auswanderung wirklich von seinem Gott komme. Jetzt wurde der Sonnengott Kane zornig: »Er hielt den Regen zurück und Hunger kam über das Land. Da ließ der Häuptling das Volk gehen, und es ging. Das einfache Volk ging bis ans Ufer, wo sie Schwierigkeiten bekamen, weil der böse Häuptling sie in argwöhnischer Absicht aufsuchte.« Während nun das einfache Volk an der fremden Küste seiner Bosheit ausgesetzt war, weinten sie und waren zornig auf Kane-apua und Kana-loa, die sie in diese Schwierigkeiten gebracht hatten. In der Zwischenzeit flehte Kane-apua, der mit seinem Stab durch das Land wanderte, seinen Gott an, ihm weiterzuhelfen. Der Gott antwortete: »Schlage einen Pfad.«
Der wandernde Kane-apua sang nun sein magisches Lied:
»Schlage vorwärts, schlage sachte,
schlage wo? schlage sachte,
schlage meerwärts, schlage sachte.«
Als er an die Küste kam, befahl der Sonnengott dementsprechend: »Schlage mit deinem Stab auf die Oberfläche des Wassers.« Kane-apua gehorchte, und er und sein Gefolge vermochten auf dem Wasser zu »gehen«, als wäre es trockenes Land. So wurde das Volk von Kana durch den Sonnenpriester auf ihrer Wanderung hinaus auf das Pazifische Meer geführt.
Die Legende hat so viele Elemente mit der überlieferten Geschichte Perus gemeinsam, daß ein gemeinsamer Ursprung bestehen muß. Man könnte fast ein Plagiat aus der späteren europäischen Zeit vermuten, aber es besteht kein Grund zu

der Annahme, daß die eingeborenen Informanten auf Hawaii die Inka-Überlieferung gelesen hatten und die heutigen polynesischen Anthropologen auch nicht.
Diese polynesische Version darüber, wie ihre Vorfahren das ursprüngliche Land ihrer Väter verlassen haben, stimmt auffällig überein mit den Berichten der Inkas, wie Viracocha alias Kon alias Tiki Südamerika verließ.
Auch Viracocha war ein Hohepriester der Sonne, der sein auserwähltes Volk wegführte aus ihrem Herkunftsland und unterwegs in Kana (Kona in der Überlieferung auf Hawaii) von einem bösen Häuptling aufgehalten wurde. Auch er mußte beweisen, daß er auf Befehl des Sonnengottes auswandere, und auch da wurde in dem Land zur Rache der Regen zurückgehalten und eine Dürre hervorgerufen. In Peru drohte er dem Land von Kana sogar mit brennender Lava, was einem noch heute in Kana gezeigt wird.
Kane-apua, der Sonnenkönig Hawaiis, wurde vom Sonnengott angewiesen, seinen Weg zu suchen, indem er mit seinem magischen Stab auf den Boden schlug. Genau dasselbe, so haben wir von dem Inka Garcilasso erfahren, machte der erste seiner Inka-Vorfahren. Er berichtete, daß der erste Inka von seinem Vater, der Sonne (Con-Tici-Viracocha) gelernt hatte. Er solle nämlich beim Aufbruch zu seiner Wanderung auf der Suche nach einem künftigen Wohnplatz mit seinem goldenen Stab immer dort, wo er gehe, vor sich auf den Boden schlagen, und sobald der Stab im Boden steckenbleibe, solle er den Ort zum neuen Wohnplatz erwählen.
Der polynesische Wanderer Kane-apua schlug meerwärts und ließ sich wie Tiki auf seiner Flucht aus Kana nicht irgendwo nieder, sondern gelangte zur Küste, wo sich sein Volk vor ihm versammelt hatte. Beide verließen sie ihr

großes Land der Väter, indem sie auf dem Meer »gingen«. Ein ungewöhnlicher Ausdruck für Polynesier, die normalerweise in einem Kanu hocken und nicht auf ein Floß gehen. Die Verschiedenheit der Namen für den heiligen Sonnengott und seine auf der Erde reisenden Abgesandten hatte ohne Zweifel die peruanische und die polynesische Götterwelt komplizierter gemacht als ursprünglich beabsichtigt. In Peru waren die Inkas die ersten, die erkannten, daß es sich bei Tiki und Kon um zwei andere Namen für ihren eigenen Kulturbringer Viracocha handelte. In Polynesien würde eine sorgfältige Untersuchung wahrscheinlich ebenfalls offenbaren, daß viele der Götter unter verschiedenen Namen verehrt und angebetet werden, die sich ursprünglich alle auf ein und dieselbe bedeutende Persönlichkeit oder Familie bezogen. So wurde in Hawaii, wie wir gesehen haben, der einwandernde Sonnen-Priester Kane-apua nach dem Sonnengott Kane benannt, und er hatte einen älteren »Bruder« namens Kana-lot. An anderen Stellen in Polynesien wird nicht so deutlich zwischen Kane, Kana-loa und dem eingewanderten Gott Tiki unterschieden. In der Mythologie der Maori scheint der erste Mensch, der geschaffen wurde, sowohl Kane (in Maori Tane) wie Tiki als Eltern gehabt zu haben, da sein Name Tane-Tiki war. In seinem Aufsatz über »The Gods of Maori Worship« zeigt der Maori-Gelehrte Hare Hongi, daß seine Vorfahren glaubten, von der Sonne abzustammen, weil Sonnenstrahlen, die die warme Erde durchbohrten, den ersten Menschen Tane-Tiki hervorgebracht hatten. Er betont: »Für uns in dieser irdischen Sphäre ist Tane ein sehr wichtiges Mitglied dieser Söhne des Lichts; denn das Symbol von Tane ist die Sonne...«

Auf den Cook-Inseln waren Kana-loa und Kane (Tanga-roa

und Tane im dortigen Dialekt) Brüder und Söhne von *Vatea*, was »Licht« heißt.

Der Missionar Ellis berichtete in seiner frühen Untersuchung der polynesischen Religion, daß es auf den Gesellschaftsinseln Ti'i (Tiki) und Ta'a-roa (Tanga-roa) zwei verschiedene Namen für den königlichen Entdecker der Inseln gab. Er schrieb bereits 1829: »Es ist interessant, der Übereinstimmung zwischen ihnen nachzuspüren..., zwischen *tangata*, dem ersten Menschen in Polynesien und *tanga-tanga*, einer Haupt-Gottheit bei den Südamerikanern...« Für die Vermutung, daß Tiki und Tanga-roa ursprünglich ein und derselbe Menschengott war, spricht weiterhin, daß beide dieselbe Frau hatten. Auf den Gesellschaftsinseln galt *Hina* als die Frau des Insel-Entdeckers Ti'i, mit ihm wurde sie die »Mutter« aller königlichen Familien Polynesiens, während das gemeine Volk von ihnen einfach hervorgezaubert wurde. Auf Mangaia dagegen war *Hina* die Frau von Tanga-roa, ebenso wie auf der Samoa-Gruppe, wo *Hina* als *Sina* ausgesprochen wird. *Hina* alias *Sina* war eine Göttin und gleichzeitig das erste weibliche Wesen, an das man sich in ganz Polynesien erinnert. In Peru war der allgemeine Inka-Ausdruck für »Frau« gewöhnlich *china*.

Offenbar versuchten die wandernden Kultur-Helden ursprünglich, der ansässigen Bevölkerung eine eher monotheistische Religion der Sonnenanbetung mit einem höchsten, das Licht symbolisierenden Schöpfer aufzuerlegen. Priesterkönige, die ein königliches Geschlecht in Polynesien ebenso wie in Peru geschaffen haben, sind zu heilig, um einen profanen Namen wie das gemeine Volk zu tragen, und sie beziehen sich normalerweise auf Begriffe, die übersetzbar sind als: die Sonne, der Sonnenstrahl, das Licht, der Glanz, das Herz des Himmels, der Einzige, der Erste, der

Ursprung, der Heilige etc. Obwohl Tiki ein unübersetzbarer Name oder Titel für einen frühen, wandernden Priesterkönig in Polynesien ebenso wie in Peru zu sein scheint, haben wir gesehen, daß es eine innerhalb der Inseln bestehende Verwechslung zwischen ihm, Kane und Kana-loa gibt. Zur Vervollständigung des schwierigen, polynesischen Götterhimmels sollen noch zwei wichtige »Götter« erwähnt werden, da die meisten auf den Inseln sie kennen: Ku und Lono. Beckwiths Quellen auf Hawaii sagen dazu folgendes:

»Kane war ursprünglich der einzige Gott von Hawaii; es gab keinen anderen Gott, nur Kane. Wie es dazu kam, daß der eine Gott Ku und Lono genannt wurde – hier ist die wahre Geschichte dieser Namen. Ku ist Kane, Lono ist Kane. Ku ist nicht ein anderer Gott, und auch Lono ist kein anderer Gott. Sie waren Kane, und sie waren die Namen von Kane. Sie waren Kane, der Gott aus den alten Gesängen.«

Ku oder in manchen Dialekten Tu wird von den Mythologen in einigen Teilen Polynesiens als bedeutender Gott aufgeführt. Doch meistens wird Ku (oder Tu) als Präfix den heiligen Namen von Königen oder heiligen Plätzen vorangestellt. Auf der Insel Mangareva erscheint Tu als der höchste Gott, identisch mit Atea-Tanga-roa alias Kana-loa, wobei *atea* das Wort für »Licht« ist. Aber auf Niue wird er nur als zweitrangiger Ahnen-Gott betrachtet. Auf Neuseeland und Samoa war Tu vor allem der Gott des Krieges. In einigen Maori-Mythen war Tu mit dem höchsten Gott, der Tiki erschuf, identisch. Diese Bedeutung von Tu oder Ku in Polynesien hat Maori-Gelehrte wie E. Best und andere verführt, ihre Aufmerksamkeit in eine völlig andere Gegend zu lenken, wo Tu der assyrische »Gott des Todes« war und Tum »der Sonnenuntergang« in Ägypten. Aber wie es schon

beim Sonnengott Ra der Fall war, brauchen wir nicht so weit zu gehen: In seiner Untersuchung *American Hero Myths* erwähnt Brinton *Ku* als ein Wort für »Gott« und »Gottheit« bei den Mayas, und als er ihre Auffassung von der Erschaffung der Welt beschreibt, meint S. G. Morley: »Der Schöpfer der Welt war dem Glauben der alten Mayas entsprechend ein Gott namens Hunab, welches der Vater von Itzamná ist...«
Itzamná war, wie wir uns erinnern, der erste Priesterkönig, der bei der Großen Ankunft über den Atlantik nach Yucatan kam. Das, was für *Ra* zurifft, gilt auch für *Ku*. Falls Ku vom Mittleren Osten nach Polynesien gebracht wurde, könnte es sich hier um die fragliche Route handeln. Morley zeigt außerdem, daß ein früher Chronist behauptete, der Name dieses frühen Maya-Gottes bedeute »Ein einziger Gott«. Er fügt hinzu: »Hunab Ku bedeutet in der Maya-Sprache folgendes: *hun:* ›ein‹, *ab:* ›der Zustand des Seins‹ und *ku:* ›Gott‹. Dieser Schöpfer-Gott stand jedoch so hoch über den gewöhnlich Sterblichen, war so weit weg von den Alltagsgeschäften, daß er im gewöhnlichen Leben der einfachen Menschen selten in Erscheinung getreten sein dürfte.«
Der frühe Chronist Cieza de Leon und andere seiner Zeitgenossen berichteten, daß in der Gegend um den Titicacasee der legendäre Herrscher von Tiahuanaco manchmal als *Tupaca* erwähnt wurde. Hier handelt es sich zweifellos um einen zusammengesetzten Namen: *Tu paca*. *Paca* und *pacha* sind peruanische Wörter für »Erde«, entsprechend dem polynesischen Wort *papa* für »Erde«, und erscheint in anderen zusammengesetzten Namen für den Sonnengott wie beispielsweise *Pacha-Cama*, *Pacha-ccan* und *Viracocha-Ra-Pacha*. »Tu« ist also von dem Land der Maya

über Tiuhuanaco bis zu den weit verstreuten Inseln Polynesiens ein Name oder eine Vorsilbe für heilige Bezüge zu Königen und Halbgöttern.
Es fehlt noch der heilige Name Rongo, in manchen Dialekten Longo, auf Hawaii Lono. Wie wir gesehen haben, sagt man auf Hawaii, es handle sich nur um einen anderen Namen für Kane alias Ku. Es scheint der einzige polynesische »Gott« höheren Ranges zu sein, der nicht auch in Peru vorkommt. Doch wenn Orongo, der größte Kult-Platz auf der Osterinsel, nach ihm benannt ist, müssen wir zumindest feststellen, daß Corongo in der Vor-Inka-Zeit ein bedeutendes Kult-Zentrum in Nordperu war. Und Otorongo war der Name eines legendären Inka-Generals. Tangalongo war der große Häuptling, der die Pazifikküste vom Tiahuanaca-Gebiet nach Süden kontrollierte. Dem Chronisten Sarmiento zufolge mußte der königliche Inka-Eroberer und Seefahrer Tupac Yupanqui einen Sieg über Tangalongo im nördlichen Chile erringen, um einen Zugang zu diesem Küstenabschnitt zu bekommen. Dieser Kriegs-Herr vereinigt in seinem Namen die zwei Namen der höchsten polynesischen Gottheit: Tanga-der-Große und Longo.
Weil die Polynesier ebenso wie die alten Peruaner einem Ahnenkult anhingen, hielten sie auch ihre Stammesvergangenheit heilig. Sie bewahrten ihre Geschichte in Legenden und heiligen Liedern, die zu allegorische Mythen verschmolzen, wenn es um die Frühzeit ging und das Verlassen des heiligen Landes der Väter. Diese Mythen beginnen mit dem Glauben, daß das Königsgeschlecht seine Abstammung von Begriffen wie Sonne und Licht herleitete, und deshalb wurde ihnen rundweg jeder historische Wert abgesprochen.
Trotzdem geben uns diese Mythen sehr wichtige Informa-

tionen. Die Namen und Beschreibungen der Könige aus der Zeit der Wanderung stimmen mit dem Namen oder Titel des Königs oder der Dynastie der Vor-Inka-Zeit überein, die von Peru in den pazifischen Raum auswanderte. Keine dieser panpolynesischen Ahnen-Götter erscheint auf den Inseln und Kontinenten auf der anderen Seite von Polynesien – bis Ra und Tu im Mittleren Osten auftauchen. Vom Mittleren Osten aus gelangt man über Amerika schneller nach Polynesien als über Indien. Und in den Gebieten der amerikanischen Hochkulturen lassen sich sowohl Ra wie Tu als heilige Namen für die Gründer der dortigen Sonnen-Dynastien finden.

Das polynesische Paradies

Amerika wird die neue Welt genannt, weil die Europäer es nach den anderen Kontinenten kennenlernten. Um konsequent zu sein, müßte man Polynesien die neueste Welt nennen, nachdem den Europäern vor der Entdeckung Amerikas und der Eroberung der Reiche der Azteken und Inkas keine einzige polynesische Insel bekannt war.
Es ist nicht nur für uns die neueste Welt, sondern auch für die Polynesier selbst. Die Entstehungsgeschichte einer jeden einzelnen polynesischen Insel deutet nach Osten, die Richtung, aus der die Vorfahren kamen. Und wie wir gesehen haben, kann man alle Namen ihrer legendären Geschichte in dem östlich am nächsten gelegenen Land wiederfinden, dort, wo einst das Herrschaftsgebiet des Sonnenkönigs von Tiahuanaco lag.
Bei der Menge an polynesischen Namen von nicht zu den Inseln gehörigen Vorfahren und Plätzen, alle konzentriert auf die frühere Hochkultur um Tiahuanaco, wundern wir uns vielleicht, warum sich der Name für diesen Mittelpunkt panperuanischen Kults nicht in den polynesischen Legenden erhalten hat. Das erklärt sich ganz einfach daraus, daß Tiahuanaco nicht der ursprüngliche Name dieser megalithischen Stadt aus der Vor-Inka-Zeit ist. Tiahuanaco wurden nur die Ruinen genannt, und das Wort ist ein später von

den Inkas erfundener Quechna-Begriff, ebenso wie ihre Erfindung von *Viracocha*, dem »Schaum auf dem Meer«, für den König jener Kultstätte, als er ihre Küste verließ.
Einer der sehr frühen Besucher von Tiahuanaco, der Jesuit Anello Oliva, hat folgendes über den ursprünglichen Namen dieses eindrucksvollen Ortes, der schon zu seiner Zeit längst eine Ruinenstadt war, gesagt:
»Und wir zogen in das Gebiet von Tyyay Vanacu (Tia Huanaco), um uns die dortigen Bauwerke zu betrachten, die in alten Zeiten Chucara genannt wurden und deren Alter niemand mehr zu bestimmen vermag.«
Gonzales de la Rosa verrät uns die Bedeutung dieses ursprünglichen Namens: »...wir wissen, daß die Stadt keinen Quechua(Inka)-Namen hat und eigentlich Chucara heißt, was bei den Urus ›Haus der Sonne‹ bedeutet...«
Die Urus des Titicacasee-Gebietes, bei denen sich der Name Chucara für die aus der Vor-Inka-Zeit stammende Kultstätte Tiahuanaco erhielt, behaupteten, daß einige ihrer Vorfahren unter den Bauwerken von Chucara begraben worden seien, als die heilige Stadt erbaut wurde.
In polynesischen Dialekten, in denen sowohl Tiki wie Uru als heilige Namen aus dem Lande der Väter auftauchen, würde Chucara, der Uru-Name für Tiahuanaco, entweder Kukara (Ku-ka-Ra) oder Tutara (Tu-ta-Ra) ausgesprochen werden, was tatsächlich »Die heilige Sonne« bedeutet. Und in der polynesischen Mythologie sind Kukara und Tutara Namen, die ganz wesentlich zum Tiki-Kult gehören. Dem Namen wird in polynesischen Dialekten gewöhnlich das Wort *Makea* vorangestellt, was »Licht« bedeutet. Dazu paßt gut der Uru-Name für die Hauptstadt der Vor-Inka-Zeit, »Haus der Sonne«. Die polynesische Überlieferung des mit Ehrfurcht genannten »Makea-Kukara« aus dem

Lande der Väter bedeutet »Licht von der heiligen Sonne«.
J. Izett verweist in seinem Buch *Maori Lore* auf eine Allegorie aus Neuseeland, wo der legendäre Name Tutara ausgesprochen wird: »Die Volksstämme auf Neuseeland und der Hervey-Gruppe sind die Hauptquellen für die Legenden über Maui, den Sohn von Makea-tutara von Taranga, seine Geburt war von wunderbarer Art.«

Taranga war, wie wir gesehen haben, ein Eingeborenenstamm, der an den Ufern des Titicacasees lebte, wo die Urus bis heute mit ihren Booten aus Balsaholz segeln. Wenn sie die Mutter des Insel-Fischers Maui war und das »Licht von dem Haus der Sonne« sein Vater, dann wird die Allegorie bedeutsam. Der Halbgott Maui-tiki-tiki, der die Inseln aus dem Meer fischte, war von dem Sonnengott Tiki von Tiahuanaco durch den wunderbaren Umgang mit den gewöhnlichen Frauen des dortigen Tarangastammes gezeugt worden.

Es war der alte Name von Tikis Hauptstadt Chucara alias Kukara, der in der Vor-Inka-Zeit nach Polynesien gedrungen war. Warum nannten die Inkas diesen Ort später Tiahuanaco?

Wie wir gesehen haben, schrieb Pater Oliva, einer der ersten, der diesen Quecha-Namen buchstabieren konnte, den Namen in zwei Wörtern: Tyyay Vanacu. Andere frühe Chronisten schrieben ihn »Tia Huanaco«. Huanaco bedeutet »Tod«. Der Inka-Ausdruck für Gräberfeld ist *huanaco pampa*. Die Inkas sahen, daß diese Stadt der Sonne längst verlassen war und nur noch aus Ruinen bestand und nannten sie deshalb Tia Huanaco, »Toten-Tia« oder die »Ruinen von Tia«.

Warum Tia? Atia war der polyesischen Überlieferung zufolge ein bedeutender Ort in Tikis Herkunftsland. Eine

Legende auf Tahiti stellt sogar ausdrücklich fest, daß Tiki (Ti'i) in *Atia-Uru* die erste Frau geschaffen hat. In der Maori-Überlieferung wird Atia auch wegen seiner gewaltigen Tempel gerühmt, wie es der Neuseeland-Mythologe S. P. Smith berichtet:

Über dieses Land von Atia-te-Varinga-nui (Atia von dem großen Varinga) regierte in sehr früher Zeit ein König oder Oberhäuptling namens Tu-te-Rangi-Marama (Der Heilige vom himmlischen Licht), dem der Bau eines über 20 Meter hohen Tempels nachgesagt wird, welchen er mit einer Steinmauer umgab und »Koro Tuatini« oder Ort der vielen Mauern nannte. Er war als Treffpunkt für Götter und Menschen gebaut worden, und dort kamen nach ihrem Tod die Geister der Ahnen mit den Göttern zusammen. Es war ein *Ngai Tapu Kaka*, »ein heiliger, ruhmreicher Ort« von großem Innenraum und gefüllt mit vielen schönen und wunderbaren Dingen«.

A. Posnansky, der sein ganzes Leben mit der Erforschung von Tiahuanaco verbrachte, schrieb über diesen Ort: »Tiahuanaco war nicht nur ein Kult- und Kulturzentrum, sondern auch eine Begräbnisstätte zur Verehrung der Toten.« Als es noch ein blühendes Kulturzentrum war, waren seine megalithischen Gebäude von Hafenanlagen umgeben, doch dann hatten sich die Ufer des Titicacasees mehr und mehr zurückgezogen, und es entstand ein Abstand zu den Ruinen. Der See hat keinen richtigen Ablauf, denn der Rio Desaguadero fließt bis zum Lago Poopo nur hin und her, weshalb das Wasser brackig ist. In diesem Brackwasser leben auch winzige *Hippocampus*, also Seepferdchen, die sonst nur im Meer vorkommen. Der See spielte bei den alten Peruanern eine wichtige Rolle. L. Spence sagt dazu: »Die Peruaner glaubten, daß die Bewohner der Erde, sowohl Tiere wie Menschen, durch einen Schöpfer am Titicacasee geformt worden sind. Die Gegend war deshalb in ihren Augen heilig.«

Die Polynesier erinnerten sich, daß sich der Ort, an dem Tiki die Menschenwesen schuf, in einer Gegend befand, die bei ihren Ahnen als *Tapu-ti-roa* bekannt war, das heißt »Der Geheiligte Große See«. Nach einer Legende auf Hawaii, die Beckwith zitierte, war dieser See im Lande der Väter ein Binnensee, in dem es »alle Sorten von Fischen aus dem Meer gab außer dem Wal und dem Hai«. Derselben Überlieferung zufolge wurde das große Herkunftsland, in dem sich dieser See befunden haben soll, als *Paliuli* erwähnt. Fornander übersetzt das mit »Blauer Berg« und weist erneut darauf hin, daß es sich dabei um »ein heiliges, verbotenes Land« handele.

Die Legende von dem heiligen Wasser im Land der Väter, *Ka wai ola a Kane*, »Das Leben spendende Wasser des Sonnengottes«, gibt es überall in Polynesien. Best weist nach, daß unter den Legenden auf Hawaii eine den Titel »Das Wasser des Lebens von Kane« hat. Die Mehrzahl des hawaiischen Volkes glaubte deshalb, *Ka wai ola a Kane* sei ein wirkliches Gewässer, das in Form eines Sees existierte, der sich in einem weit entfernten Land befinde. Best zeigt zusammen mit Fornander, daß die alten Leute auf Hawaii eine Legende kannten, in der dieses Land östlich von Polynesien angenommen werde. Einer der ersten Vorfahren wollte mit dem Boot losfahren, um dieses Gewässer seiner Ahnen zu finden: »Um es zu erreichen, wurde er angewiesen, direkt der aufgehenden Sonne zu folgen.«

Die weit verbreitete Haltung der übrigen Welt, wonach die Gleichnisse der polynesischen Geschichte als Mythen einfacher Gemüter betrachtet werden, tut einem ganzen Volk

Unrecht, dessen spirituelles Leben darauf ausgerichtet ist, die stolze Vergangenheit mit derselben tiefen Achtung und Ehrfurcht zu bewahren, wie ihre Ahnen sie den lebenden Königen erwiesen haben. Die Sonnenanbetung ist nach Ansicht der meisten Anthropologen typisch für Peru, aber untypisch für Polynesien. Doch dieselben Anthropologen nehmen an, die Polynesier würden lediglich die Sonne im Osten aufgehen und im Westen untergehen sehen und dementsprechend die Fahrten ihrer Ahnen beschreiben.

Die Polynesier glauben wie viele andere Völker, daß die Seelen der Toten mit der untergehenden Sonne nach Westen wandern. Doch in ganz Polynesien liegt in allen Mythen, Überlieferungen und Wegbeschreibungen das alte Land der Väter im Osten. Die Seelen folgen der untergehenden Sonne auf einem Durchgang unter Erde und Meer, um sich an dem Ort, wo sich die Sonne und ihre heiligen Ahnen aufhalten, wiederzutreffen, und das ist dort, wo die Sonne aufgeht, im Osten also. Jeweils die westlichste Spitze sowohl Neuseelands wie aller anderen polynesischen Inseln ist der Punkt, wo die Seelen der Toten ihre Reise antreten. Doch auch lebende Seefahrer werden stets angewiesen, ihren Kurs nach der aufgehenden Sonne auszurichten, um in das Land der Väter und zum Wohnplatz der Ahnengötter zu gelangen. In ganz Polynesien gibt es nur eine Version über die Richtung, aus der die Inseln entdeckt wurden: Sowohl in klaren Worten wie in bildhaften Gleichnissen wird uns erklärt, daß jede Inselgruppe von einem Land weiter östlich besiedelt worden war. Und östlich von diesen östlichsten Vorposten wie der Osterinsel, den Marquesas-Inseln und Hawaii befindet sich kein anderes Land als Amerika. Außerdem vermutet die historisch interessierte Bevölkerung aller drei Gebiete das Land ihrer Väter im Osten.

Auf der Osterinsel, die auf halbem Wege zwischen den anderen Inseln und Peru liegt, sammelten die ersten Missionare und Forscher eindeutige überlieferte Zeugnisse unter den Eingeborenen, die vor einem europäischen Einfluß aufgewachsen waren. Darin heißt es, daß ihre ersten Vorfahren aus der Richtung kamen, wo die Sonne aufgeht. Ihr erster König, Hotu Matua, war von einem feindlichen König in einem großen Land im Osten vertrieben worden. Und sein Gott Make-Make hatte ihm gesagt, er würde ihre jetzige Heimatinsel finden, wenn er zwei Monate in Richtung untergehende Sonne steuerte.

Auf der Marquesas-Gruppe erinnerte man sich, daß Tiki aus dem Osten gekommen ist. Als der deutsche Ethnologe von den Steinen im letzten Jahrhundert die damaligen Insulaner nach dem Land ihrer Väter fragte, nannten sie es Fiti-Nui, »Der Große Sonnenaufgang«, und sagten, es befinde sich östlich von Matefenua, dem östlichsten Punkt der Insel Hivaoa.

Auf Hawaii machte Fornander, wie wir gesehen haben, darauf aufmerksam, daß jemand, der das Land der Väter mit dem Wasser des Lebens besuchen wolle, geradewegs in Richtug aufgehende Sonne fahren müsse.

Auf Neuseeland, der entgegengesetzten Ecke des polynesischen Dreiecks, haben wir mit Best bereits festgestellt: »Als die Vorfahren der Maori die Heimat von Irihia verließen, um über dem Meer eine neue Wohnstätte zu finden, sagten ihre Anführer: ›Me whi tatou a tama-nui te Ra‹ (Wir wollen der Sonne folgen).«

Samoa und Tonga sind zwei im äußersten *Westen* gelegene Vorposten Polynesiens, zwei Inselgruppen in der Nähe von Melanesien und deshalb ein logischer Zugang zum ostpazifischen Dreieck, falls die polynesischen Vorfahren von

Asien gekommen sein sollten. Die Überlieferungen auf Tonga ebenso wie auf Samoa stimmen darin überein, daß sie die Manu'a-Insel von Samoa als einen besonderen Ausgangspunkt benennen, von dem aus der mythische Insel-Fischer Maui-tiki-tiki (im Tonga-Dialekt Maui-Kisi-Kisi) der göttlichen Taga-loa (Tanga-roa) Familie aufgebrochen ist, um die Tonga-Gruppe zu entdecken. Manu'a ist ein winziges Inselhäufchen, der äußerste Vorposten der langen Kette der Samoa-Inseln, die sich westwärts nach Sawaii erstrecken, der größten und Melanesien am nächsten liegenden Insel der Gruppe. Die Bewohner auf Samoa behaupten, daß ihre Vorfahren ebenso wie die auf Tonga zuerst auf Manu'a landeten. Sie erinnern sich, daß ihre Hauptinsel Sawaii von dem weiter östlich liegenden Upolo besiedelt wurde und Upolo wiederum von dem noch weiter östlichen Tutuila und vorher Tutuila von Manu'a aus, der östlichsten von allen Inseln. Buck stellt fest:
»Dank der ersten Besiedelung von Manu'a durch die Familie Tagaloa (Tangaroa) wurde diesen kleinen Inseln eine Ehre zuteil, die weder ihrer Größe noch ihrer Bevölkerung entsprach. ... Nichts ärgert das Volk auf der größeren Insel Tutuila mehr, als an den Manu'a-Mythos erinnert zu werden, wonach es Tagaloa erst nachträglich eingefallen sei, Tutulia zu schaffen, um auf diese Weise einen Trittstein zwischen Manu'a und West-Samoa zu bekommen.«
Buck, der selbst von den Maori abstammt und mit Recht als Spezialist für Polynesien betrachtet wird, lehnt Amerika als möglichen Ursprung von Landungen auf Polynesien ab, weil er davon ausgeht, daß es auf dieser Seite des Pazifik an den entsprechenden, seetüchtigen Fahrzeugen gefehlt habe. Trotzdem war er einer der ersten, die nachwiesen, daß die polynesischen Ahnen nicht über Melanesien gekommen

sein konnten. Melanesien liegt nämlich wie eine 4000 Meilen dicke rassische und kulturelle Pufferzone zwischen dem polynesischen Dreieck und dem Malay-Archipel. Er schreibt:
»Daß eine Vermischung zwischen den Melanesiern und den Polynesiern stattfand, mag zugestanden werden, aber es scheint, daß diese Vermischung eher einer späteren Westbewegung von Polynesiern aus Tonga und Samoa zuzuschreiben ist als der Verbindung von Melanesiern mit den ursprünglichen polynesischen Wanderern auf ihrem Weg über die Inseln Melanesiens. ... Es erscheint unwahrscheinlich, daß die großen Wanderungen in den Pazifik Melanesien berührt haben.«
Nachdem ostwärts gerichtete Wanderungen der Polynesier über Melanesien ausgeschlossen werden, bliebe als einziger Durchgang aus dem entfernten Asien Mikronesien, 8000 Kilometer im offenen Meer mit einigen weit verstreuten Inselchen und Atollen. Auf ihnen fehlt jegliche Spur eines polynesischen Besuchs mit Ausnahme von zwei Inseln nahe bei Melanesien, die, wie Buck und andere festgestellt haben, kürzlich von Samoa aus besiedelt wurden. Wenn es die Götter-Könige von Polynesien geschafft hätten, diese enorme Strecke offenes Meer bei Gegenwind kreuzend zu überwinden, wären sie irgendwo bei den Ellice-Inseln, den östlichsten Inseln Mikronesiens, auf Polynesien gestoßen. Aber die Überlieferungen auf den Ellice-Inseln lassen keinen Zweifel daran, daß ihre Vorfahren aus der anderen Richtung kamen – aus Samoa.
Wenden wir uns nach der Betrachtung der Stammesüberlieferungen auf allen am Rand liegenden Vorposten wieder Zentral-Polynesien zu, so stellen wir fest, daß Rartonga gewöhnlich als bedeutender Mittelpunkt und wichtiger »Tritt-

stein« für die Weiterwanderung nach Westen und nach Neuseeland betrachtet wurde. Der Missionar W. Ellis, der Anfang des 19. Jahrhunderts acht Jahre in Polynesien verbrachte, schrieb:

»In den Überlieferungen der Bewohner von Rartonga, eine der Hervey-Inseln, haben sich die zufriedenstellendsten Berichte erhalten, nicht nur von verschiedenen Gruppen, die vor vielen Generationen zu verschiedenen Zeiten von den Gesellschaftsinseln dorthin kamen, sondern sogar mit der Angabe, daß die ursprüngliche Bevölkerung von der Gesellschaftsinsel Raiatea aufgebrochen war. Ihre Überlieferungen entsprechen in den wesentlichen Punkten denen auf Raiatea und erlauben den klaren Schluß, daß diese Inseln von weiter östlich her bevölkert wurden.«

Wenn wir uns nun die Berichte über Raiatea auf den Gesellschaftsinseln ansehen, stellen wir fest, daß die dortige Bevölkerung bei der Frage nach der Herkunft ihrer Vorfahren die Insel Opoa nennt, die noch weiter östlich liegt. Ellis hielt eine Legende von den Gesellschaftsinseln fest, in der es heißt, daß Tii (Tiki), der der Überlieferung nach derselbe Schöpfer sei wie Taaroa (Tanga-roa), die ersten Insulaner hervorgebracht habe: »Sie wohnten zuerst auf Opoa, von wo aus sie die Insel Raiatea bevölkerten und sich anschließend auf sämtliche Eilande der Gruppe ausbreiteten.«

Als diese ursprünglichen Entdecker der Gesellschaftsinseln erstmals dort an Land gingen, waren sie »vom Wind getragen worden« und nahmen dann »die Länder am oberen Rand« in Besitz, womit in bezug auf die Gesellschaftsinseln die Windseite des östlichsten Zipfels dieser Gruppe gemeint war.

Bei dieser Übersicht der festgehaltenen Überlieferungen von den Wanderrouten der Vorfahren, wie sie von den

Polynesiern selbst bewahrt wurden, ist es nicht überraschend, daß Ellis vor 150 Jahren in seinen *Polynesian Researches* zusammenfaßt:
»... es ist eine unbestreitbare Tatsache, daß jede solche Fahrt, sei sie nun als Bericht der Seefahrer wiedergegeben oder in den Überlieferungen der Eingeborenen oder als kürzlich geschehenes Ereignis erhalten, stets von Osten nach Westen erfolgt war, genau entgegengesetzt wie es hätte sein müssen, würde die Bevölkerung ausschließlich aus dem malayischen Archipel stammen.«
Es ist symptomatisch für die Haltung der Europäer zu Völkern mit nichtchristlichem Glauben, daß es den Polynesiern nicht gelang, andere als sich selbst von ihren Ursprüngen zu überzeugen. C. Schirren wies vor über einem Jahrhundert in einer Untersuchung der Wanderung der Maori alle historischen und mythische Quellen als wertlos zurück. Er kam zu dem Schluß, daß sie sich sämtlich auf westwärts gerichtete Wanderungen mit der Sonne bezögen und deshalb nur Allegorien seien, die auf einem früheren Sonnenkult beruhten, also keine historische Aussagekraft für das Aufspüren der polynesischen Wanderungen hätten.
Überall im polynesischen Raum gibt es Überlieferungen von einem Land im Osten, das verglichen mit ihren Inseln so groß ist, daß es nur auf einer Seite ein Meer hat. Das Binnenland dehnt sich nach Osten aus, das Meer nach Westen. Wir haben festgehalten, daß es sich um ein hohes Land handelt, manchmal fällt die Bemerkung von Blauen Bergen, und es gibt einen großen Binnensee mit Fischen, der heilig ist, weil dort Tiki den Menschen schuf.
Der Name dieses weiten Landes, des Wohnsitzes der einstigen Könige, wird gleichnishaft als *Kahiki, Kahii-Ku* oder *Kahiki-nui* bezeichnet. *Ka* ist der bestimmte Artikel und

hiki der Begriff für »Sonnenaufgang« oder »Osten«. Der Name meint einfach »Der Osten«, »Der Heilige Osten«, »Der Große Osten«. Im Pazifik liegt, wie wir wissen, Amerika im Osten und Asien im Westen. Im Marquesas-Dialekt heißt dieser Name *Tefiti*, wobei *te* auf dieser Inselgruppe der bestimmte Artikel ist und *fiti* eine doppelte Bedeutung hat, nämlich »nach Osten hin«, aber auch »von der Küste ins Land« und »vom Ufer nach oben«.
Auf Neuseeland wird der bestimmte Artikel nicht vor den Ortsnamen gesetzt, doch Percy Smith erkannte ihn in einer alten Maori-Legende wieder: »Iti-nui (Großer Sonnenaufgang) ist das ursprüngliche Land, von dem wir stammen.« Fornander beschäftigte sich eingehend mit einem alten Lied oder *mele* über einen frühen Seefahrer nach Hawaii, der sein geheiligtes Land der Väter, *Kahiki-Ku*, besucht hat. Diese *mele*, so wurde gesagt, sei »zur Zeit der Ankunft von Kapitän Cook bei der *Elite* und der Priesterschaft allgemein bekannt« gewesen:

O Kahiki; für wen ist Kahiki?
Für Ku.
O Kahiki, Land von dem weit reichenden Meer,
Land, wo Olopana wohnt.
Innen ist das Land, außen ist die Sonne.
Undeutlich ist die Sonne, und das Land, wenn man sich nähert.
Vielleicht hast du es gesehen?
Ich habe es gesehen.
Ich habe gewiß Kahiki gesehen.
Die Menschen von Kahiki sind hinaufgestiegen auf das Rückgrat des Himmels.
Und dort oben wanderten sie herum
und schauten nach unten.

Kanakas (Menschen unserer Rasse) sind nicht in
Kahiki
Eine Art von Menschen ist in Kahiki –
die *Haole* (weißer Mann).
Ich bin wie ein Mensch,
ein wirklicher Mensch ...

Weil diese heilige *mele* eine Reise zu dem Land von Ku alias Kane schildert, woher auch der Stammvater der Hawaiianer, Olopana, gekommen war, sah sich Fornander gezwungen, sie als Besuch von Amerika zu deuten:

»Ich bin geneigt, hier eher eine Reise nach Acapulco (Mexiko) oder zur amerikanischen Küste anzunehmen als nach Manila auf Grund der Tatsache, daß das Lied das Land beschreibt als ›das Land innen und die Sonne außen‹ ... Darüber hinaus ist das Wort ›aloalo‹, das ich mit ›undeutlich‹ wiedergegeben habe, identisch mit dem Tahiti-Wort ›aroaro‹, ›undeutlich‹, ›dunkel‹, ›mystisch‹, was in höherem Maße auf hohe Berge hinter der amerikanischen Küste zuzutreffen scheint, in Wolken und Nebel gehüllt, als auf die Gegend von Manila.«

Kein bewohnter Teil des Pazifischen Ozeans ist besser zur Beschreibung dieses Landes geeignet als das Ursprungsland des Viracocha, der sich auf der Hochebene von Peru niedergelassen hatte. Der Titicacasee liegt bereits 4000 Meter über dem Meeresspiegel, und der um den See lebende Volksstamm hatte in der Tat das Rückgrad des Himmels bestiegen, wo man im Sonnenschein herumwandern und hinunter auf die von Wolken eingehüllte Meeresküste schauen konnte, mit dem Hafen von Ilo tief unten. Hier erstreckt sich der Kontinent ostwärts ins Landesinnere, und hier werden Sonne und Land für den Seefahrer, der sich vom sonnigen Meer her nähert, wegen der dichten Küstenwolken undeutlich. Mindestens die Hälfte des Jahres hängen dicke Wolkenbänke über den Küstenebenen von Peru, verursacht von dem kalten, antarktischen Gewässer des Humboldt-Stromes.

Die gottähnlichen Menschen in *Kahiki*, die anders aussehen als die *Kanaka* oder Polynesier, werden *Haole* genannt, der hawaiische Begriff für Europäer. Die Inkas königlichen Geblüts wurden von den Spaniern als so hellhäutig wie Menschen in Spanien bezeichnet. Und die Inkas führten ihre Gesichtsfarbe zurück auf ihre Abstammung von den früheren Viracochas, die nicht nur weiß, sondern wie die Spanier auch bärtig gewesen waren.

Der antarktische Humboldt-Strom, der an der peruanischen Küste entlangstreicht, fließt in normalen Jahren über die Marquesas-Inseln in das polynesische Dreieck. Aber in einem sogenannten Niño-Jahr, das in jedem Jahrhundert etwa ein dutzendmal eintritt, fließt er direkt zur Osterinsel. Dann bahnt sich der warme Niño-Strom seinen Weg südwärts an der peruanischen Küste entlang und verursacht an den Küstenebenen Regenstürme und Überschwemmungen und drängt den Humboldt-Strom in den südlichen Teil Polynesiens ab.

Peruanische Archäologen haben herausgefunden, daß sich eines der schlimmsten Niño-Jahre 1150 ereignete, als es durch das Hochwasser und die Flutwelle zu schlimmen Zerstörungen der Siedlungen an der Nordküste kam und damit einhergehend zu einer großen Dürre im südlichen Hochland, die das Ende der Tiahuanaco-Kultur markierte. Archäologen auf der Osterinsel haben festgestellt, daß dieses Datum mit dem Ende der Frühen und dem Beginn der Mittleren Periode auf der Osterinsel zusammenfällt. Damals begann der Kult der Vogelkopf-Menschen, und eine

neue Art von Standbildern, die Langohren darstellten, wurde geschaffen. Dieses Datum um 1150 n. Chr, als die Niño-Flut die Peruaner aus ihren Wohnplätzen an der Nordküste und dem südlichen Hochland vertrieb, fällt jedenfalls zusammen mit einer Epoche der Auswanderung, die sich über ganz Polynesien ausbreitete. Den Genealogen zufolge begannen etwa um diese Zeit in Polynesien Perioden mit neuen, von anderen Inseln kommenden Dynastien.
Auch so isolierte Vorposten wie Hawaii und Neuseeland wurden ein oder zwei Jahrhunderte lang von diesen ständigen Seefahrten zwischen den Inseln beeinflußt. Aber dann brachen die Maori aus unerklärlichen Gründen jede weitere Kommunikation mit dem übrigen Polynesien ab. Dadurch nahmen sie nicht an den großen, kulturellen Veränderungen teil, die im polynesischen Dreieck in den letzten paar Jahrhunderten vor dem Eintreffen der Europäer stattfanden. Sie kamen nicht in den Genuß der intensiven, kulturellen Veränderungen, die in den Grenzgebieten zwischen den anderen Inseln und Melanesien auf intensive Weise vor sich gingen. Die Maori waren mit großen, ausgehöhlten Kanus, die zur Verbesserung der Seetüchtigkeit jeweils zwei zu zwei zusammengebunden waren, nach Neuseeland gekommen und hatten keine Ahnung von der genialen Erfindung des Auslegerbootes, wie es auf allen malayischen Inseln und in Melanesien längst benutzt wurde. Durch den engen Kontakt, den die Polynesier auf Samoa und Tonga mit den Melanesiern auf den nahe gelegenen Fidschi-Inseln hatten, verbreiteten sich sowohl das melanesische Auslegerboot wie auch so wichtige Haustiere wie die papuanisch-melanesischen Schweine und Hühner allmählich auf den anderen Inseln. Aber weil die Maori-Stämme und ebenso ihre Nachbarn auf den Chatham-Inseln keinen Kontakt mehr mit der

Außenwelt pflegten, wußten sie nichts von diesen aus Melanesien stammenden segensreichen Neuerungen. Auch in ihren Überlieferungen ist nichts darüber erwähnt. Sie hätten diese Neuerungen jedoch sicher nicht ignoriert oder vergessen, wenn sie auf ihrer Reise zum polynesischen Land der Väter von Melanesien gekommen oder diese Inselgruppe passiert hätten. Außerdem hätten das Auslegerboot, das Schwein und die Hühner nicht in der Zeit, als die Vorfahren der Maori noch häufig die anderen Inseln besuchten, das übrige Polynesien erreichen können.

Die Tatsache, daß sich die Maori nach einer anfänglichen Periode des Kontakts von ihrem Geschlecht isolierten, macht sie zu den klarsten und besten Vertretern des Volkes, das im 12. Jahrhundert in der Auswanderungsperiode durch Polynesien segelte. Die Archäologie zeigt, daß es in Polynesien vor dieser Auswanderungswelle, die für alle Inseln von so großer Bedeutung war, Menschen gab. Es ist sicher kein Zufall, daß die Maori mehr als alle anderen polynesischen Stämme eine in jeder Hinsicht verblüffende Ähnlichkeit mit den an der Pazifikküste vor Britisch Columbia wohnenden und im Kanubau so außerordentlich erfahrenen Stämmen hatten. Der japanische Strom und die entsprechende Windrichtung machen diese nördliche Inselgruppe zu einem natürlichen Sprungbrett von dem frühen Asien nach Polynesien.

Das Volk, das während dieser Auswanderungswelle nach Neuseeland und in die anderen Teile Polynesiens kam und überall neue Dynastien ins Leben rief, war jedenfalls zu spät gekommen, um beim Herausfischen der Inseln aus dem Meer beteiligt gewesen zu sein. Aber sie waren immerhin da, um die Europäer zu empfangen, und sie waren es, die Kapitän Cook irrtümlich für einen der Gott-Menschen aus einer mythischen Vergangenheit hielten, welche sich mit den herumstreifenden polynesischen Ahnen bei deren Ankunft vermischten.

Vielleicht haben die Bewohner der Osterinsel die Niño-Jahre in der Heimat ihrer Vorfahren nicht vergessen. In den Legenden dieser Insel heißt es nämlich, daß einer der Vorfahren, nachdem sie zwei Monate Richtung Sonnenuntergang gesegelt waren, gesagt hatte: »Wir kommen aus einem schlimmen Land. Wenn das Meer hoch ist, sterben viele von uns. Wenn das Meer niedrig ist, sterben wenige von uns.« In den Niño-Jahren ertranken und verhungerten viele Fischer und Bauern der Küstenregion im nördlichen Peru, als sich das ganze Wüstengebiet in einen Binnensee verwandelte, größer als der Titicacasee.

Einer der auf der Osterinsel gebräuchlichen, poetischen Namen für ihr einsames Eiland ist *Mata-kite-Rangi*, »Augen schauen zum Himmel«. Der panpolynesische Begriff für »Himmel« war *rangi*, *rani* oder *ani*, und damit war auch ein allegorischer Bezug zu ihrem Paradies, der Aufenthaltsort der Ahnen, hergestellt. Dem Ort Ilo an der Pazifikküste unterhalb des Titicacasees am nächsten gelegen ist nur ein anderer und guter, ursprünglicher Hafen, nämlich *Mata-Rani*, das man wörtlich aus dem Polynesischen mit »Augen des Himmels« übersetzen kann. Mata-Rani und Mata-kite-Rani liegen einander an beiden Seiten des Meeres gegenüber, und dazwischen gibt es kein Land.

Typisch für das Küstengebiet um Mata-Rani ist zu einer bestimmten Jahreszeit das Erscheinen eines Blumenteppichs, der später von der Sonne versengt wird und völlig verschwindet, bis die Landschaft nur noch aus öden Sanddünen besteht. Die Legenden der Osterinsel, wie sie von Paymaster Thomas im letzten Jahrhundert festgehalten wurden, erwähnen das ursprüngliche Land der Väter als

»Begräbnisstätte« und stellen fest: »In diesem Land war das Klima so außergewöhnlich heiß, daß die Menschen manchmal an den Auswirkungen der Hitze starben, und zu bestimmten Jahreszeiten werden Pflanzen und Gewächse von der sengenden Sonne ausgedörrt.«

Ein solcher Ort findet sich nirgends in ganz Polynesien, auch nicht auf einer der tropischen Urwaldinseln westlich von Samoa. Aber die Beschreibung stimmt exakt überein mit den klimatischen Bedingungen des unfruchtbaren Küstenstreifens unterhalb des Titicacasees.

Die Sonnen-Priesterkönige verließen Peru und begaben sich nach Polynesien. Auf der Osterinsel begegnen uns sowohl in Legenden wie leibhaftig erneut weiße und bärtige Männer, die aus Peru verschwanden. Sie begegnen uns, egal wohin wir uns innerhalb des polynesischen Dreiecks wenden, sei es zur Osterinsel im Osten oder nach Hawaii im Norden oder nach Neuseeland im Süden. Vor knapp 100 Jahren ruinierte sich der neuseeländische Mythologe Percy Smith fast seinen Ruf als nüchterner Wissenschaftler, als er ein Buch mit dem Titel *Hawaiki. The Original Home of the Maori* schrieb. Doch was er über den Typus des Polynesiers äußert, ist kaum zu bestreiten:

»Überall, wo wir dieser Rasse begegnen, finden wir hellfarbige Menschen, die keine Albinos sind, sondern helles Haar und eine ebensolche Gesichtsfarbe haben. Bei den Maori ist diese Anlage in manchen Familien über viele Generationen feststellbar; in anderen Fällen tritt sie als wahrscheinliche Rückartung des ursprünglichen Typus auf, von der die Anlage herstammte. Es gibt bei den Maori auch Legenden von einer Rasse von ›Göttern‹, die Pakepakeha genannt wurden und von denen es hieß, daß sie immer auf dem Meer wohnten und eine weiße Gesichtsfarbe hatten – daher der Name

Pakeha, mit dem sie den weißen Menschen bezeichneten, als sie im 18. Jahrhundert zum erstenmal mit uns in Berührung kamen.«

Und ferner: »Das Volk der Mangaian nennt Dr. Wyatt Gill zufolge die *keu* oder die hellfarbigen Menschen *Te Anau Keu a Tangaroa*, die hellfarbigen Nachkommen des Tangaroa, wobei letzterer ihr Hauptgott ist, während er bei den Maori der Neptun ist. Wir sehen also, daß sich in der polynesischen Überlieferung offensichtlich eine undeutliche Erinnerung an ein weißes oder hellhäutiges Volk erhalten hat. Untersuchen wir den Ursprung dieser Geschichte, erscheint es am natürlichsten, eine Verbindung zu einer hellfarbigen Rasse in früheren Zeiten herzustellen.«

Best schreibt außerden: »Unter den schwarzhaarigen Eingeborenen Neuseelands ist ein hellhäutiger Typus mit rötlichem, gewelltem Haar äußerst dauerhaft und überspringt auch mal eine Generation. Diese Menschen sind zwar nicht zahlreich, doch die Anlage soll vor vielen Generationen aus Ost-Polynesien gekommen sein.«

Buck erkennt ebenfalls die Existenz reinrassiger Maori mit rötlichem Haar und hellerer Haut an: »Die Maori stellten selbst verschiedene Schattierungen in der Hautfarbe fest. Mehrere Sagen erwähnen durchgehend eine rothaarige, hellhäutige Rasse vor den Maori, die Turehu oder Patupaiarehe genannt wurde. Einer dieser Patupaiarehe-Stämme war als Pakepakeha bekannt, und einer Theorie entsprechend lautet so der Ursprung des Wortes Pakeha, mit dem die hellhäutigen Europäer im Unterschied zu den dunkelhäutigeren Maori bezeichnet wurden. Bis heute besteht die weit verbreitete Auffassung, daß dort, wo bei reinrassigen Maori hellere Haut und rötliches Haar auftritt, eine Abstammung von einem Patupaiarehe-Stammvater vorliegt.

In seiner Monographie über *Polynesian Religion* wies
E. S. C. Handy auf die Bedeutung eines solchen unterschiedlichen Typus in der Mythologie der Insel hin:
»Es bestand der weit verbreitete Glaube, daß einer der höheren Götter blond war, doch seltsamerweise handelt es sich nicht immer um dieselbe Person, die so beschrieben wurde. Auf Hawaii glaubte man, Kane sei rothaaarig oder blond gewesen, und er wird deshalb manchmal als ›roter Kane‹ erwähnt; in einem Gebet wird er als ›Kane der Blonde‹ angesprochen. Auf den Marquesas wurde dieselbe Gottheit als ›weiß‹ mit blondem Haar bezeichnet und soll der Stammvater der ›weißen‹ Fremden (*hao'e*) gewesen sein, im Gegensatz zu Atea, dem Stammvater der Eingeborenen, der wie sie braun und dunkelhaarig war. Auf Mangaia wird Tangaroa ein blondes Aussehen zugeschrieben, und sein Haar soll von roter, sandiger Farbe gewesen sein. Und es waren die Eingeborenen auf dieser Insel, für die Kapitän Cook und seine Leute die hellhaarigen Söhne von Tangaroa waren. In einem Lied von Niue südlich von Samoa kommt die Strophe vor: ›rot und weiß bist du, o Tangaroa, du Herrlicher aus unbekanntem Lande‹. Es heißt auch, daß auf derselben Insel der Gott Tu für einen Albino gehalten wurde. Auf Tonga war Tongaloa der Gott der Fremden, aber ob er als blond galt, weiß ich nicht. Die Tatsache, daß Kapitän Cook auf Hawaii als Lono (Rongo) empfangen wurde, könnte darauf hinweisen, daß diesem Gott genauso wie Kane eine helle Gesichtsfarbe zugeschrieben wurde. Wakea auf Hawaii wurde manchmal als ›*ehu*, der Blonde, der Helle, der Glänzende‹ bezeichnet. Es ist von großer historischer Bedeutung, daß bestimmten höheren Göttern ein blondes Aussehen nachgesagt wurde. Zur Erklärung ist es völlig unnötig, auf die Theorie des Sonnengottes mit dem golde-

nen Haar zurückzugreifen, denn der Schlüssel für die wirkliche Bedeutung dieses Glaubens findet sich in bestimmten, inzwischen allgemein anerkannten, rassenmäßigen und kulturellen Fakten. Blondes Aussehen und rötliches Haar waren in einzelnen Fällen aus der Überlieferung bekannt und manifestierten sich von Zeit zu Zeit in völlig blonden und hellhäutigen Individuen. Zu diesem physischen Beweis des Vorhandenseins von Anzeichen eines blonden Typus im rassenmäßigen Aussehen der Polynesier kommt die Tatsache, daß helle Haut überall in den voreuropäischen Zeiten als Unterscheidungsmerkmal für hohe Geburt galt. Das Bleichen der Haut und manchmal des Haares mit verschiedenen künstlichen Mitteln und die Abneigung, sich der Sonne auszusetzen, war in allen Teilen Polynesiens bei höhergestellten Personen üblich. Betrachtet man diese physischen und gesellschaftlichen Umstände, ist es keineswegs überraschend, die Vorstellung von blonden Ahnen-Göttern bei diesen Menschen zu entdecken, in deren Adern zweifellos das Blut von sehr alten, kaukasischen Vorfahren fließt... Die anthropometrischen Untersuchungen, die in den letzten Jahren im Bishop Museum durchgeführt wurden, haben gezeigt, daß sich im polynesischen Stamm ein Substrat von kaukasischem Blut mit einer Neigung zum Blonden befindet.«

In einer speziellen Monographie über *The Native Culture in the Marquesas* berichtet derselbe Anthropologe über eine Bishop-Museum-Expedition zu diesen Inseln. Er erwähnt die dort bestehende Vorstellung von Tane als einem Gott mit heller Haut und Haarfarbe und fährt dann fort: »...das liegt auf einer Linie mit vielen ähnlichen, mythologischen Vorstellungen von Gottheiten mit hellem Haar und heller Haut bei anderen polynesischen Inselgruppen. Ob das nun auf einen Kontakt mit Einzelpersonen oder Gruppen einer weißen Rasse vor der historischen Entdeckung der Marquesas zurückzuführen ist, kann man nicht sagen ... Dafür kann man mit Sicherheit sagen, daß die Marquesas ebenso wie die übrigen polynesischen Inseln irgendwann vor den aufgezeichneten Besuchen der Europäer von der Existenz der weißen Rasse gewußt haben müssen. ... Das Vorhandensein kaukasischen Blutes in der physischen Zusammensetzung der Eingeborenen, was in den Schilderungen der frühen Seefahrer angedeutet wird und von den anthropologischen Untersuchungen unserer Expedition bestätigt wurde, muß im Zusammenhang mit diesen Einschätzungen in Betracht gezogen werden. ... Einige Glaubwürdigkeit kann man auch den Aussagen der heutigen Eingeborenen beimessen, mit denen ich dieses Problem diskutiert habe. Alle beharren sie darauf, daß in alten Zeiten, vor der Ankunft der Europäer, viele von ihren Leuten eine sehr helle Haut und rötliches Haar hatten.«

Wir dürfen nicht vergessen, daß Tane, Tu und Tiki angeblich nur verschiedene Namen für ein und denselben Gott waren und daß Tiki von Osten her auf die Marquesas-Inseln kam, von dort, wohin die weißen *Viracocha-runas* mit dem Sonnenkönig Tiki verschwanden. Da wird das weiße Element auf den Marquesas-Inseln direkt mit denen verknüpft, denen wir von Mexiko und Mittelamerika bis zu ihrer Abreise aus Südamerika gefolgt sind. Während »schwarze« Menschen vor Jahrtausenden das riesige austromelanesische Gebiet westlich von Polynesien in Besitz genommen hatten, durchquerten »weiße« Menschen zu einer Zeit vor den Inkas, die mit den polynesischen Wanderungen zusammenfiel, den amerikanischen Kontinent. Aus der amerikanischen Geschichte der Ureinwohner wissen wir, daß sie von Osten nach Mexiko gekommen waren und Peru in westlicher Richtung verließen, um nie zurückzukehren. Sie waren nach Polynesien gekommen, um dort zu bleiben, und zwar lange genug, bis die ersten Europäer auftauchten und entdeckten, daß andere Menschen mit einer ihnen gleichen Hautfarbe nicht nur vor ihnen die Kanarischen Inseln im Atlantik entdeckt hatten, sondern auch die vor Peru liegenden pazifischen Inseln.

Wer auch immer diese Menschen waren, sie sahen aus wie Europäer, und wie in Peru, so wurden die Europäer bei ihrer Ankunft auch in ganz Polynesien mit diesem ursprünglichen Stamm weißer Halbgötter verwechselt. Die in der jeweiligen Gegend üblichen Ausdrücke für diese hellhäutigen Stammväter wurde den Europäern beigelegt, als sie landeten: Viracocha in Peru, Haoe auf den Marquesas-Inseln, Haole auf Hawaii, Pakeha auf Neuseeland. In Mittelpolynesien wurden die Europäer als Kinder des Tangaroa betrachtet. Außerdem sahen die Europäer bei ihrer Ankunft mit eigenen Augen Beispiele dieser den Europäern so ähnliche Rasse.

Wir wissen, daß die Teilnehmer der Mendaña-Expedition bei ihrer Landung auf den Marquesas-Inseln als erste europäische Besucher Polynesiens Menschen mit schönem, wallenden roten Haar und heller Haut sahen; viele waren von rötlicher Gesichtsfarbe und einer »nicht hellhäutig, sondern weiß«. Auch an anderen Orten stieß die Mendaña-Expedition auf Insulaner verschiedener Hautfarbe. Manche waren »auffällig weiß. Sie hatten Bärte und rotes Haar.«

In seiner Schilderung der Mendaña-Expedition spricht Quiros auch von einer Insel, die Peregrina-Insel heißt und 1600 Leagues von Lima entfernt liegt. »Fünf Eingeborene

kamen in einem Kanu, der mittlere eifrig damit beschäftigt, Wasser aus dem Fahrzeug zu schöpfen. Sein rotes Haar reichte ihm bis zur Mitte. Was seine Hautfarbe betrifft, war er weiß, von schöner Gestalt, das Gesicht markant und gutaussehend, ziemlich sommersprossig und rosig, die Augen schwarz und freundlich, mit schöner Stirn und Augenbrauen, Nase, Mund und Lippen vollendet geformt... Es schmerzte den Kapitän, daß er den Jungen nicht behalten konnte, um einen Beweis für die Größe Gottes in diesem Teil der Welt zu haben.«
Die Polynesier sind normalerweise genauso bartlos wie die amerikanischen Indianer. Doch als die Mendaña-Expedition auf den Marquesas-Inseln landete, sahen sie sowohl weiße wie bärtige Männer. Quiros berichtete, daß er einen alten Mann sah, »mit einem langen und gepflegten Bart, der... beide Hände in seinen Bart steckte, den Schnurrbart zwirbelte, aufstand und laut schrie, wobei er in viele Richtungen schaute.«
Kapitän Cook schrieb über die Bewohner der Marquesas-Inseln: »Sie pflegen ihre Bärte, die im allgemeinen lang sind, auf verschiedene Weisen zurechtzumachen. Manche teilen ihn und binden ihn zweigeteilt unters Kinn, andere flechten ihn, manche tragen ihn offen, andere eher kurz.«
Cook berichtet auch, daß er bei einigen Eingeborenen auf Tahiti, Hawaii, Neuseeland und anderen Gegenden Polynesiens, die von ihm als erstem Europäer besucht worden waren, Bärte gesehen hatte.
Überall im polynesischen Raum machten die frühen, europäischen Entdeckungsreisenden dieselben Beobachtungen. Nicht nur in den Überlieferungen der Insulaner war von weißen und blonden Menschen die Rede, die Europäer konnten sie mit eigenen Augen sehen und die Ähnlichkeit

mit den Europäern feststellen. Auf Inseln, die direkt an der Grenze zum schwarzen Melanesien lagen, sahen die Teilnehmer der Mendaña-Expedition eine »weiße Frau«, die mit einem Kanu mit »schwarzen Männern« unterwegs war; und auch einen Eingeborenen, »weil er so weiß war und mit so braunem Bart und Haar, daß ihn unsere Leute ›den Flamen‹ nannten«.

Kapitän Beechey, der die Tuamotu-Inseln erforschte, betonte »eine große Verschiedenheit der Hautfarbe«. Auf dem Vahitali-Atoll stellt er fest, daß ein Mann, »der einen Schnurrbart hatte, so hellhäutig war und so ähnlich einem Europäer, daß ihn die Bootsbesatzung für einen Landsmann hielt«.

Deutlicher kann man es nicht ausgedrücken. Wir, die Eroberer von Amerika und Ozeanien, weigern uns, an die Geschichte der Azteken, der Inkas und der Polynesier von den nichteuropäischen weißen Männern zu glauben, die Sonnenanbeter und Kultur-Bringer waren. Wir weisen die nationalen Legenden von uns unbekannten Helden wie Quetzalcoatl, Kukulcan, Viracocha, Tiki oder Tane zurück, die uns ähnlich sehen und in unserer Darstellung der Weltgeschichte noch nicht erwähnt sind.

Doch wie können wir die Tatsache übersehen, daß Pedro, der Bruder von Francisco Pizarro, berichtet, er habe selbst in Peru solche Menschen gesehen und sie als Nachkömmlinge der *Viracocha-runas* bezeichnet? Und was ist mit ihrem leibhaftigen Erscheinen zur Zeit der Ankunft der Europäer in Polynesien? Wie können wir erklären, daß weiße, bärtige Männer und blonde Frauen im gesamten polynesischen Dreieck in Erscheinung treten, im Westen eingerahmt von den schwarzen Melanesiern und auf der Windseite als einzigen direkten Nachbarn Amerika?

Daß es in früheren Zeiten den Europäern ähnlich sehende Seefahrer gab, die sich kurzfristig in Mexiko und Peru aufhielten, erwies sich für Cortez und Pizarro als sehr bedeutsam für den Erfolg ihres Unternehmens, gingen doch auf diese Weise ganze Reiche in ihre Hände über. Ein solches Glück war dem berühmten englischen Entdeckungsreisenden des pazifischen Raumes, Kapitän Cook, nicht beschieden. Anfangs wurden zwar auch er und seine Mannschaft in Mittelpolynesien irrtümlich für Nachkommen der in ihrer Überlieferung bedeutenden, hellhaarigen Gottheiten gehalten. Als er als erster Europäer Hawaii erreichte, hielt man ihn sogar für den blonden Gott Rono. Er berichtet selbst über den Augenblick seiner Ankunft:
»Sobald ich meinen Fuß an Land setzte, warfen sich sämtliche Eingeborenen vor mir in den Staub und blieben in dieser unterwürfigen Stellung, bis ich sie durch eine entsprechende Geste aufforderte, sich zu erheben... Alle, denen wir begegneten, warfen sich flach auf den Boden und blieben so liegen, bis wir an ihnen vorbei waren.«
Als Kapitän Cook nach seinem ersten Besuch weiterfuhr, hatten die Insulaner den Irrtum noch nicht bemerkt. Und als er nach einem Besuch von Nordwest-Amerika ein zweites Mal zurückkam, hatte sich die Nachricht von der Rückkehr des Ahnen-Gottes wie ein Lauffeuer auf der ganzen Inselgruppe verbreitet. Tausende von Eingeborenen hatten sich versammelt, um wenigsten einen kurzen Blick auf die vielgerühmten, weißen Götter-Menschen zu erhaschen, und eine riesige Menge von Hawaiianern paddelte und schwamm hinaus, um sie willkommen zu heißen. Cook wurde feierlich von einem Hohepriester zu Ronos uraltem Tempel geleitet, einer viereckigen Stufenpyramide von etwa 14 Meter Höhe mit einem Haus auf der gepflasterten ober-

sten Plattform. Cooks Gefährte Kapitän King schildert, wie die Prozession zur Spitze der Pyramide geführt wurde, begleitet von den »*Orono*«-Rufen der Menge: »Hier wurden wir von einem hochgewachsenen, jungen Mann mit einem langen Bart empfangen, der Kapitän Cook den geschnitzten Götterbildern vorstellte...« Eine zweite Prozession kam die Pyramide herauf und brachte ein Schwein und ein großes rotes Tuch. Alle warfen sich zu Boden, der Hohepriester schlang das rote Tuch um Kapitän Cook, und dann wurde ihm das Schwein übergeben. Während der englische Kapitän da oben saß, »in dieser peinlichen Situation, eingehüllt in ein rotes Tuch«, genauso wie die zwei hölzernen Götterstatuen, denen er vorgestellt worden war, erscholl von unten der Ruf der Menge: *Orono*.

Als der König von Hawaii aus einem Kriegszug auf der Insel Maui zurückkehrte, wurden Cook weitere Geschenke in Form von Federmänteln und Schweinen gemacht, und er wurde erneut in ein rotes Tuch gehüllt. Aber schließlich kam der Tag der Abreise. Die Engländer hatten kaum die Insel verlassen, als sie in einen Sturm gerieten und gezwungen wurden, in denselben Hafen zurückzukehren. Ihre Unfähigkeit, mit den Elementen fertigzuwerden, verbunden mit der Tatsache, daß einige von ihnen den Insulanern alles über den eigenen Gott, den eigenen König und das eigene Land erzählt hatten, war Grund genug, die Eingeborenen mißtrauisch zu machen. Nachdem die Polynesier ihren Irrtum eingesehen hatten, genügte der geringste Anlaß, und sie fielen über ihre Besucher her. Es reichte nicht mehr, daß eine Ähnlichkeit mit den Ahnen-Göttern bestand, um sie zu retten. Kapitän Cook wurde erschlagen und sein Leichnam ins Landesinnere verschleppt, ehe es jemand verhindern konnte.

Wie die Religionsstifter in anderen Teilen der Welt wurden auch die weißen und bärtigen Abgesandten der Sonne angebetet und verfolgt, um nach ihrem Tod wieder angebetet zu werden. Wo immer wir ihnen begegnen, erscheinen sie als friedliche, wohltätige Missionare, die den Menschen das Gute bringen, um dann von denselben Menschen vertrieben und trotzdem in deren Erinnerung als gottähnliche Personen in Liedern und Mythen gepriesen zu werden. Was geschah denn schon letztendlich mit ihnen?

Das interessanteste und bemerkenswerteste derartige Gleichnis betrifft die Taten der panpolynesischen Gottheit Tanga-roa in der Frühzeit auf den Tonga-Inseln. Die als typische religiöse Parabel bewahrte Geschichte wurde von Mariner bei seinem frühen Aufenthalt auf der Inselgruppe gefunden und 1817 von J. Martín veröffentlicht:

»Eines Tages machte sich Tangaloa, der Gott der Künste und Erfindungen, auf, um im großen Ozean zu angeln, und nachdem er seinen Haken an der Angelschnur vom Himmel ins Meer heruntergelassen hatte, spürte er plötzlich einen großen Widerstand; weil er dachte, einen riesigen Fisch gefangen zu haben, strengte er sich nach Kräften an, und bald erschienen an der Oberfläche mehrere Felsbrocken, die immer mehr und ausgedehnter wurden, je mehr er zog: Offenbar war es der felsige Meeresgrund, in dem sich sein Haken verfangen hatte und der sich nun an der Oberfläche zeigte, als solle es ein zusammenhängender Kontinent werden; da riß unglücklicherweise die Schnur, und es blieben nur die Tonga-Inseln als Beweis für die Unvollständigkeit von Tangaloas Versuch.«

»Weil er wollte, daß Tonga auch von intelligenten Wesen bevölkert werden sollte, befahl er seinen beiden Söhnen dieses: Brecht auf und nehmt eure Frauen mit und bewohnt die Welt von Tonga: Teilt das Land in zwei Teile und wohnt getrennt voneinander. Da machten sie sich auf den Weg. Der Name des Älteren war Toobú (eigentlich *Tu Po*, ›Heilige Nacht‹), und der Name des Jüngeren war *Váca-aco'w-ooli* (Vaca-akau-uli oder ›Segelboot-Baumstamm-Steuer‹, möglicherweise ›Steuermann des segelnden Floßes aus Baumstämmen‹), welcher ein außerordentlich weiser junger Mann war, denn er war es, der zuerst Äxte herstellte und Perlen erfand und Kleidung und Spiegel. Der junge Mann, der Toobó hieß, verhielt sich ganz anders, war sehr träge, flanierte herum oder schlief und war sehr neidisch auf die Werke seines Bruders. Allmählich wurde er es überdrüssig, ihn um seine Güter zu bitten, und er nahm sich vor, ihn zu töten, verbarg aber seine böse Absicht; deshalb begegnete er dem Bruder, als dieser allein war, und schlug auf ihn ein, bis er tot war. Da kam ihr Vater von Bolotoo mit einem überaus großen Zorn und fragte ihn: Warum hast du deinen Bruder getötet? Konntest du nicht arbeiten wie er? O du Bösewicht! Verschwinde! Begebe dich auf meinen Befehl zur Vaka-acow-oóli-Familie und bitte sie herzukommen. Als sie deshalb kamen, befahl ihnen Tangaloa sofort dieses: Bringt eure Kanus zu Wasser und segelt nach Osten zu dem großen Land, das dort ist. Eure Haut sei weiß wie eure Gesinnung, denn eure Gesinnung ist rein; ihr sollt weise sein, Äxte produzieren und alle Arten von Reichtümern, und ihr sollt große Kanus haben. Ich werde selbst hingehen und dem Wind befehlen, von eurem Land nach Tonga zu blasen, aber die anderen werden nicht imstande sein, mit ihren schlechten Kanus zu euch zu gelangen. Dann sprach Tangaloa zu den anderen dieses: Ihr sollt schwarz sein, weil eure Gesinnung schlecht ist, und ihr sollt Not leiden; ihr sollt in nützlichen Dingen nicht weise sein, noch sollt ihr zu dem großen Land eurer Brüder kommen; wie könntet ihr auch mit euren schlechten Kanus? Aber eure Brüder werden nach Tonga kommen und mit euch Handel treiben, wenn es ihnen gefällt.«

Diese Geschichte verweist eindeutig auf den blonden Stammvater von Tonga, auf Tonga-loa alias Tanga-roa, identisch mit dem Insel-Fischer, der anderswo als Maui-tiki-tiki bekannt ist. Er scheiterte bei seinem Versuch, die Inseln, die er an seinem Haken hängen hatte, dem großen Land der Väter im Osten, woher der Wind kommt, anzufügen. Und er scheiterte offensichtlich auch bei seinem Versuch, eine dauerne brüderliche Eintracht zwischen dem älteren Bruder, der die dunklen Melanesier symbolisierte, und der Familie des jüngeren blonden Bruders herzustellen, der zum großen Land der Väter im Osten zurückgeschickt worden war.

Die Geschichten aus Tonga erzählen uns nicht, ob sich die Familie des fleißigen weißen Sohnes weiter östlich in Zentral-Polynesien oder in Ost-Polynesien niedergelassen hatte oder ob Tanga-loa gewollt hatte, daß sie bis ins große Land der Väter zurückkehrten. Doch diese Parabel von Tonga über den dortigen frühen Brudermord findet ihr Gegenstück am anderen äußersten Ende von Polynesien, dem östlichen Vorposten der Osterinsel.

Als der holländische Admiral Roggeveen 1722 als erster europäischer Entdecker auf diese Insel kam, fand er dort unter der normalen polynesischen Bevölkerung noch weiße und bärtige Männer vor. Der holländische Besucher beschreibt die Bewohner der Osterinsel als von eindeutig gemischter Herkunft, die einen dunkler als die Spanier, die anderen »weiß« und manche davon sogar »mit rötlicher Tönung, als seien sie irgendwie ernstlich von der Sonne ver-

brannt«. Die mit heller Haut trugen genauso wie die riesigen Statuen, die in der kargen Landschaft verteilt waren, große Scheiben in den Ohrläppchen. Ein Mann, der als Anführer beschrieben wird und vermutlich ein Götzenpriester war, wurde als »ein völlig weißer Mann« bezeichnet. Als im letzten Jahrhundert die ersten Missionare auf der Osterinsel auftauchten, fanden sie immer noch die eindeutig gemischte Bevölkerung vor, was die Insulaner selbst auf die Ankunft zweier verschiedener Volksgruppen zurückführten, die ursprünglich die Insel besiedelten, nämlich die »Lang-Ohren« und »Kurz-Ohren«. Die Lang-Ohren waren fleißig und errichteten große, steinerne Statuen, die mit langen Ohren und roten Haarknoten ihre Vorfahren vorstellten. Die »Kurz-Ohren« erledigten die schwere Arbeit für sie.
Die sich am längsten erhaltene und bekannteste Überlieferung auf der Osterinsel erzählt uns, wie die »Kurz-Ohren« nach zweihundert Jahren friedlichen Zusammenlebens nicht mehr die schwere Arbeit für die »Lang-Ohren« machen wollten und beschlossen, diese zu töten. Die Lang-Ohren hatten einen Verteidigungsgraben quer über die steile Halbinsel Poika gezogen und ihn mit Ästen gefüllt, die sie beim Angriff der Kurz-Ohren entzünden wollten. Aber durch einen Verrat gelang es den Kurz-Ohren, den Lang-Ohren in den Rücken zu fallen und sie auf ihrem eigenen Scheiterhaufen zu verbrennen. Nur ein erwachsener Mann, nämlich Ororoina, wurde zusammen mit den Frauen und Kindern verschont, wodurch es den rothaarigen Nachkommen der fleißigen Lang-Ohren erlaubt wurde, bis heute unter den Nachkommen der siegreichen Kurz-Ohren zu überleben. Der bekannte Genealoge der Osterinsel, Pater Sebastian Englert, vermutete, daß der Bruderkrieg zwischen den Kurz-Ohren und den Lang-Ohren um das Jahr

1680 stattgefunden haben muß. Der Graben, der noch als leichte Vertiefung im Boden sichtbar ist, bildete im Jahre 1955 das Ziel unserer archäologischen Expedition. Die Ausgrabungen bestätigten die frühere Existenz eines tiefen, eckigen Grabens, der durch die jungfräuliche Erde gezogen wurde und gefüllt war mit einer roten und schwarzen Schicht verbrannten Holzes, das nach der C-14 Methode etwa auf das Jahr 1676 hinwies.

Pedro Atan, der Bürgermeister auf den Osterinseln während unseres Besuches, war der älteste Sohn von zwölf namentlich bekannten und von Ororoina abstammenden Generationen, der dem Scheiterhaufen entkam. Er und sein Bruder Atan Atan standen bei den Ausgrabungen neben uns und betrachteten ehrfürchtig die Asche, die aus dem mit Sand gefüllten Graben zum Vorschein kam. Die Atan-Brüder waren die letzten reinen Lang-Ohren. Pedro heiratete eine Frau der Kurz-Ohren, die ihm einen rothaarigen Sohn und eine rothaarige Tochter gebar.

Aber mit Pedro und seinen Brüdern starben die letzten reinen Nachkommen eines Zweiges der Menschheit mit völlig europäischem Äußeren aus, die nicht aus Europa gekommen waren. Sie waren in Mexiko gelandet und als Lehrmeister durch Amerika gezogen, lange bevor die Europäer den Weg heraus aus Europa gefunden hatten. Fleißig und voller Tatendrang hatten sie versucht, die Lebensbedingungen zu verbessern und die Umwelt von weniger unternehmungslustigen Volksstämmen zu verändern, denen sie auf ihren Wanderungen zu Wasser und zu Lande begegneten. Ihre Tatkraft und Produktivität gefiel den Volksstämmen, bei denen sie sich niederließen, nicht immer. Viel Entbehrung und harte Arbeit waren der Einsatz für die Pyramiden und Monumente, die ihren Weg säumten. Sie traten aus dem

Dunkel der Geschichtslosigkeit, als sie mit der Sonne und mit der Legende einer Sintflut in Mexiko und Peru an Land gingen. Die ersten von diesen unerschrockenen Seefahrern entdeckten bei ihrem Landgang im Golf von Mexiko die amerikanischen Ureinwohner. Als sie mit dem Priesterkönig Tiki Peru verließen, entdeckten sie wahrscheinlich niemanden, bis sie bei Tonga so weit nach Westen vorgedrungen waren, um mit den dunklen Melanesiern Kontakt aufzunehmen, die die großen kontinentalen Inseln vor Australien bewohnten. Wo immer sie hinkamen, wurden sie anfangs bewundert, um dann beneidet und vertrieben zu werden. Doch am Ende wurden sie überall, wo sie tätig gewesen waren, als Menschengötter verherrlicht.

Die letzten dieser Kultur-Bringer, die noch in der Lage waren, als zusammenhängende Gemeinschaft zu leben, wurden wahrscheinlich unter ihren eigenen, auf den steinernen Plattformen stehenden, majestätischen Monumenten begraben. Auf der einsamsten Insel der Welt. Unter den Riesenstatuen der Osterinsel. Die von ihnen, die nicht verbrannt und in einem langen Graben auf der östlichsten Halbinsel dieser Insel eingeäschert wurden, ruhen wahrscheinlich mit geschlossenen Lippen unter den hochragenden Statuen, die für immer als stolze und vornehme Monumente eines verlorenen Zweiges der Menschheit da stehen werden.

So endete die Geschichte von den weißen und bärtigen Männern. Ein Märchen für die gelehrten Männer unserer Gesellschaft. Mit einem Volk, ebenso lebendig wie die Wikinger und die Spanier, wenn wir die Eroberten sprechen lassen.

Literatur

Balboa, Miguei Cabello De (1576–86): Miscelanea antartica. – MS i New York Public Library, kopiert fra den nå tapte original fra ca. 1700–25. – (1586–1840): Histoire du Pérou. In Ternaux Compans: Voyages, Relations et Mémoires originaux pour servir à l'histoire de la découverte de l'Amérique. – Paris 1840.
Bancroft, H. H. (1875): The Native Races of the Pacific States of North America. – Bind I–V. London.
Bandelier, A. F. (1904 a): Aboriginal Myths and Traditions Concerning the Island of Titicaca, Bolivia. – Amer. Anthropol., Bind VI.
Beechey, F. W. (1831): Narrative of a Voyage to the Pacific and Bering's Strait . . . in the Years 1825–28, Part I. - London.
Beckwith, M. W. (1911–12): The Hawaiian Romance of Laieikawai.
– 33rd Ann. Rept. Bur. Amer. Ethnol.
– (1932): Kepelino's Traditions of Hawaii. – B. P. Bishop Mus. Bull. 95. Honolulu.
Best, E. (1923 b): The Origin of the Maori. – Jour. Polynes. Soc., Bind XXXII, Nr. I. New Plymouth, N. Z.
– (1924): The Maori, Bind I–II, – Wellington, N. Z.
– (1924 b): Maori Religion and Mythology. – Dominion Mus., Bull. No. 10, Sec. I. Wellington, N. Z.
Betanzos, Juan De (1551 (1880)): Suma y narración de los Incas. – Madrid 1880.
Brinton, D. G. (1882): American Hero-Myths. A Study in the Native Religions of the Western Continent. – Philadelphia.
Buck, P. H. (1922): Maori Somatology. Racial Averages. – Jour. Polynes. Soc., Bind XXXI, Nr. 1, 3, 4. New Plymouth, N. Z.
– (1924): The Evolution of Maori Clothing. Pt. IV. Jour. Polynes. Soc., Bind XXXIII, Nr. 4. New Plymouth, N. Z.
– (1926 a): The Value of Tradition in Polynesian Resarch. – Jour. Polynes. Soc., Bind XXXV, Nr. 3. New Plymouth, N. Z.
– (1926 b): The Evolution of Maori Clothing. – Memoirs Polynes. Soc., Bind VII. New Plymouth, N. Z.

– (1927): Races of the Pacific. – In: Problems of the Pacific. Proc, 2nd Conf. Inst. Pac. Relations, Honolulu. Chicago.
– (*Te Rangi Hiroa*) (1929):The Coming of the Maori.– New Plymouth, N.Z.
– (1930): Samoan Material Culture. – B. P. Bishop Mus. Bull. 75. Honolulu.
– (1932 a): Ethnology of Manihiki and Rakahanga. – B. P. Bishop Mus. Bull. 99. Honolulu.
– (1932 b): Ethnology of Tongareva. – B. P. Bishop Mus. Bull. 92. Honolulu.
– (1933): Polynesian Voyages. – Man, Bind XXXIII, Nr. 136. London.
– (1938 a): Vikings of the Sunrise. – New York 1938.
– (1938 b): Ethnology of Mangareva. – B. P. Bishop Mus. Bull. 157. Honolulu.
– (1945): An Introduction to Polynesian Anthroplogy. – B. P. Bishop Mus. Bull. 187. Honolulu.
– (1949): The Coming of the Maori. – Wellington, N. Z.
– (1950): Material Culture of Kapingamarangi. – B. P. Bishop Mus. Bull. 200. Honolulu.

Caddeo, E. (n.d.): Giornale di borno di Christoforo Columbo 1492–1493.
– Dansk utg. Overs av C. V. Östergaard, Kbh., 1942.

Carter, G. F. (1945): Some Archaeological Cucurbit Seed from Peru.
– Acta Americana, Bind III. Mexico.
– (1946): Origins of American Indian Agriculture. – Amer. Anthropol., N. S. Bind XLVIII, Nr. I.
– (1950): Plant Evidence for Early Contacts with America.
– Southwestern Jour. Anthrop., Bind, VI, Nr. 2. Albuquerque, N. M.
– (1951): Man in America: A Criticism of Scientific Thought.
– The Scientific Monthly, Bind LXXIII, Nr. 5.
– (1951 b): An Early American Description Probably Referring to Phaseolus Lunatus. – Chronica Botanica Bind XII, Nr. 4–6.

Christian, F. W. (1899): The Caroline Islands. Travel in the Sea of the Little Lands. – London.
– (1910): Eastern Pacific Lands. Tahiti and the Marquesas Islands. – London.
– (1923): Words and Races: Story of the Kumara. – N. Zeal. Jour. Sci. Tech., Bind VI. Wellington, N. Z.
– (1924 a): Early Maori Migrations as Evidenced by Physical Geography and Language. – Rept. Sixteenth Meet. Australas. Ass. Adv. Sci. Wellington, N. Z.

Cieza De Leon, Pedro De (1553): Parte primera de la Crónica del Péru. – Sevilla.
– (1560 (1880)): Segunda Parte de la Crónica del Perú. – Madrid 1880
– (1560 b (1883)): The Second Part of the Cronicle of Peru.
– Hakluyt Soc., Bind LXVIII. London 1883.

Ellis, W. (1827): Reise durch Hawaii oder Owhyhee. – Hamburg.
- (1829): Polynesian Researches during a Residence of Nearly Eight Years in the Society and Sandwich Islands. – London.

Enterline, J. R. (1972): Viking America. – New York.

Fornander, A. (1878): An Account of the Polynesian Race, Its Origin and Migrations, Bind I. – London.
- (1919): Fornander Collection of Hawaiian Antiquities and Folk Lore. – B. P. Bishop Mus. Mem., Bind V. Honolulu.

Frezier, A. F. (1717): A Voyage to the South-Sea and along the Coasts of Chili and Peru in 1712–1714. – London.

Gamboa, Pedro Sarmiento De (1572 (1907)): History of the Incas. (Transl. and ed. by C. Markham.) – Hakluyt Soc., II Ser., Bind XXII. Cambridge 1907.

Garcilasso De La Vega, Inca (1609 a (1722)): Primera Parte de los Comentarios Reales, que tratan del origen de los Incas, Etc. – Madrid 1722.
- (1609 b (1869–1871)): First Part of the Royal Commentaries of the Yncas. – Hakluyt Soc., Bind XLI–XLV. London 1869–71.

Gill, W. W. (1876): Myths and Songs from the South Pacific. – London.

Gómara, Francisco López De (1553 (1858)): Primera y Segunda Parte de la Historia general de las Indias hasta el año de 1551. – Madrid 1858.

Gray, E. F. (1930): Leif Eriksson, Discoverer of America AD 1003, London.

Hagen, V. Wolfgang von (1939): The Tsàtchela Indians of Western Ecuador. – New York Mus. Amer. Ind., Heye Foundation, Indian Notes and Monographs. Nr. 51.

Handy, E. S. C. (1927): Polynesian Religion. – B. P. Bishop Museum, Bull. 34 Honolulu.

Holstmark, A. (overs): Grønlendinga saga. Isl. ættesager, Oslo 1953.

Holstmark A. og D. A. Seip: Revidert utg. av Gustav Storm overs. fra 1900: Snorres Kongesagaer Oslo 1942.

Hongi, Hare (1918): On the Greenstone Tiki; What the Emblem Signifies. – Jour. Polynes. Soc., Bind XXVII. New Plymouth, N. Z. – (1920): The Gods of Maori Worship. – Jour. Polynes. Soc. Bind XXIX, Nr. 1. New Plymouth.

Izett, J. (1904): Maori Lore. The Traditions of the Maori People, with the More Important of Their Legends. – Wellington, N. Z.

Karsten, R. (1926): The Civilization of the South American Indians. With Special Reference to Magic and Religion. – London.
- (1938): Inkariket och dess kultur i det forna Peru. – Helsinki.

Kolsrud D. (1913): Diplomatarium Norvegicum. Oldbreve til kundskab om Norges indre og ydre forhold... i middelalderen, Christiania (Oslo), 1913.

Las, Casas, Bartolomé De (ca. 1550 (1892)): De las antiguas gentes del Perú.
- Colección de Libros Españoles Raros o Curiosos. Madrid 1892.
- (ca. 1559 (1876)): Historia de las Indias. – Coleccion de documentos inéditos para la historia de España. Madrid 1876.

Luomala, K. (1940): Oceanic, American Indian, and African Myths of Snaring the Sun. – B. P. Bishop Mus. Bull. 168. Honolulu.
Markham, C. R. (1864): Contributions towards a Grammar and Dictionary of Quichua, the Language of the Yncas of Peru. – London.
– (1920): Lives of Montesinos and Blas Valera. With a Discussion of their Works. – Hakluyt Soc.,II Ser., Nr. 48. London.
Martin, J. (1817): An Account of the Natives of the Tonga Islands in the South Pacific Ocean, with an Original Grammar and Vocabulary of Their Language. Compiled and Arranged from the Extensive Communications of Mr. William Mariner. – Bind I–II. London.
Means, P. A. (1917): A Survey of Ancient Peruvian Art. – Trans. Conn. Acad. Arts Sci., Bind XXI. New Haven, Conn.
– (1931): Ancient Civilizations of the Andes. – New York.
Mendana, Alvaro De (1568 (1901)): The Narrative of Mendaña addressed to the Viceroy Castro. – Hakluyt Soc., II Ser., Bind VII. London 1901.
Molina, Christóval De (ca. 1570–84 (1913)): Relación de las fábulas y ritos de los Incas. (Ed. T. Thayer Ojeda.) – Rev. Chil. Hist. Geogr., Bind V. Santiago 1913.
– (ca. 1570–84 (1873)): The Fables and Rites of the Yncas. – Hakluyt Soc., Bind XLVIII. London 1873.
Montell, G. (1929): Dress and Ornaments in Ancient Peru. Archaeological and Historical Studies. – Diss., Gothenburg.
Morley, S. G. (1946): The Ancient Maya. – Stanford.
Oliva, P. Anello (1631 (1857)): Histoire de Pérou. – Paris 1857.
Ondegardo, Juan Polo De (1940): Informe del Licenciado Juan Polo de Ondegardo . . . – Rev. Hist., Bind XIII. Lima.
Pachacuti-Yamqui Salcamayhua, Juan De Santa Cruz (ca. 1620 (1873)): An Accont of the Antiquities of Piru. – Hakluyt Soc., Bind XLVIII. London 1873.
– (1620 b (1879)): Relación de antigücdades deste reyno del Pirú. – Ed. Marcos Jiménez de la Espada, Tres relaciones de antigüedades peruanas. Madrid 1879.
Phillips, W. J. (1944): Carved Maori Houses of the Eastern Districts of the North Island. – Rec. Dominion Mus., Bind I. Wellington, N. Z.
– (1945): The Maori Tiki. – (MS, Dominion Mus.) Wellington, N. Z.
Pizarro, Pedro (1571 (1844)): Relación del descubrimiento y conquista de los reinos del Perú. – Collección de Documentos Inéditos para la Historia de Espana, Bind V. Madrid 1844.
– (1571 b (1921)): Relation of the Discovery and Conquest of the Kingdoms of Peru. Translated and Annotated by Philip Ainsworth Means. Bind I–II. New York 1921.
Posnansky, A. (1912): Guìa General illustrada para la investigación de los Monumentos prehistóricos de Tiahuanacu e Islas del Sol y la Luna . . . – La Paz.

Quiros, Pedro Fernandez De (1609 a (1904)): Narrative of the Voyage of the Adelantado Alvaro de Mendaña de Neira for the Discovery of the Islands of Solomon. – Hakluyt Soc.,II Ser., Nr. 14, Bind I. London 1904.
– (1609 b (1904)): Narrative of the Second Voyage of the Adelantado Alvaro de Mendaña. – Hakluyt Soc., II Ser., Nr. 14, Bind I. London 1904.
Rosa, Gonzales de la, M (1910): Les deux Tiahuanaco, leurs problèmes et leurs solution. – Int. Amerikanisten-Kongr., Wien 1908, Pt. 2. Vienna.
Sale, Kirkpatrick (1990): The Conquest of Paradise. – New York.
Sarmiento De Gamboa, Pedro: Se: Gamboa, Pedro Sarmiento de.
Schirren, C. (1856): Die Wandersagen der Neuseeländer und der Manimythos. – Riga.
Smith, S. P. (1890): Tongareva or Penrhyn Island and Its people. – Trans. Proc. N. Zeal. Inst., Bind XXII. 1889.
– (1910): Hawaiki: The Original Home of the Maori. – Wellington, N. Z.
Stevenson, W. B. (1825): A Historical and Descriptive Narrative of Twenty Years' Residence in South America. – Bind I–III. London.
Stolpe, H. (1883): Påskön i Stilla Oceanen. – Ymer, Årg. 3. Stockholm.
– (1890): Utvecklingsföreteelser i naturfolkens ornamentik. – Ymer, Årg. 10. Stockholm.
– (1891): Utvecklingsföreteelser i naturfolkens ornamentik. – Ymer, Årg. 11. Stockholm.
Storm, G. (overs.): Erik den rødes saga eller Sagaen om Vinland. – Kristiania 1899.
Taviani, Paolo Emilio (1985): Christopher Columbus, The Grand Design. – London.
Thomson, W. J. (1889): Te Pito Te Henua, or Easter Island. – Rept. U.S. Nat. Mus. for the year ending June 30, 1889. Washington, D.C.
Tregear, E. (1889): The Moriori. – Trans. Proc. N. Zeal. Inst., Bind XXII.
– (1886): The Maori in Asia. – Trans. Proc. N. Zeal. Inst., Bind XVIII. Wellington.
– (1904): Polynesian Origins. – Jour. Polynes. Soc. Bind XIII.
– (1909): Asiatic Gods in the Pacific. – Jour. Polynes. Soc., Bind II.
Tschudi, J. J. De (1851): Antigüedades Peruanas. – Vienna.
– (1891): Culturhistorische und sprachliche Beiträge zur Kenntnis des alten Peru. – Vienna.
Wilson, D. (1970): The Vikings and Their Origins. – London.
Zárate, Augustin De (1700): Histoire de la découverte et de la Conquète du Pérou. – (Orig. utg: Antverpen 1555.) Amsterdam.